100
CYMRU

DEWI PRYSOR

100 CYMRU

Y MYNYDDOEDD A FI

Argraffiad cyntaf: 2021
Argraffiad newydd: 2022

© Hawlfraint Dewi Prysor a'r Lolfa Cyf., 2021
Hawlfraint y lluniau: Dewi Prysor
Hawlfraint 'Llyn y Gadair': Ystad T. H. Parry-Williams

Mae hawlfraint ar gynnwys y llyfr hwn ac mae'n
anghyfreithlon llungopïo neu atgynhyrchu unrhyw ran ohono trwy
unrhyw ddull ac at unrhyw bwrpas (ar wahân i adolygu) heb gytundeb
ysgrifenedig y cyhoeddwyr ymlaen llaw

Dymuna'r cyhoeddwyr gydnabod cymorth ariannol
Cyngor Llyfrau Cymru

Y clawr a dylunio: Dylunio GraffEG

Rhif Llyfr Rhyngwladol:
9781 80099 269 6

Cyhoeddwyd ac argraffwyd yng Nghymru
ar bapur o goedwigoedd cynaliadwy gan
Y Lolfa Cyf., Talybont, Ceredigion SY24 5HE
e-bost ylolfa@ylolfa.com
gwefan www.ylolfa.com
ffôn 01970 832 304
ffacs 01970 832 782

DIOLCHIADAU

Dwi'n rhannu darnau o farddoniaeth ym mhenodau'r gyfrol hon, gydag enwau'r beirdd oddi tanynt, neu'n cael eu henwi wrth gyflwyno dyfyniadau o'u gwaith. Ond mae'r cerddi llawn sydd heb enw oddi tanynt yn perthyn i mi, yr awdur.

Nid gwaith academaidd ydi hwn, ond diddordeb tanbaid hogyn o Gwm Prysor. Ond hoffwn fynegi fy niolchgarwch cynnes i'r isod i gyd.

Diolch o galon i'r Lolfa am wireddu'r weledigaeth.

Diolch arbennig i Lefi, Marged ac Elgan a holl staff y Lolfa.

Iwan Williams am englynion Gwaenfab; Sian Davies fy mam yng nghyfraith am y cymorth efo'r 'settings!'; fy Nhad, Ned yr Hendra, am fy arwain i'r mynyddoedd ac am ei atgofion teuluol; Megan Tomos, fy modryb, am lenwi bylchau yn hanes teulu Mam gyda'i gwybodaeth di-ben-draw; fy modryb Gwladys Hughes, chwaer fy Nhad, am fod wastad yno i'w brawd, ac i Mam gynt; Rhian fy ngwraig am ei chariad di-ben-draw; Owain, Rhodri, Gethin, Gruff, Llŷr, Taliesin, Gwion, Gerwyn, Gwydion Eryri, Lloer Prysor, Eiri Gwyn; fy chwiorydd Manon a Meleri, a Rhys fy mrawd, y cawr addfwyn a ffeind, sy'n dal i warchod y mynydd a'r gwreiddiau.

CYDNABYDDIAETHAU

Fy ngherdd 'Bryn Cader Faner' o *Enaid Eryri* (2019) trwy garedigrwydd Gwasg Carreg Gwalch.

Dyfyniadau o'r gân 'Cwmorthin' trwy garedigrwydd Gai Toms.

Cant Cymru, Dafydd Andrews (Y Lolfa, 1998).

Enwau Lleoedd Sir Gaernarfon, J. Lloyd-Jones (Caerdydd, 1928).

Enwau Lleoedd Sir Gaernarfon: Eu Hystyr a'u Hanes, Myrddin Fardd (J. Jones).

Enwau Lleoedd, Syr Ifor Williams, Gwasg y Brython (Lerpwl, 1945).

Hanes Plwyf Ffestiniog o'r Cyfnod Boreuaf, G. J. Williams (Wrecsam, 1882).

Bedd Gelert: Its Facts, Fairies, and Folk-Lore, D. E. Jenkins (Porthmadog, Llewelyn Jenkins 1800).

Pennau Llifiau, Pennau Cŵn, Bruce Griffiths, darlith y Fainc Sglodion (Blaenau Ffestiniog, 1984).

Yr Athro Stephen J. Williams, Prifysgol Abertawe.

Frances Lynch, trwy ei hysgrif ar garneddau cylchog Moel Goedog y dois i ymddiddori mewn carneddau claddu, rhai blynyddoedd yn ôl.

Mae modd gweld mwy o luniau o'r her ar fy mlog:

https://yffenastgron.wordpress.com/lluniau-100-cymru-the-welsh-100s/

CYNNWYS

Rhybudd (Gair i gall) — t. 8

Nodyn am restrau mynyddoedd eraill — t. 10

Rhagair — t. 11

Aran — t. 20
Aran Benllyn, Aran Fawddwy, Gwaun y Llwyni, Esgeiriau Gwynion, Foel Hafod Fynydd, Glasgwm, Pen y Brynfforchog

Arenig — t. 40
Arenig Fawr, Moel Llyfnant, Arenig Fach, Carnedd y Filiast, Rhobell Fawr

Bannau Brycheiniog — t. 62
Waun Rydd, Bwlch y Ddwyallt, Fan y Big, Cribyn, Pen y Fan, Corn Du, Fan Fawr

Bannau Sir Gâr — t. 76
Fan Hir, Fan Brycheiniog, Picws Du, Fan Gyhirych, Fan Fraith

Berwyn — t. 90
Mynydd Tarw, Foel Wen, Tomle, Cadair Bronwen, Cadair Berwyn, Moel Sych, Godor, Cyrniau Nod

Cader Idris — t. 102
Mynydd Moel, Pen y Gadair, Craig Cwm Amarch, Waun Oer, Maesglase, Tarren y Gesail

Carneddau — t. 116
Llwytmor, Bera Bach, Bera Mawr, Drosgl, Foel Grach, Carnedd Gwenllian, Foel Fras, Drum, Carnedd y Ddelw, Yr Elen, Carnedd Llywelyn, Carnedd Dafydd, Pen yr Ole Wen, Pen yr Helgi Du, Pen Llithrig y Wrach, Creigiau Gleision

Glyderau t. 144
Tryfan, Glyder Fach, Glyder Fawr, Y Garn, Elidir Fawr, Mynydd Perfedd, Carnedd y Filiast, Foel Goch, Y Foel Goch, Gallt yr Ogof

Moelwynion t. 166
Moelwyn Mawr, Moelwyn Bach, Cnicht, Allt Fawr, Moel Druman, Ysgafell Wen, Moel Siabod

Nantlle a Beddgelert t. 188
Mynydd Drws-y-Coed, Trum y Ddysgl, Craig Cwm Silyn, Garnedd Goch, Mynydd Mawr, Moel Hebog

Pumlumon t. 202
Pumlumon Fawr, Pen Pumlumon Arwystli, Pen Pumlumon Llygad Bychan, Y Garn

Rhinogydd t. 210
Rhinog Fawr, Rhinog Fach, Y Llethr, Diffwys

Yr Wyddfa a'i chriw t. 228
Yr Wyddfa, Crib Goch, Garnedd Ugain (Crib y Ddysgl), Y Lliwedd, Yr Aran, Moel Eilio, Moel Cynghorion

Mynydd Du Gwent t. 244
Pen Cerrig Calch, Pen Allt Mawr, Waun Fach, Pen y Gadair Fawr, Mynydd Du, Twmpa, Rhos Dirion, Chwarel y Fan

Y mynyddoedd yn nhrefn uchder t. 256

RHYBUDD (Gair i gall)

Mae'r cyfarwyddiadau ar gyfer y teithiau yn y gyfrol hon i gael eu defnyddio *gyda map a chwmpawd* – nid ar ben eu hunain. Mae'r cyfarwyddiadau hefyd yn disgrifio'r teithiau mewn tywydd ffafriol, yn ddigon clir i rywun allu gweld ei ffordd, a dim eira na rhew ar y mynyddoedd. Nid yw'r awdur na'r cyhoeddwyr yn derbyn unrhyw gyfrifoldeb am unrhyw fath o anffawd neu hap a damwain.

Rhaid parchu'r mynyddoedd. Nid maes chwarae ydyn nhw. Maen nhw'n edrych yn ddeniadol o bell, ond mae eu tirwedd a'u hinsawdd yn wahanol i'r iseldiroedd. Mae clogwyni, creigiau a llethrau serth yn beryglus iawn. Os nad ydych yn brofiadol, peidiwch â dringo hafnau, creigiau neu gribau na allwch droi yn ôl oddi wrthyn nhw. Os nad ydych yn teimlo'n ddigon profiadol, mae'n well osgoi'r darn anodd cyn mentro ei ddringo. Mae'r tymheredd yn gostwng rhai graddau wrth i chi ddringo a gall fod gwynt oer yn uwch i fyny. Cofiwch hefyd y gall y tywydd newid o fewn munudau neu eiliadau. Os ydi hi'n gaddo tywydd garw, neu yn gaddo niwl, gwell i chi gadw draw – oni bai eich bod yn gerddwr profiadol sy'n gallu defnyddio cwmpawd a map ac yn adnabod y mynydd. Tsieciwch ragolygon y tywydd ar y gwefannau tywydd mynydd, ac apiau tywydd ar eich ffôn (mae app y Met Office yn un dibynadwy), a gwnewch yn siŵr bod gennych ddigon o amser i gwblhau'r daith, rhag ofn i chi gael eich dal yn y tywyllwch – pan fydd y tymheredd yn disgyn wrth i'r haul fynd i lawr (a gallwch chithau ddisgyn hefyd). Gadewch i rywun wybod i le'r ydych yn mynd a phryd rydych yn disgwyl bod adra.

Be ydach chi ei angen i fynd efo chi? Wel, peidiwch â mynd â gormod o bethau neu bydd pwysau'r sach gefn yn eich blino ac mae blinder

Graigysgafn a Moelwyn Bach o ben Moelwyn Mawr

yn sugno egni ac yn achosi diffyg canolbwyntio. Fodd bynnag, mae cwmpawd a map (a'r gallu i ddefnyddio'r ddau) yn gwbl hanfodol – nid yn unig rhag ofn niwl, ond er mwyn dilyn llwybrau a thirnodau fel waliau, ffensys, nentydd a.y.b. Hanfodol hefyd ydi ffôn a'r batri'n llawn. Mewn tywydd oer mae batris ffonau yn gwagio heb rybudd, felly ewch â *powerbank* efo chi rhag ofn argyfwng. Mae tortsh pen hefyd yn hanfodol rhag ofn i chi gael eich dal mewn tywyllwch neu argyfwng. O ran dillad a sgidiau, gwisgwch yn gall – hynny ydi, nid fel trip i'r traeth. Gwisgwch ddillad cynnes neu gadw top cynnes ychwanegol yn eich bag. Gwisgwch ddillad dal dŵr os bydd disgwyl glaw, ac os ydych wedi chwysu slops ar y ffordd i fyny a'r gwynt yn oer ar y copa, rhowch grys sych amdanoch nesaf at eich croen. Mae pâr o sgidiau cerdded cryfion yn hanfodol. Peidiwch â mynd i ben mynydd mewn crocs neu fflip-fflops, nac yn eich Adidas newydd sbon danlli.

Mae cael picnic ar fynydd yn braf, ond mae cario gormod o fwyd a diod efo chi yn mynd i arafu eich taith. Mae o i fyny i chi, ond mae banana neu ddwy yn beth da, a paced o Fruit and Nut Mix – llugaeron (*cranberries*), cnau Ffrengig (*walnut*), almonau a syltanas. Byddwch angen dŵr, ond mae cario mwy nag un potel yn ormod o bwysau. Gellir ail-lenwi potel mewn dŵr gwyn cyflym nant fechan (rhy fach i ddafad foddi ynddi), ond eich penderfyniad chi fydd hynny.

O bosib mi fydd rhai eisiau mynd â bocs bach Cymorth Cyntaf, a pham lai, ynde? Pan fo criw yn cerdded efo'i gilydd mae'r siawns o rywun yn troi eu ffêr, dioddef o swigod neu rwygo'u bys ar weiren bigog yn codi. Prin ydi anffawd ac anafiadau, fodd bynnag. Ond os ydi o'n digwydd, mi all y bocs bach Cymorth Cyntaf fod yn hollbwysig. Yn yr un modd, efallai y byddwch am bacio blanced thermal yn eich sach. O ystyried pa mor fach ac ysgafn yw'r blancedi hyn wedi eu lapio, waeth i chi wneud ddim. Mae wisl argyfwng hefyd yn opsiwn doeth sy'n cymryd dim lle yn eich sach neu boced. Mae rhai sachau cefn yn dod gyda wisl yn sownd i'r strap y dyddiau hyn.

Fydd y rhan fwyaf ohonoch ddim angen darllen y cyfarwyddiadau uchod, a ddim angen hanner yr offer sydd ddim yn hanfodol. Ond o ran y llai profiadol, mae'n well eich bod yn saff nag yn syrjyri. Synnwyr cyffredin biau hi ac ar ôl ambell i daith mi gewch eich synnwyr mynydd. Y gwir amdani ydi bod mynydda yn weithgaredd diogel os ydych yn cymryd gofal. A sôn am synnwyr cyffredin, peidiwch cynnau tân, ewch â'ch llanast adra efo chi, caewch gatiau ar eich holau, a peidiwch â gadael ci oddi ar ei dennyn – yn enwedig adeg wyna. Ymhellach – ac mae hyn o ddifri – peidiwch â mynd â'r ci efo chi trwy gae lle mae gwartheg, boed ar dennyn neu beidio. Mae gwartheg yn ymosod ar gŵn y funud maen nhw'n eu gweld. Mi gewch chi lond cae o wartheg yn ruthro amdanoch chi a'r unig obaith sydd gennych chi ydi gollwng y ci a gobeithio wneith o redeg i ffwrdd i wahanol gyfeiriad i chi. Fel arall mi eith y gwartheg drostoch chi a'ch anafu yn ddifrifol, ac yn debygol iawn o'ch lladd.

Mae fformat y cyfarwyddiadau teithiau yn y gyfrol hon yn go debyg i fformat teithlyfr Dafydd Andrews. Enw'r mynydd, ei uchder mewn troedfeddi a metrau, a safle'r mynydd yn rhestr y Cant; rhif y map (weithiau mae angen dau fap) a chyfeirnod grid copaon y mynyddoedd ar y map; pwynt dechrau – lle i barcio a chyfeirnod grid y lle parcio; pellter y daith i fyny ac yn ôl i lawr mewn milltiroedd a chilometrau; amser i fyny ac i lawr; yr ymdrech gorfforol, sef pa mor galed neu hawdd. Gweler enghraifft isod:

- **Mynydd**: Moelwyn Mawr, 2526tr / 770m (44); Moelwyn Bach, 2329tr / 710m (70)

- **Map**: OL 18 & OL 17: CG 658449, CG 660437

- **Pwynt dechrau**: Dolrhedyn, Tanygrisiau. Maes parcio Cwmorthin / rhaeadr Pant y Friog, CG 683457.

- **Pellter**: 7 milltir / 11.2 km
- **Amser**: 3-5 awr
- **Ymdrech**: Cymedrol galed.

Nid yw pob taith yn y gyfrol hon yr un fath â theithiau Dafydd Andrews, felly ewch â llyfryn poced Dafydd Andrews (*Cant Cymru*) efo chi i gael dewis llwybr sy'n gweddu i chi. Yn naturiol, does dim lle i'r gyfrol yma yn eich pocedi neu sachau cefn. Cymerwch nodiadau o deithiau er mwyn dewis. Yn ogystal, mae hi'n 23 mlynedd ers cyhoeddi *Cant Cymru* Dafydd Andrews, ac mae rhai tirnodau wedi newid ers hynny, er enghraifft planhigfeydd wedi eu torri a llwybrau wedi newid – ac mae Tryfan wedi tyfu mewn taldra.

Mwynhewch y dringo. A'r darllen.

Nodyn am Restrau Mynyddoedd Eraill

Nid Cant Cymru ydi'r unig her neu restr mynyddoedd. Mi welwch fy mod yn cyfeirio at y 'Nuttalls' mewn ambell bennod, felly dyma egluro'r term. Y cwbl ydi'r Nuttalls ydi rhestr o fynyddoedd a grewyd gan John ac Ann Nuttall, gan gategoreiddio 'Nuttall' fel mynydd sydd dros 2,000 troedfedd (610m) a gydag amlygrwydd o 15 metr. Mae'r nifer o 'Nuttalls' yng Nghymru wedi newid sawl gwaith wrth i John ac Ann ailfeddwl am ambell gopa. Ar hyn o bryd mae 189 ohonynt ar y rhestr ac mae eu dringo i gyd yn her ynddo'i hun (ond byddwch eisoes wedi dringo'r rhan fwyaf o'r Nuttalls wrth gyflawni her y Cant Uchaf). Mae rhestrau mynyddoedd eraill i'w cael, fel yr Hewitts (*Hills in England, Wales and Ireland over Two Thousand feet*) sy'n defnyddio yr un uchder â'r Nuttalls, ond yn defnyddio amlygrwydd o 30 metr. Mae rhestr newydd yn bodoli erbyn hyn, un sy'n annibynnol i Gymru, sef y Washis (Welsh and Six Hundred in Stature). Mae'r rhestr hwn yn defnyddio'r mesuriad o 600 metr o uchder ac amlygrwydd o 50 metr, sy'n golygu bod ambell i fynydd cyfarwydd yn methu cyrraedd y rhestr.

Carnedd Dafydd a'r Glyderau gogleddol o Garnedd Llywelyn

RHAGAIR

Cefais fy magu ar fferm fynydd, fil o droedfeddi uwchlaw'r môr yng Nghwm Prysor. I lawr llechwedd Cae'r Orsedd o'r tŷ, mae llawr y cwm ac Afon Prysor yn llifo heibio. Ar ochr bella'r afon, tua'r dwyrain ac yng ngolwg ein cartref, saif Castell Prysor – Llys cwmwd Ardudwy Uwch Artro. O ffenest y tŷ mae ffordd Rufeinig i'w gweld yn disgyn o lannau Llyn Rhuthlyn i lawr i'r cwm, cyn codi heibio'n tŷ ni a chlwstwr o gytiau crwn, tua'r mynydd, ar ei ffordd o Domen y Mur i Gaer-gai, ger Llanuwchllyn.

Mae mynydd y fferm yn estyn i dros ddwy fil o droedfeddi, i ben cefnen ddwyreiniol Gallt y Daren. Ar y tir hwn, rhwng mil a dwy fil o droedfeddi, y treuliais i dalp go lew o fy neunaw mlynedd cyntaf yn y byd. Yn ogystal â hel defaid, draenio, ffosio, ffensio, codi waliau ac achub defaid o luwchfeydd eira, ro'n i'n treulio dyddiau hirion haf ar ben fy hun ar y mynydd, yn torri ysgall efo pladur a chryman ar lethrau Foel yr Wden a'r Allt. Ac os oedd blaen lli mi fyswn i'n nôl fy ngenwair a'i gluo hi am Nant yr Hendra a Nant yr Allt (blaen yr Afon Gain). Hel catris bwledi .303 gwag hefyd, a shels gweigion a adawyd gan filwyr Maes Tanio Trawsfynydd, oedd yn berchen y mynydd gynt. Yn y plentyndod hwn y cefais fy synnwyr mynydd a dod i nabod naws a mympwy mynyddoedd fel ail natur. Dois i nabod y mynydd fel cefn fy llaw – pob craig ar y llethrau a phob siglen yn y corsydd. Boed olau dydd neu'n ddu bitsh, lluwch eira neu niwl dopyn, os ti'n nabod dy fynydd mi gei hyd i dy lwybrau.

Wrth orwedd ar y llethrau y dois i werthfawrogi gwir ysbryd y mynydd, sef yr heddwch tawel sydd i'w gael a'r ymdeimlad o fod yn ddim byd mwy na rhan o'r heddwch hwnnw. Y teimlad o fod yn rhan o'r tirlun, a rhan o'r tirwedd hefyd, yn ymwybodol fy mod i'n ddim llai na mwy na'r gylfinir a'r gornchwiglan, y sgwarnog a'r llwynog, y brwyn a'r mwsog a'r mawn – a'r defaid fel rhaffau gwynion ar ochrau'r Foel, yn dilyn ei gilydd i'r llefydd uchaf ar fin nos haf, i osgoi'r gwybed bach.

Wna i fyth anghofio'r wefran ddaeth drosof fel plentyn y tro cyntaf imi sylwi faint o wlad sydd i weld o'r uchelfannau. Syfrdandod cegagored pur ar bob cwr o'r gorwel crwn o fy nghwmpas. Syfrdandod sydd efo fi o hyd, i raddau, pan dwi'n cyrraedd i ben unrhyw gopa. Ond y tro cyntaf oedd y gorau; Arenig, Moel Llyfnant, Crib yr Aran, Blaen Lliw, y Feidiogydd, Moel Oernant, Cwm Dolgain, Cader Idris a'r Rhinogydd, llwyfandir Trawsfynydd, Pen Llŷn, Foel Fawr a Moel Croesau a'r Garn, Llyn Rhuthlyn, llynnau y Garn a Chonglog, a'r Moelwynion ac Eryri tu hwnt. Doedd neb arall yn gweld y golygfeydd hyn, o'r lle hwnnw, yn yr oriau hynny. Y fi oedd yr unig berson am filltiroedd. Dim ond fi a'r mynydd, a'r mynyddoedd a fi.

Unwaith rydach chi wedi dod i nabod mynyddoedd, a magu synnwyr mynydd, mae o ynddoch chi yn reddfol. Mae o fel reidio beic. Wnes i'm dechrau mynydda o ddifri tan ro'n i'n 38 oed. Ar ôl cael diploma o Goleg Harlech es i Brifysgol Aberystwyth yn 2000, a dod 'nôl i Stiniog yn 2003 efo gradd, ac yn bedair stôn yn drymach. Yn 2005 dyma ddechrau colli pwysau trwy rym-gerdded i ben Cwm Teigl bob fin nos, a chyn hir ro'n i fel rash ar hyd y mynyddoedd lleol, i fyny'r uchelfannau bob dydd, boed law neu hindda. Yna, ym mis Mai 2009, aeth criw ohonon ni o Stiniog i Glencoe i fynydda, ac ar ôl dringo Stob Coire Sgreamhach a'r Bidean nam Bian (Bidogau y Bannau) ro'n i wedi cael fy machu. Nid yn unig bod mynyddoedd yn fy mêr, mynyddoedd oedd fy myd. Cyn hir ro'n i ar ben mynydd bob cyfle gawn i. Y Moelwynion ac Eryri, Arenig, crib yr Aran, Cader Idris a'r Rhinogydd, a Chrib Nantlle. Wnes i fyth droi'n ôl.

Rhywbryd yn 2015 dyma fi'n digwydd gweld llyfr *Cant Cymru* Dafydd Andrews ar y we, ac archebu copi gan Y Lolfa. A dyna benderfynu gwneud her Cant Cymru, sef dringo i ben y cant mynydd uchaf yng Nghymru. Y llyfr poced hwn gan Dafydd Andrews ydi beibl pob mynyddwr a mynyddwraig o Gymry, a llawlyfr pob un sy'n bwriadu gwneud her Cant Cymru. Ro'n i eisoes wedi dringo cryn dipyn o fynyddoedd y gogledd sawl gwaith (cannoedd o weithiau yn achos y Moelwyn Mawr!) ac yn dal i'w crwydro'n aml hyd heddiw. Ond rhwng 2015 a 2017 roedd fy mhen mewn un o ddau le – mynyddoedd Cymru neu dudalennau llyfr Dafydd Andrews.

Mae cyrraedd copa mynydd wastad yn deimlad gwefreiddiol. Ond dau beth sy'n well na chyrraedd copa mynydd; cyrraedd at gopa mynydd am y tro cyntaf a chyrraedd copa mynydd am y tro cyntaf mewn ardal na fues i erioed yn ei chrwydro o'r blaen. A dyna'r peth gorau am her Cant Cymru, nid dim ond cyrraedd copaon ardal ddiarth, ond cyfle hefyd i gael blas o'r ardal yn gyffredinol – hanes, diwylliant a chymeriad (a mwy) y fro a'i phobl. I mi, mae mynydda a chrwydro, meini hirion, carneddau, bryngaerau ac enwau lleoedd i gyd yn mynd law yn llaw, ac yn wironeddol gyffrous.

Yn yr ardaloedd mynyddig mae pobl a mynyddoedd wedi cyd-fyw ers miloedd o flynyddoedd a'r berthynas rhyngddynt wedi esblygu yn un symbiotig, ac mae olion hynny yn dal i fod yn ein gennynau ac yn nhrwch y gwaed a'r haearn sydd ynddo. Yn y teuluoedd hynny sy'n dal i fyw a gweithio ar y mynydd, mae'r berthynas nid yn unig yn reddfol, ond yn berthynas y maen nhw'n ymwybodol ohoni, yn gyffyrddadwy a thiriaethol, yn gorfforol. Ac mae perthynas seicolegol rhwng y bobl a'r mynydd, hefyd, un isymwybodol ac ysbrydol, sydd yno ers i'n cyndeidiau fod yn claddu eu pobl o dan garneddi cerrig ar ben mynyddoedd dros gyfnod o fil o flynyddoedd rhwng tua 2400 ac 1400 CC. Mae mileniwm yn amser hir, ac yn yr amser hwnnw mae arferion a chredoau wedi treiddio i seici'r hen bobl, ac yn dal i fod ynddon ni, yn ddwfn yn y cof – yn parchu, neu barchedig-ofni yr uchelfannau sanctaidd. Tybed ydi mwtadu gennynol naturiol yn gallu newid y ffordd mae rhywun yn meddwl, neu addasu bydolwg rhywun, neu gymuned gyfan? Ydi'r cof am yr hen arferion, a'r berthynas rhyngddynt a'r mynydd, bellach yn rhan o DNA pobl y mynydd?

Mae crib yr Aran yn dirnod cyfarwydd ar orwel y de o bron pob ardal ym Meirionnydd ac wastad yn denu'r llygad o ben y Moelwyn.

Y Moelwyn a'r Cnicht, a Llyn Coch rhwng y ddau

Ro'n i wedi cerdded y grib am y tro cyntaf yn 2009 ac wedi mynd wedyn sawl gwaith. Ond roedd rhaid troi am yr Aran eto er mwyn dringo gweddill copaon Cant yr ardal honno. Mae gwreiddiau un gangen o dylwyth fy mam yn dew yn ardal yr Aran, ac roedd cael dilyn ôl traed cenedlaethau o'r teulu yn ychwanegiad arbennig i'r profiad o grwydro'r fro. Mae gwreiddiau hefyd yn rhan o ardal yr Arenig, a'r mynyddoedd wedi fy hudo atynt lawer gwaith, ac

wrth ddilyn y Cant cefais fy syfrdanu gan dir uchel, eang gogledd-ddwyrain ardal yr Arenig wrth gerdded at Garnedd y Filiast (Arenig) am y tro cyntaf erioed. Trist, fodd bynnag, ydi'r graith ddyfrllyd sy'n gorwedd rhwng bryniau syn ardal yr Arenig. Ni all y dŵr gelu'r hyn a wnaed i Gapel Celyn a'r cwm. Mae'r cof yn gryf a'r briw yn dal i waedu ar waelod y llyn, a'r ardal i gyd dan gysgod y trallod a fu.

Ni all y dŵr gelu'r hyn a wnaed,
Ni all hanes geulo'r gwaed.

Dyna'r Berwyn wedyn. Mae ei fynyddoedd Cant i'w gweld ar orwel pell y de-ddwyrain, yn edrych fawr ddim mwy na bryniau di-nod yn y pellter. Mynyddoedd y mae rhywun yn trio cael cip ohonyn nhw wrth yrru ar y ffordd rhwng y Bala a Llangynog, ac ymlaen tua'r dwyrain, ond yn

Tomen Chwarel Croesor yn hongian ar ochr Moelwyn Mawr

methu. Fodd bynnag, diolch i her y Cant roedd rhaid eu ffeindio nhw a'u dringo i gyd, a dyna ddatgelu cyfrinach dawel Cwm Maen Gwynedd a mynyddoedd ei bedol yn osgordd deyrngar i Gadair Berwyn, ei goron o greigiau, yn frenin ar orsedd y cwm, a Chadair Bronwen osgeiddig yn lluniaidd yn yr haul, a phorffor Elen Luyddog amdani.

Dwn i'm faint o weithiau y gyrrais heibio Bannau Brycheiniog wrth fynd i gefnogi tîm pêl-droed Cymru yng Nghaerdydd dros y blynyddoedd. Ond wnes i'm rhoi troed ar y Bannau tan ddaeth yr amser i ni gyfarfod, a hynny pan aeth her y Cant â mi at eu copaon urddasol. Ro'n i mewn ardal hollol ddiarth – byd oedd mor wahanol o ran ei dirwedd, ei dirlun a'i ddaeareg i fynyddoedd y gogledd, ond byd ysgubol o hardd sydd â rhyw egni dwfn sy'n gwneud i rywun ddychmygu sŵn mwmian cyson *generator* mawr yn ddwfn yn yr isfaen – mwmian na chlywch chi â'r glust, ond trwy'r frest. Roedd hi'n braf cael eistedd ar dwyni'r Bannau a'r awel ysgafn fel anadlau. Ardal enigmataidd iawn, efo'i thirwedd ddymunol a'i gallu i alw ar y glaw a'r gwyntoedd i sgubo meidriolion oddi ar wyneb y byd.

Bannau Sir Gâr drannoeth, mynyddoedd o'r un anian â Bannau Brycheiniog, ac unwaith eto, minnau erioed wedi eu troedio. Dyma Wlad y Sgydau (rhaeadrau), gwlad yr afonydd, gwlad yr enwau lliwgar, gwlad meini a chylchoedd, *shakeholes* ac ogofâu, a'i bannau gorllewinol mor osgeiddig â'u ehangder yn estyn o'r Mynydd Du at Landeilo a Rydaman, a'r olygfa yn cyrraedd y Mymbls a'r môr, a'r bannau dwyreiniol – gang yr enigmataidd Fan Gyhirych – sy'n edrych yn debycach i foelydd ac yn estyn at Ben y Fan a'r Corn Du. Docedd fy nhraed ddim yn cyffwrdd y llawr y diwrnod hwnnw, mor ysgafn oedd fy ysbryd – fy enaid yn lân – a phob pryder a phwysau wedi diflannu o fy 'sgwyddau, o fy mrest ac o fy mhen, fel mae haul yn sychu pwll dŵr. Ro'n i'n dal i fownsio wrth gyrraedd y bar yn yr Ancient Briton, rhwng Ynyswen a Phen-y-cae, rhwng Glyn Tawe ac Abercraf, ble digwyddodd un o'r pethau hynny oedd i fod i ddigwydd. Bu i'r gyfres o gyd-ddigwyddiadau rhyfeddol y pnawn hwnnw esgor ar gyfeillgarwch rhwng Rhian fy ngwraig a minnau â rhai o drigolion yr ardal a selogion yr Ancient Briton. Gwlad hudolus ydi Gwlad y Sgydau, hen wlad y Silwriaid â'r enwau unigryw. Mae'n syndod sut bod ardaloedd diarth yn gallu bod mor agos atoch.

A sôn am gwrdd â chymeriadau, ro'n i ar ben Arenig Fach un dydd, pan ddaeth dyn â gwallt gwyn hir, â bag ar ei gefn, i'r golwg o gyfeiriad y clogwyn uchel uwchlaw Llyn Arenig Fach. Cymro Cymraeg o Wrecsam oedd o, ac heb fethu gêm gartra tîm pêl-droed y dref ers blynyddoedd. Roedd o newydd ddringo llwybr serth o'r llyn i ben y mynydd, ac wedi cerdded at Garnedd y Filiast cyn canlyn y bryniau rhwng y Garnedd ag Arenig Fach, sy'n daith o chwe milltir. Roedd o'n cerdded criw o fynyddoedd ar y tro yn aml, medda fo. Dwi wedi anghofio be oedd ei enw fo, ond dwi'n cofio ei fod o'n 80 mlwydd oed!

Mae gan bob mynydd a phob cadwyn neu ardal o fynyddoedd eu cymeriad a'u harddwch eu hunain. Mae'n anodd iawn eu cymharu, os nad yn amhosib. Ond o'r holl ardaloedd mynyddig trawiadol sydd gennym yng Nghymru, y Rhinogydd a'r Moelwynion yw fy ffefrynnau. Rhesymau personol sydd tu ôl i'r dewis, er bod tirwedd y Rhinogydd ymysg y mwyaf trawiadol trwy Gymru a thu hwnt. Mae'r Rhinogydd wedi cipio fy nychymyg ers fy mod i'n blentyn yn eistedd yn ffenest y gegin yng Nghwm Prysor yn gwylio'r mellt yn dawnsio ar gribau'r Rhinogydd. Ac o ran y Moelwynion, dwi wedi byw yn eu cysgod ers 26 mlynedd, bellach, a chopa'r Moelwyn Mawr ydi fy hoff lecyn yn y byd erbyn hyn. Mae'r mynydd wedi bod efo fi trwy wahanol brofiadau personol, o ewfforia i dristwch. Ar ddiwrnod fy mhen-blwydd ar y 27ain o Dachwedd yn 2011, ro'n i newydd gyrraedd y copa tua 11 y bore, ac yn yfed potel o gwrw, pan ddaeth neges testun gan Rhian efo'r newyddion ysgytwol bod Gary Speed wedi marw y bore hwnnw. Ac yng nghwmni'r Moelwyn Mawr rydw i'n gwylio'r haul yn codi ar fore heuldro Alban Hefin, Troad y Rhod, bob blwyddyn – profiad hollol wefreiddiol, y peth agosaf i deimlo'r enaid yn gadael y corff a dechrau gwneud jig.

A phan ddaw'r tân dros ymyl tir
i liwio'r wlad â'i fysedd hir,
i ddal y wawr ar Droad y Rhod,
y Moelwyn Mawr yw'r lle i fod.

Dwi'n sôn dipyn yn y llyfr hwn am sut mae'r uchelfannau yn ein rhoi ni yn ein lle yn y wlad a'r bylchau mynyddig oedd yn cysylltu'r ardaloedd cyn dyfodiad ceir a ffyrdd tarmac sy'n mynd â ni 'rownd y byd' i gyrraedd y fro tu hwnt i'r gefnen. Ynghlwm â'r edefyn hwn mae cysylltiadau teuluol, a sut mae gwreiddiau'r tylwyth yn ymestyn o ardal i ardal trwy'r bylchau. Dwi'n sôn am genedlaethau rhieni fy rhieni, a groesodd y bylchau i weithio a byw a phriodi. Yn aml yn y cartref newydd, gwelir enwau'r plant yn adlewyrchu'r ddwy fro – y fro o le y daethant, sef y gwreiddiau, a'r fro newydd, sef y blagur. Yng Nghwm Nantcol, wrth droed y Rhinogydd, cafwyd (Robat) Prysor – cefnder fy nhad – yn cynrychioli'r gwreiddiau, a Rhinogwen ei chwaer yn cynrychioli'r blagur. Roedd y ddau yn un o ddeuddeg o blant, a bu i'r mab hynaf, William Prysor, foddi yn yr afon pan yn blentyn, a fo oedd yn cynrychioli'r gwreiddiau yn wreiddiol. Mae enghraifft gyfoes, eitha thebyg, yn y llyfr yma hefyd, yn y bennod am y Carneddau. Mae Meleri fy chwaer ieuengaf wedi priodi ac yn byw yn Llanllechid ger Bethesda. Mae ganddi hi a'i gŵr, Meirion, dri o blant; Gwydion Eryri, Lloer Prysor ac Eiri Gwyn. Wrth enwi Lloer Prysor cyfunodd y ddau ddwy ardal, Cwm Prysor a Cwm Lloer, lle mae llyn Ffynnon Lloer, yn y Carneddau. Mae enwi ar ôl mynydd, cwm, afon neu lyn, yn draddodiad poblogaidd y dyddiau hyn, a bu beirdd yn dewis enwau lleoedd fel enwau barddol ers canrifoedd. Mae'n dangos pa mor bwysig ydi gwreiddiau teuluol i bobl y mynydd, ac ar y mynyddoedd (a'r ardaloedd ar y naill ben i'r bylchau) mae pwysigrwydd gwreiddiau yn amlwg.

Ar ben fy hun dwi'n mynd i gerdded y mynyddoedd. O'r cannoedd o deithiau, fedra i ond cyfri 16 gwaith i mi ddringo mynydd efo cwmni, ac mae'r rheiny'n cynnwys teithiau noddedig, stiwardio Ras y Moelwyn ac arwain teithiau cerdded. Y tro cyntaf i mi ddringo'r Carneddau yn 2009, es i fyny yng nghwmni braf Meirion fy mrawd yng nghyfraith, Dafydd Huws a'r diweddar hynaws Rhodri Dafydd. Roedd Rhodri'n hogyn ifanc llawn bywyd, yn dad a gŵr, a rhywun oedd mor frwdfrydig am fyd natur a chadwraeth. Roedd o hefyd yn Gymro da. Bu farw yn arswydus o ifanc ar ôl brwydr efo cancr, gan adael teulu ifanc ar ei ôl.

Moel Eilio yn y cefndir, Foel Gron a Foel Goch (arall), a Moel Cynghorion, o uwchben Bwlch Cwm Brwynog

Ffrind arall liciwn i ddiolch iddo am fod yn gwmni da ydi Gruff Gwynus am fynd â mi dros Grib Goch am y tro cyntaf, ac eto wedyn wrth gerdded Pedol yr Wyddfa. Diolch hefyd i fy ffrind Ems Jones am fynd â mi i ben yr Wyddfa mewn eira. Hwn oedd fy nhro cyntaf yn gwisgo crampons, ac ar y ffordd i lawr o'r copa tuag at Fwlch Glas, a llond mynydd o deuluoedd a phlant yn dod i fy nghwfwr i, mi fachodd pigyn blaen y crampons mewn carreg oedd yn sticio allan o rew ac eira'r llwybr, ac es i ar fy mhen i lawr y llwybr am ryw bump i ddeg llathen, ar fy mol fel morlo. Mae 'na hwyl i'w gael...

Chwarel y Fan ym Mynydd Du Gwent oedd y copa olaf o'r Cant Cymru i mi ei goncro. Am chwarter wedi pedwar o'r gloch, ar ddydd Sul braf a phoeth ar y 14ed o Fai, 2017 ro'n i'n sefyll ar ei gopa, yn wên o glust i glust wrth ddyrnu'r awyr. O fy nghwmpas i roedd criw o ferlod gwyllt yn pori'n dawel. Rhois floedd uchel dros y mynydd a dyffryn Ewias islaw, a daeth iwfforia drostof, fel rhaeadr yr haleliwia! Bloeddiais eto, ac eto fyth, a gwneud rhyw jig fach wirion. Ro'n i wedi cwblhau'r her, ac wedi gwirioni. Dal i bori wnaeth y merlod.

Mae sgwennu'r llyfr hwn wedi bod yn daith ynddi'i hun. Mewn ffordd, ro'n i'n ailgerdded pob taith i'r copaon unwaith eto. Daeth yr atgofion yn eu holau, yn llifo fel sgydau ardal Bannau Sir Gâr. Mae'n wir bod llawer mwy i'r mynyddoedd na golygfeydd. Ynghlwm â'r mynyddoedd mae hanes a chwedlau, llên gwerin, gwreiddiau, enwau lleoedd, bywyd gwyllt, daearyddiaeth, cymunedau ac atgofion, a llawer mwy, ymhob cwr a chornel o'r uchelfannau sanctaidd hyn. Dwi'n gobeithio fy mod i wedi gallu cyfleu hyn oll yn y gyfrol hon, ac wedi gallu cofnodi stori fy her Cant Cymru i, a straeon yr ardaloedd mynyddig trwy gyfrwng yr her honno. Mae fy mherthynas frawdol efo'r mynyddoedd wedi ei atgyfnerthu, a'r synnwyr mynydd â ddysgais yn blentyn ar fynyddoedd Cwm Prysor wedi fy ngwneud i'n ddyn mynydd. Dyma stori y mynyddoedd a fi.

Copaon

Llefydd sanctaidd yw'r rhain;
llwyfannau hunaniaeth, eu hawelon
yn ffrwd ffraeth
rhwng pulpudau'r pedwar gwynt.

Yma mi weli dy fro yn troi yn wlad,
a'th wlad yn troi yn fyd,
ac mi glywi dy lais yn morio
dros donnau diddiwedd o dir
a dychwelyd, yn chwedlau i gyd.

Dewi Prysor
Hydref 2021

Ar y Moelwyn Mawr

I'r llwyth

I 'Nhad, ac er cof cariadus am Mam.
I Rhian, Owain, Rhodri a Gethin.
I deulu'r Hendre a theulu Plas yn Ddôl.
I Meredydd John, aelod diweddaraf y llwyth.
Er cof am fy ewyrth John Lewis Jones.

Mae ardal mynyddoedd yr Aran yn gorwedd rhwng Llanuwchllyn yn y gogledd-ddwyrain, Dinas Mawddwy yn y de, a Bwlch yr Oerddrws ac ardal Brithdir yn y gorllewin. Mae ei ffin ogleddol yn canlyn yr A494 sy'n rhedeg tua'r de-orllewin o'r Bala i Ddolgellau, ar hyd dyffryn hir heibio hen dafarn yr Hywel Dda a phentref Rhyd-y-main. I'r de mae'r A470, a thua'r gogledd-ddwyrain mae ffordd fynyddig, gul a serth tu hwnt, sy'n dringo at Fwlch y Groes, ac i lawr trwy Gwm Cynllwyd i Lanuwchllyn.

Dyma ardal o fynyddoedd a bryniau serth rhwng cymoedd dirgel, dwfn a chul a fu'n cynnig lloches i'r Gwylliaid Cochion yn y 15fed a 16ed ganrif. Heddiw mae'n cynnig i bob cerddwr neu fugail heddwch a llonydd rhag prysurdeb ras ynfyd y byd modern. Lle i wagio'r meddwl sydd yma, bwrw pryderon i'r pedwar gwynt a bod yn un â'r unigeddau uchel, yn un â'r moelydd sy'n llenwi'r llun o'ch blaen, ac o dan eich traed hyd at y gorwel crwn. Does dim torfeydd fel sydd i'w gweld ar rai o gopaon Eryri. Yr unig ddramâu sydd ar lwyfannau'r Aran ydi campau'r cigfrain ar y gwynt, a hanes a straeon yr hen deuluoedd sydd yn dal i fyw yn y cymoedd swil ers canrifoedd. Mae gen innau wreiddiau teuluol yn yr ardal hefyd. Mae teulu fy nhaid ar ochr fy mam yn dew yn y fro, yn hanu o dyddynnod Tan y Bwlch a Blaen y Cwm ym mlaen Cwm Cynllwyd, ac mae canghennau'r teulu yn Llanymawddwy, Dinas Mawddwy a Llanuwchllyn – ac erbyn hyn wedi lledu trwy Gymru, Patagonia a'r Amerig.

Ystyr Aran ydi tir uchel. Mae 'ar' yn dod o 'ardd', sydd i'w weld heddiw yn y gair 'penardd' (penarth, benar) sy'n golygu pen draw'r tir uchel. Mae o hefyd i'w weld yn 'arddu', sy'n enw ar sawl crib, cefnen neu dir uchel sydd â lliw tywyll i'w chreigiau grugog. Mae 'ardd/ard' yn gyffredin i'r ieithoedd Celtaidd i gyd. Yn ogystal ag enwau lleoedd, mi welwch y gair ar arwyddion dwyieithog yn nhrefi Iwerddon ac Ynysoedd Heledd yn yr Alban fel cyfieithiad o High Street (*An tSráid Ard* a *Sràid Àrd*), ac yng Nghernyw mae 'ardh' (ynganiad 'ardd') yn golygu'r un peth, fel y gwelir yn enw llefydd fel penrhyn Lizard, sef Lys Ardh, 'llys uchel'. Yn achos yr Aran mae 'ar', efo'r elfen 'an' ar ei ôl, yn golygu cefnen uchel o dir, drum/druman – crib (ridge) lydan, os liciwch chi. A dyna'n union be ydi'r Aran – cefnen uchel o dir sy'n estyn dros bum milltir, gyda nifer o gopaon arni. A'r 'grib' hon – yr Aran – sydd wedi rhoi ei henw i'r ardal gyfan heddiw.

Ers i'r Ddeddf Cefn Gwlad a Hawliau Tramwy (CGHT) 2000 ddod i rym ar 28ain o Fai 2005, mae holl dir mynydd yr Aran (y tiroedd sydd wedi eu lliwio'n frown ysgafn ar y mapiau) yn agored i gerddwyr, heb orfod cadw at yr hen lwybrau consesiwn gynt. Mae llawer o lwybrau i gyrraedd y ddwy Aran – y Benllyn a'r Fawddwy – ac mae pob un yn serth iawn mewn darnau. Er enghraifft, gellir eu dringo o'r de, o Gwm Cywarch, gan ddilyn llwybr sy'n canlyn Hengwm ar hyd llethr gorllewinol Pen yr Allt Uchaf, ac ymlaen dros y Ddrysgol. Neu ddringo'r bwlch ym mlaen Cwm Cywarch, rhwng Glasgwm a Chreigiau Camddwr, cyn troi i'r gogledd-ddwyrain a dilyn y llwybr heibio Gwaun y Llwyni. Neu mi allwch gerdded o Bennant, ger Llanymawddwy, a dilyn afon Dyfi hyd at ei tharddle yn llyn Creiglyn Dyfi, a dringo'r llwybr serth o'r llyn at y bwlch i'r gogledd o gopa Aran Fawddwy. Neu ddringo llechwedd ddwyreiniol Erw y Ddafad Ddu, un ai o'r llyn neu o gopa Foel Hafod Fynydd, a chyrraedd y grib mewn safle cyfleus rhwng copaon y ddwy Aran.

Ond y daith o'r gogledd, o Lanuwchllyn, rydw i'n ei chymeradwyo, yn enwedig i rywun sydd yn dringo Crib yr Aran am y tro cyntaf. O Lanuwchllyn mae rhywun yn cael cerdded y grib i gyd, gan fwynhau'r golygfeydd gwefreiddiol ar y naill law a'r llall, yr holl ffordd at gopa Aran Fawddwy. Ar y dde mae'r Arenig Fawr a Moel Llyfnant, Rhobell Fawr a'r Dduallt, a'r Rhinogydd a Chader Idris, ac ar y chwith copaon llechweddog yn tywys eich llygaid dros donnau o dir yr holl ffordd tuag at Bumlumon. Y rhain, a llawer mwy, sy'n gwmni i chi wrth gerdded Crib yr Aran.

'CRIB YR ARAN'

ARAN BENLLYN AC ARAN FAWDDWY

- **Mynydd:** (Crib yr Aran) Aran Benllyn, 2904tr / 885m (20); Aran Fawddwy, 2969tr / 905m (16)
- **Map:** OL 23: CG 867243, CG 863224
- **Pwynt dechrau:** Llanuwchllyn, ym mhen draw deheuol y pentref, lle mae ffordd y B4403 yn troi yn siarp i'r chwith tua'r gogledd-ddwyrain. Mae Afon Twrch yn llifo o dan Bont y Pandy. Mae'r maes parcio ar y chwith islaw'r bont, CG 880298.
- **Pellter:** 10 milltir / 16 km
- **Amser:** 5-8 awr
- **Ymdrech:** Eithaf caled. Ar ôl mynd adra, byddwch yn gwybod eich bod wedi cael diwrnod da o fynydda.

Taith: Ewch allan o'r maes parcio a throi i'r chwith. O fewn ychydig lathenni croeswch y ffordd ac ewch drwy gât a dilyn y ffordd fach darmac sy'n codi tua'r de o'ch blaen. Pan fydd y ffordd yn lefelu mi welwch fryn gwyrdd (Garth Fach) o'ch blaen ar y dde. Wrth nesu at waelod y bryn mi welwch lwybr yn gadael y ffordd tua'r dde, gan groesi ffens. Dilynwch y llwybr amlwg hwn trwy gaeau gwyrdd ar ochr ogleddol Garth Fach. Yma, mi welwch garreg wastad, fawr wedi ei gosod fel sedd i goffáu Llew ap Gwent, tad, mynyddwr brwd, warden, a chyn-brifathro o Lanuwchllyn, a gollodd ei fywyd mewn damwain uwchlaw Cwm Idwal, Eryri. Pan o'n i'n cerdded Crib yr Aran y tro cyntaf, yn 2009, mi gwrddais â Llew, oedd yn dod i fy nghwfwr ar ei ffordd i lawr o'r Aran. Mae'r gofeb yn syml a theilwng – carreg i orffwys, a'r geiriau ar lechen yn ei ddweud o i gyd, 'LLEW – CYMRO I'R CARN'.

Aran Fawddwy o Erw'r Ddafad Ddu

Yn fuan wedi pasio'r gofeb bydd y llwybr yn cyrraedd tir mynyddig gan ddilyn ochrau gorllewinol Garth Fawr i ddechrau, ac o hyn ymlaen bydd y llwybr mwy neu lai yn dilyn y ffens sydd yn arwain yr holl ffordd ar hyd y grib at Aran Fawddwy. Cewch ennill cryn dipyn o uchder wrth ddringo Moel Ffenigl, a chodi'n uwch eto wrth gerdded Craig y Llyn. Mae'r dirwedd bellach yn greigiog dan draed ac i'r chwith i chi mae clogwyni serth yn disgyn yn ddwfn i Gwm Croes, ble y gwelwch Lyn Lliwbran yn gorwedd islaw. Cyn hir, ar y dde i chi, ar ochr orllewinol y ffens, mae llyn bychan Llyn Pen Aran. Uwch eich pen mae cigfrain yn chwarae ar y gwynt, ac o'ch blaen mae copa creigiog Aran Benllyn yn llenwi'r llun, ac rydych bron â'i gyrraedd.

Aran Benllyn o Erw y Ddafad Ddu

Mae union gopa Aran Benllyn wedi ei nodi efo carnedd gerrig, i'r de o hen wal gerrig sydd wedi chwalu. Eisteddwch yma i fwynhau'r golygfeydd fu'n eich canlyn yr holl ffordd o Lanuwchllyn; Llyn Tegid a thref y Bala, Arenig Fawr a Moel Llyfnant, y Dduallt a Rhobell Fawr a'r Rhinogydd, a daw Cader Idris i'r golwg hefyd, ac ar y chwith, dros Gwm Croes, mae Esgeiriau Gwynion a Moel Hafod Fynydd, a chip o Lyn Efyrnwy yn y pellter. O dan eich traed mae'r graig eang yn frith o smotiau gwynion y cwarts sydd i'w gael yn ei chrombil. Mae cerrig gwynion i'w gweld ar bron pob mynydd yn yr Aran, ac mi welwch waliau a chorlannau wedi eu codi gyda cherrig gwynion – fel y gwelwch ar lethrau Esgeiriau Gwynion yng Nghwm Croes.

O gopa'r Aran Benllyn, tua'r de, mae'r grib greigiog a'i phinaclau miniog a'i chlogwyni serth yn drawiadol dros ben, ac yn disgyn yn llym i lechweddau gwyrddion Cwm Croes. O'ch blaen mae creigiau gwyllt Erw y Ddafad Ddu a chopa Aran Fawddwy yn codi fel tŵr cadeirlan. Tydi copa Erw y Ddafad Ddu ddim ond 13 metr yn is nag Aran Benllyn, ond nid yw'n cael ei gyfri fel un o'r Cant, gan nad yw'n ddigon amlwg fel copa annibynnol. Ond, yn rhyfedd iawn, mae'n cael ei gynnwys fel mynydd annibynnol ar restr y Nuttalls (mynyddoedd dros 2,000 troedfedd, Cymru a Lloegr). Ond dyna fo, os fyddwch chi rywbryd yn rhoi Nuttalls Cymru yn y sach, mi gewch gynnwys Erw y Ddafad Ddu rŵan.

Ar ôl cerdded rhyw filltir o gopa Aran Benllyn dros Erw y Ddafad Ddu, mi ddewch at fwlch a ffens lle mae copa creigiog, uchel Aran Fawddwy yn codi o'ch blaen. Ar un adeg roedd dwy gamfa i groesi'r ffens, ond mae'r rheiny wedi diflannu – a'r rhan fwyaf o'r ffens hefyd. Mae'r llwybr serth sy'n dringo Aran Fawddwy drwy'r clogfeini a'r creigiau yn ddigon clir, ac yn igam-ogamu yr holl ffordd i'r copa, lle mae piler triongli ar y copa creigiog. Islaw'r copa, ar yr ochr ddwyreiniol, mae llyn Creiglyn Dyfi yn gorwedd wrth droed clogwyn 1,000 troedfedd Aran Fawddwy. Y llyn hwn ydi tarddle Afon Dyfi. Ar droed y clogwyn, uwchlaw'r llyn, mae olion awyren rhyfel a ddaeth i lawr yn glec i'r graig yn ystod yr Ail Ryfel Byd – un o ddegau a ddaeth i lawr ym mynyddoedd Gwynedd yn ystod yr Ail Ryfel Byd.

Unwaith eto, mae'r golygfeydd yn werth eu gweld. Foel Hafod Fynydd, Esgeiriau Gwynion, Llechwedd Du i enwi dim ond rhai. Mi welwch Gwm Cywarch a'i lethrau serth tua'r de, a Gwaun y Llwyni a Glasgwm o'ch blaen, a'r Drysgol hefyd, sef braich dwyreiniol hir Aran Fawddwy.

Oni bai eich bod wedi trefnu i gael ail gar i aros amdanoch yng Nghwm Cywarch, trowch yn eich ôl tua'r maes parcio yn Llanuwchllyn, gan gadw at y llwybr sy'n dilyn y ffens yr holl ffordd.

Llwybr y ffens, Aran Benllyn, Hydref 2009

Clogwyn Aran Benllyn a llawr Cwm Croes, 2009

ARAN FAWDDWY A GWAUN Y LLWYNI
O GWM CYWARCH

Mae Cwm Cywarch yn gwm hardd a thrawiadol iawn, gyda bryniau uchel a'u llethrau serth yn gwarchod y caeau gwyrdd ar ddwy ochr y cwm. Mae o'n gwm pellennig iawn, ac mor dawel y gellid clywed glöyn byw yn newid ei feddwl. Anodd ydi dychmygu bod y cwm yn fwrlwm o ddiwydiant mwyngloddio plwm hyd at y 19eg ganrif. Mae olion y gweithfeydd i'w gweld o hyd ar y llechweddau, ac mae ambell i adfail yn llechu ar lawr y cwm. Ym mlaen y cwm, ger fferm Blaencywarch, mae clogwyni ysgythrog Craig Cywarch yn codi'n uchel i'r gorllewin a'r gogledd. Yn fan hyn mae Afon Hengwm yn llifo o'r gogledd-ddwyrain i ymuno ag Afon Cywarch. Mae Hengwm yn gwm cul arall, gyda llethrau serth Pen yr Allt Uchaf a'r Waun Goch ar ei ochr dde-ddwyreiniol, a llechweddau Gwaun y Llwyni yr un mor serth ar ei ochr ogledd-orllewinol, ac ym mlaen y cwm mae'r Drysgol yn sefyll fel mur cadarn a llym. A dweud y gwir mae llechweddau'r cwm mor serth, mae rhai o'r defaid wedi dechrau dysgu sut i abseilio.

Dwi wedi cerdded mynyddoedd Cwm Cywarch sawl gwaith, a dwi bob tro yn clywed fy mhengliniau'n fy niawlio. Mi gerddais dros y Drysgol unwaith er mwyn dringo Gwaun y Llwyni, Waun Camddwr, Glasgwm a Phen y Bryn Fforchog. Ac mi gerddais at y Drysgol er mwyn mynd at gopaon Waun Goch, a'r Nuttalls Waun Lydan a Phen yr Allt Uchaf, a phenderfynu y byddai mynd i lawr i Hengwm ar fy mhen o gopa Pen yr Allt Uchaf yn syniad da. Doedd o ddim. Bu rhaid i mi gerdded wysg fy ochr fel cranc yr holl ffordd i lawr, mor serth oedd yr allt, a bu bron i mi orfod mynd ar fy mhen ôl mewn ambell i ddarn. Nid diawlio oedd fy mhengliniau y tro hwnnw, ond sgrechian.

Hedd Puw, perthynas i mi, sy'n ffermio Blaencywarch a'r tir uchel o amgylch blaen Cwm Cywarch a Hengwm, a fo roddodd ddarn o dir i Barc Eryri allu creu maes parcio bychan a thoiled, ym mlaen y cwm,

Edrych at Grib Nantlle, Wyddfa, Carneddau o islaw copa Aran Fawddwy

yn lle bod ceir yn gwneud llanast wrth barcio ar y tir comin. Nid yw'n gofyn am dâl, ond gofynnir i bobl gyfrannu arian at yr Ambiwlans Awyr.

▲ **Mynydd:** Aran Fawddwy 2969tr / 905m (16); Gwaun y Llwyni 2247tr / 685m (83)

📍 **Map:** OL 23; CG 863224, CG 857205

▶ **Pwynt dechrau:** Cwm Cywarch, 3 milltir (4.8 km) i'r gogledd o Ddinas Mawddwy. Mae maes parcio bychan ar y chwith i'r ffordd i'r gogledd o'r Fawnog Fawr, CG 852188.

Pellter: 8 milltir / 12.9 km

Amser: 4-6 awr

Ymdrech: Cymharol galed+

Creiglyn Dyfi, tarddle Afon Dyfi, a clogwyn enwog Aran Fawddwy

Taith: O'r maes parcio, trowch i'r dde ar hyd y ffordd nes dod at bont droed yn croesi Afon Cywarch ar y chwith. Dilynwch y llwybr cyhoeddus sy'n codi i'r gogledd-ddwyrain, cyn troi i'r dwyrain am ychydig, yna troi i'r gogledd-ddwyrain unwaith eto. O fan hyn bydd y llwybr clir yn dringo'n gyson ar hyd llechwedd ystlys Pen yr Allt Uchaf am tua milltir a hanner. Pan gyrhaeddwch y bwlch o dan Waun Goch, trowch i'r chwith tua'r gogledd-orllewin a dilyn ffens crib y Drysgol (braich uchel, laswelltog sy'n estyn o ysgwydd Aran Fawddwy). Ar ôl croesi pwynt uchaf y grib (2444tr / 745m) mi welwch Drws Bach (2500tr / 762m) o'ch blaen, efo carnedd o gerrig a llechan arno i goffáu Michael Robert Aspain, aelod o Dîm Achub Mynydd yr RAF, a laddwyd gan fellten yn y fan a'r lle tra'n ymarfer yn 1960. Gan gymryd gofal o'r gwymp ar y chwith, ewch dros Drws Bach a throi i'r dde (i'r gogledd) i ddringo ychydig dros hanner milltir creigiog i gopa Aran Fawddwy. Bydd piler triongli y copa i'w weld yn glir wrth nesáu at y copa.

Gwaun y Llwyni

O'r copa, dilynwch yr un llwybr yn ôl at Drws Bach. O Drws Bach trowch i'r dde i ddilyn ymyl pedol Gwaun y Llwyni, i'r de-orllewin i ddechrau, yna gwyro tua'r de, i gyrraedd copa glaswelltog Gwaun y Llwyni. Mae clwstwr bach o gerrig yn nodi'r man uchaf, a pholyn unig yn dangos y bu ffens yno unwaith. Mae llwybr igam-ogam serth yn arwain i lawr o Waun y Llwyni i flaen Hengwm, ond er bod y mynyddoedd yn agored i gerddwyr, nid yw llawr cwm Hengwm yn rhan o'r tir mynydd. Felly trowch tua'r gorllewin a cherdded rhyw chwarter milltir i gyfeiriad Waun Camddwr (sydd yn Nuttall) a'r hen lwybr consesiwn sy'n dilyn ffens trwy dir gwlyb i gyfeiriad y de-orllewin. I'r gorllewin i'r llwybr mae lefelau a siafftau gweithfeydd plwm ger Creigiau Brithion. Ar ôl milltir o Waun Camddwr mi gyrhaeddwch lle mae'r llwybr yn dechrau dringo mynydd Glasgwm (tua'r de-orllewin), a llwybr arall yn croesi ar ei draws o'r gogledd-orllewin i'r de-ddwyrain (hen lwybr Rhydymain-Cywarch-Dinas). Trowch i'r chwith i ddilyn llwybr Rhydymain tua'r de-ddwyrain. Cyn hir bydd y llwybr hwn yn disgyn trwy Fwlch Camddwr, rhwng Craig Cywarch a Chreigiau Camddwr, gan ddilyn creigiau a chyfres o byllau a rhaeadrau Nant Camddwr. Pan fyddwch yn cyrraedd Cwm Cywarch, trowch i'r dde ac ewch dros bont droed newydd sy'n croesi'r nant. Dilynwch y llwybr sy'n anelu tuag at wal. Dilynwch y llwybr llydan a'r wal ar y dde ichi. Ar ôl 300 llath byddwch yn croesi nant fach ger adeilad fferm. Ewch i'r chwith, yna'r dde, a'r chwith eto cyn pasio prif adeiladau'r fferm, a byddwch ar y ffordd darmac yn cerdded at y maes parcio.

Edrych lawr ar Hengwm o ben Gwaun y Llwyni

ESGEIRIAU GWYNION

Diwrnod braf oedd hi, ychydig ddyddiau ar ôl hirddydd haf, ac yn bump o'r gloch y pnawn. Ro'n i newydd barcio'r fan fach ddu yn y llecyn parcio ar Fwlch y Groes, ac yn sefyll ar ben boncyn bach gwelltog, fy mreichiau ar led yn cofleidio'r awel, yn syllu dros Waun yr Hen Luest a'r Foel Rhudd tuag at Aran Benllyn a gweddill y grib, oedd yn casglu cymylau ar ei chopaon. Rhyw funud neu ddwy ynghynt ro'n i'n gyrru'r fan i fyny'r rhiw serth a chul uwchlaw Cwm Cynllwyd, at y Bwlch. Dyna pryd ddaeth rhyw gyffro i fy ngwythiennau, fel trydan, a dechreuodd fy nghalon guro ychydig bach yn gynt, fel rhyw hanner curiad yn fwy yn y bar. Doedd hyn ddim yn sypréis. Ro'n i'n gwybod yn iawn be oedd yn digwydd, ac ro'n i wedi ei ddisgwyl o.

Tu hwnt i gopa Gwaun yr Hen Luest mae'r tir yn disgyn yn serth i flaen Cwm Cynllwyd, allan o'r golwg o le'r o'n i'n sefyll â 'mreichiau ar led, cyn codi'n llym eto o Gwm Cynllwyd at gopa Foel Rhudd – chwaer-fynydd Esgeiriau Gwynion – cyn disgyn yn serth eto, i Gwm Croes y tro hwn. Wedyn, ar ôl croesi llawr y cwm hwn, mae'r tir yn codi'n llym drachefn, dros Waun Gafn a heibio Llyn Lliwbran i ben Crib yr Aran. Ac yn y ddau gwm yma, Cynllwyd a Croes, rhwng mynyddoedd a'u llechweddau llym a'u cerrig gwynion, mae cangen dew o fy nheulu yn byw o hyd, ac wedi bod ers canrifoedd. Y trydan oedd yn llifo trwy 'ngwythiennau yn y fan oedd fy ngwreiddiau yn cysylltu efo fi, lleisiau anweledig fy modolaeth, hanes a straeon, anian a buchedd y llwyth yn llifo o'r tir i fy ymwybyddiaeth, yn cael eu cario ar yr awel, eu caneuon a chywyddau, eu hysbryd, cadernid a dycnwch, a'u perthynas ddwys ac agos â'r tir. I bobl y mynyddoedd, mae gan y tir enaid. Mae pob rhan o'r mynyddoedd a'r cymoedd, pob llechwedd a llyn, cae a ffridd a choed a nentydd yn cael enw. Ac wrth roi enwau i'r llefydd hyn maen nhw'n eu personoli nhw, yn rhoi rhyw annwylder ac elfennau dynol iddyn nhw, fel ffrindiau bore oes, ac yn cryfhau'r cysylltiad rhwng pobl a'r tir.

Does ond rhaid darllen cyfrolau beirdd gwlad i weld y personoli mynwesol hwn ar waith, trwy gyfrwng trosiadau. Ond maen nhw'n fwy na throsiadau, maen nhw'n ddyfnach na hynny. Mae ysbryd ynddyn nhw. Enaid. Mae'r llefydd a'r pethau hyn yn fyw i'r bardd, yn ymddwyn fel pobl, ac yn aml yn siarad. Dyma enghraifft gan Hedd Wyn:

> **Llyn Rhuthlyn**
>
> *Ail i gyfaredd telyn – rhyw unig*
> *Riannon gwallt melyn,*
> *Ar nos o haf rhwng bryniau syn*
> *Yw hiraethlais tonnau'r Rhuthlyn.*
>
> **Hedd Wyn**

Tybed oes yma ryw adlais o hen gredoau animistaidd yr hen lwythau Celtaidd, yn credu bod ysbryd, neu enaid, ym mhob peth – o'r grug i'r graig, o sgwarnog i eog i goed, o raeadr i rawn, y gwanwyn a'r gwenith, o fadarch i fwsog i fŵg, elfennau'r tywydd, crefftau a geiriau. Roedd yr hen bobl hefyd yn credu bod popeth yn gysylltiedig. Doedd yr hen bobl ddim yn bell ohoni, fodd bynnag, gan mai protons a niwtrons ydan ni i gyd, a phopeth yn yr holl fydysawd hefyd. Mae popeth yn sownd i'w gilydd. Pan rydan ni'n ysgwyd carreg yn ein llaw, mae holl brotons a niwtrons y garreg yn ysgwyd, a phrotons a niwtrons ein cyrff yn ysgwyd, a'r bydysawd i gyd, a phopeth ynddo fo, yn ysgwyd hefyd. Wrth i'r derwyddon ffurfio'r hen gredoau yn athroniaeth oedd yn seiliedig ar wyddoniaeth naturiol, tybed oedden nhw'n sicr eu bod nhw wedi canfod y gwir am fodolaeth a'r cysylltiad rhwng popeth yn y bydysawd, neu dim ond wedi damcaniaethu? Tybed be fyddan nhw'n ei ddweud heddiw o ddeall eu bod nhw (mewn ffurf amrwd, sylfaenol) wedi bod mor agos i ddamcaniaethau a gwyddoniaeth athrylithgar

Einstein, Stephen Hawking a Brian Cox ag yr oedd yn bosib heb feicrosgop a *hadron collider*.

Mae'r weithred o enwi yn rhan o athroniaeth pobloedd Indo-Ewropeaidd (sy'n ein cynnwys ninnau'r Celtiaid). Mae'r *Vedas*, ysgrythurau Hindwaidd hynafol, yn dweud bod rhaid i rywbeth gael ei enwi, neu fel arall tydi o ddim yn bodoli. Dywedir i Ra, duw haul yr Eifftiaid, ddod i fodolaeth trwy weiddi ei enw ei hun drosodd a throsodd yn y gwagle mawr. Ym mhedwaredd gainc y Mabinogi, gwrthododd Arianrhod roi enw i'w mab, ond trwy ddewiniaeth Gwydion twyllwyd Arianrhod i roi iddo'r enw Lleu Llaw Gyffes. Roedd Lleu, Lugh yn Iwerddon, yn dduw pwysig a chyffredin trwy Brydain, Iwerddon a Gâl – o ystyried cymaint o drefi sydd wedi eu henwi ar ei ôl.

Ond dyna ddigon o ddyfalu am y gorffennol pell. Mae'r berthynas hon rhwng gwerin tir a'r mynyddoedd yn un ddofn a symbiotig. Yn wahanol i bobl y trefi, mae gwerin tir, pobl y mynyddoedd, yn gweld o le mae bwyd yn dod. Maen nhw'n gweithio'r tir ac yn byw arno, allan efo'r elfennau. Tyfu bwyd yn y tir, magu anifeiliaid ar y tir, cael gwair a gwellt a llysiau o'r tir, torri coed a lladd mawn i gael tân ar yr aelwyd, ac i ferwi dŵr, a'r dŵr hwnnw'n dod o ffynhonnau'r tir uchel. Mae gan yr *inuit* ugeiniau o enwau am eira, ac mae gan bobl y mynydd ddegau o enwau am dir. Tir isel, tir mynydd, ffridd, mawnog, dôl, porfa, adlodd, gweirglodd, cors, gwaen, gwern, mign, rhos, marl, marian, tir troi, tir plannu, tir bras, tir glas, tir hesb, gwndwn, dibyn, ffald, ffolt, llechwedd, llethr, llyfn a llawer mwy. Ac mae cymaint â hynny o enwau am fynyddoedd – braich, brest, cefn, gwyneb, allt, goleddf, esgair, gwegil, pen, talcen, troed, ysgwydd, tarren, ban, begwn, garn, gyrn, moel, bryn, mynydd, bar, drum, truman, twyn, ton a thyle. A mwy. I adnabod y tir cystal â hyn, mae perthynas ddofn wedi cael ei meithrin dros y canrifoedd. Mae'r tir yn un o'r teulu, a'r berthynas hon rhwng pobl y mynydd a'r tir sy'n rhoi cymaint o werth a phwys ar wreiddiau – gwreiddiau'r tir a gwreiddiau'r teulu.

Esgeiriau Gwynion o ben Foel Hafod Fynydd

Carnedd fechan wen copa Esgeiriau Gwynion

Roedd teuluoedd y tir yn aml yn byw yn yr un cwm neu'r cwm nesaf, ac i gyd yn cydweithio efo'r cynhaeaf mawn a gwair, cneifio ac ati, ac yn cymdeithasu ar aelwydydd ei gilydd. Ac yn y tai hyn roedd perthnasau hyd at geifn a gorcheifn (trydydd a phedwerydd cefndryd), hen neiniau a theidiau, hen ewyrthod a modrybedd, a'r gallu i enwi teulu yn bell yn ôl i'r nawfed ach. Roedd rhai yn symud i ardaloedd eraill, wrth gwrs, a rhai i bellafion byd. Ond byddai cryn dipyn o gadw mewn cysylltiad. Mae agosrwydd y teulu hyd at geifn a gorcheifn wedi parhau hyd at genhedlaeth fy rhieni, ac mae rhai o fy oed i, gan gynnwys finnau, yn dal i roi pwys ar deulu hyd at y ceifn a'r gorcheifn. Dwi'n adnabod rhai o fy nghyfyrdyr a fy ngheifn ers fy mhlentyndod.

Y cyndeidiau a blannodd wreiddiau dwfn ar y mynydd, gwreiddiau ein cynhaliaeth a'n hunaniaeth. Mae'r mawn a'r pridd yn rhan o'n hunaniaeth, fel mae glaw mynydd, a'r gallu i sefyll ar y copaon ac enwi popeth a phobman o fewn golwg. Mae hen lwythau'r mynydd yn nabod eu gwlad. Mae gan bobl y mynydd fydolwg a gwerthoedd, dywediadau a choelion ac arferion sydd fwy ysbrydol na thrigolion y trefi. Roedd diwylliant gwerin tir yn un diwyd, bywiog a choeth; y gynghanedd ar bob aelwyd, baledi a chanu ac adrodd straeon, a phob un – bron – yn mynd i'r capel i gael eu dos o ysbrydoldeb bywyd. Mae'r oes wedi newid rŵan, ond mae'r gwerthoedd hyn, fel y berthynas rhwng y tir a'r llwyth, yn aros yn ein DNA. Er fy hoffter o fiwsig pync, ska, reggae a dub ac ati, a ffilm a theledu a fy nefnydd o gyfryngau cymdeithasol, hogyn y simne fawr, y llawr pridd a'r gannwyll frwyn ydw i yn y bôn. Mae'r gwreiddiau yn dal yn rhan o fy hunaniaeth.

Blaen y Cwm a Tan y Bwlch, dwy fferm uchaf blaen Cwm Cynllwyd, oedd cartrefi un ochr teulu fy nhaid, tad fy mam, bron yn union islaw Bwlch y Groes fel hed y frân – i lawr y dibyn o Waun yr Hen Luest. O fan hyn oedd teulu fy hen daid yn hanu, a ganwyd o yn is i lawr y cwm, yng Nghoed Ladur, cyn cael cyfnod yn gweithio ffermydd America. Cefnder fy nhaid a sgwennodd y trysor o lyfr, *Straeon Cwm Cynllwyd: Atgofion Simon Jones, Tan-y-Bwlch*. Roedd fy nhaid, William Hughes Jones, hefyd yn llenor, a mi gyhoeddodd ddwy gyfrol ddiddorol o'i atgofion, *Hogyn o Gwm Main* a *Casglu'r Cwysi*. Fe'i ganwyd ger Llangwm, a'i fagu yng Nghwm Main, ond roedd o, fel eraill o'r teulu, yn dal i hel am flaen Cwm Cynllwyd at y cefndryd, i ymweld ac i helpu efo'r cneifio a'r cynhaea gwair a mawn, fel oedd o'n sôn yn ei ddwy gyfrol. Mae'r teulu'n berwi o feirdd a chantorion, yn ogystal â llenorion. Roedd fy nhaid yn dal i gynganeddu a sgwennu englynion ar ôl pasio ei gant oed.

Mae gwreiddiau teulu fy nhaid mor fawr â myseliwm. Mae o wedi lledu trwy'r wlad, ac wedi trawsblannu ei hun ym Mhatagonia ac America. Mae 'na lu o bobl greadigol yng nghanghennau amrywiol y teulu, a dwi'n 'nabod llawer ohonyn nhw. Ymhlith y rheini mae y rhain, pob un yn geifn i mi: yr awdur Angharad Price; Gruff Meredith o Tystion ac MC Mabon; a Gruff Rhys, canwr Super Furry Animals. Mae pob un o'r rhain yn hanu o lwyth Cwm Cynllwyd. Roedd rhaid crybwyll Gruff Rhys yn enwedig, gan mai fo a'r Super Furrys a gyfansoddodd y caneuon, 'Gwreiddiau Dwfn' a 'Mountain People' – dwy gân dwi'n uniaethu'n llwyr efo nhw, yn mynd â fi i rywle dwfn a phell ar yr un pryd.

Bwlch y Groes ydi'r bwlch uchaf sydd â ffordd gyhoeddus yn ei groesi yng ngogledd Cymru, a'r ail uchaf yng Nghymru. Mae Bwlch y Groes yn 1,788 troedfedd (545 metr) uwchlaw'r môr. Dim ond Bwlch yr Efengyl ym mlaen Dyffryn Ewias, rhwng y Twmpa a Phenybegwn yn Mynydd Du Gwent, ar y ffordd o Gapel-y-ffin i'r Gelli Gandryll, sydd yn uwch – a hynny ond o bedwar metr (549m / 1,801tr). Ar y dydd y gorffenais her Cant Uchaf Cymru ym mis Mai 2017, croesais Fwlch yr Efengyl wrth gerdded y bedol olaf ar fy ffordd i gyflawni'r sialens ar Chwarel y Fan, uwchben Capel-y-ffin. Ond mwy am hynny eto.

Mae bwrdd gwybodaeth yn y lle parcio ar Fwlch y Groes, gyda darnau bach o hanes arno. Bu'r ffordd fynyddig hon rhwng Llanuwchllyn a Dinas Mawddwy yn llwybr i bererinion oedd yn teithio i Dyddewi yn yr oesoedd canol. Bu croes yn sefyll rai llathenni islaw'r bwlch ganrifoedd yn ôl, ac yn 1989 fe osodwyd un newydd yn ei lle. Fe alwodd rhyw Sais y bwlch yn 'Hellfire Pass', ond ymgyrchodd y boblogaeth leol yn llwyddiannus i roi ei enw gwreiddiol, Bwlch y Groes, yn ei ôl. Dyma englyn gan fy Nhaid:

Mieri

Hen wehilion anialwch – yn frodwaith
Afradus, un dryswch.
Yn aberth aeth prydferthwch,
Llwybrau y Sais lle bu'r swch.

William Hughes Jones

▲ **Mynydd:** Esgeiriau Gwynion, 2201tr / 671m (94)

Map: OL 23, CG 889236

▶ **Pwynt dechrau:** Lle parcio, Bwlch y Groes, CG 913233.

Pellter: 5 milltir / 8 km
Amser: 2-4 awr
Ymdrech: Hawdd.

Taith: O'r lle parcio, cerddwch i gyfeiriad y de-orllewin, gan ddilyn y ffens ar hyd Gwaun yr Hen Luest a'r Clipiau Duon, rhwng torlannau mawn fel madarch anferthol. Wedi milltir a hanner, ar gopa Llechwedd Du (sydd yn Nuttall, CG 894224) uwchben Ceunant y Briddell, mae'r ffens a'r llwybr yn troi tua'r gogledd – gwnewch chithau'r un peth. Mewn awr go dda o Fwlch y Groes byddwch ar gopa Esgeiriau Gwynion (lle mae tair ffens yn cyfarfod). Cewch eich synnu gan y cerrig gwynion sy'n britho'r mynydd. O'ch blaen i'r de-orllewin mae Foel Hafod Fynydd, Bwlch Sirddyn, Braich yr Hwch, Cwm Llwydd, Cwm Du a blaen Cwm Croes islaw i'r gorllewin, a Chrib yr Aran uwch eu pennau i gyd. Hanner milltir i'r dwyrain mae Foel Rhudd, sy'n chwaer-fynydd i Esgeiriau Gwynion ac hefyd yn Nuttall. I adael copa Esgeiriau Gwynion, dilynwch y ffens sy'n arwain at Llechwedd Du, yna dilyn y ffens yn ôl at y lle parcio ar Fwlch y Groes.

FOEL HAFOD FYNYDD

Mae modd mynd i ben Foel Hafod Fynydd sawl ffordd. Ar ganol dydd poeth o Orffennaf, trwy bla o bryfid llwyd oedd yn benderfynol o fy mwyta'n fyw, mi gerddais i ben Foel Hafod Fynydd o Gwm Croes. Mae ffordd gyhoeddus gul yn arwain i fyny'r cwm, ac yn darfod ar fuarth ffermdy Nant y Barcud. Mae 'na ffordd yn cario yn ei blaen tua'r de, trwy dir amaethyddol hyd at waelod blaen y cwm. Nid yw'r ffordd hon yn gyhoeddus a doedd neb adref yn y fferm i ofyn caniatâd i'w defnyddio. Fodd bynnag, mae llwybr cyhoeddus yn rhedeg tua'r de o fuarth Nant y Barcud at ffermdy Cwm Ffynnon, hanner milltir yn uwch i fyny'r cwm. Hwn ydi'r llwybr cyhoeddus sy'n codi dros Fwlch Sirddyn i gyrraedd Pennant, sef yr hen lwybr sy'n cysylltu Llanymawddwy â Chwm Croes (a Chynllwyd). Mae ffermdy Cwm Ffynnon yn sefyll yng ngwaelod Llechwedd Llyfn, sef llethr serth ochr orllewinol Esgeiriau Gwynion. Mae'r llwybr cyhoeddus yn gadael y tir amaethyddol yng Nghwm Ffynnon ac yn croesi i'r tir mynydd agored. Dilynais y llwybr tua'r de-orllewin am ychydig, gan anelu at Fraich yr Hwch – braich fain serth sy'n estyn tua'r gogledd o Foel Hafod Fynydd, ac yn rhannu blaen Cwm Croes yn ddau gwm llai – Cwm Llwydd ar y dde (gorllewin) a Cwm Du ar y chwith (dwyrain). Penderfynais groesi troed Braich yr Hwch a dringo i ben y fraich o ochr Cwm Llwydd, gan ddilyn ffens oedd yn dringo i'r de-ddwyrain i ben cefnen y fraich. Roedd y ffens yn troi tua'r de wrth godi ar hyd y gefnen, yn ddigon pell o Graig Cwm Du, nes cyrraedd copa uchaf Foel Hafod Fynydd. Wedi bwyta brechdan neu ddwy – ac osgoi'r gwylanod oedd yn dod ar gyrch o Greiglyn Dyfi bob yn hyn a hyn – trois yn fy ôl yr un ffordd ag y dois. Roedd y pryfid llwyd yn aros amdana i ar lawr Cwm Croes, ac mi ddaeth yr ymosodiad fel haid o locustiaid. Roedd rhaid brysio i wisgo fy nghrys, gan drio lladd pob pry oedd yn glanio arna i cyn iddo frathu. Mae'n debyg bod 2015 yn flwyddyn dda i'r tacla.

Ond y daith isod ydw i'n ei chymeradwyo. Mae'n rhoi cyfle i rywun weld ochr arall yr Arannau – o ardal Llanymawddwy – a chyfle hefyd i wneud tri cylch sy'n cynnwys llyn Creiglyn Dyfi.

- **Mynydd:** Foel Hafod Fynydd, 2260tr / 689m (81)
- **Map:** OL 23; CG 877227
- **Pwynt dechrau:** Pennant (CG 905213), milltir a chwarter i'r de o Fwlch y Groes ar y ffordd fynydd hynod o serth i gyfeiriad Llanymawddwy. Mae cornel 90 gradd i'r chwith mewn patshyn bach o goed. Mae lle i ychydig o geir barcio ar ochr y ffordd ger y gornel, lle mae camfa a gât yn arwain i'r llwybr (sef yr hen lwybr rhwng Llanymawddwy a Chwm Croes, drwy Fwlch Sirddyn).
- **Pellter:** 5 milltir / 8 km (6 milltir / 9.5 km os ewch at Greiglyn Dyfi)
- **Amser:** 3-5 awr
- **Ymdrech:** Llwybr hawdd ond serth iawn ar adegau. Rhaid osgoi Ceunant y Briddell ar bob cyfri.

Taith: O gornel fawr Pennant, croeswch y gamfa a dilyn y llwybr llydan i'r gogledd-orllewin, ar hyd gwaelodion llechweddi serth ar y llaw dde. Ar ôl pasio tŷ gosod islaw'r llwybr ar y chwith, mi ddewch at gornel siarp lle mae Nant Llewelyn Goch yn disgyn o'r gogledd (ar y dde). Bydd y llwybr llydan braf yn dringo'n eitha serth tua'r gorllewin, yna yn dilyn Afon Dyfi sy'n llifo islaw ar ar y chwith, gan droi eto i'r gogledd-orllewin. Pan welwch nant (Nant Bellaf) yn llifo o'r gogledd i mewn i Afon Dyfi, ychydig islaw i chi, bydd y llwybr yn troi i'r gogledd ac yn dringo'n igam-ogam i godi i ben llethr serth ysgwydd Llechwedd Du. Y rheswm am droi i'r gogledd ydi i osgoi Ceunant y Briddell, sy'n

Carnedd wen copa Foel Hafod Fynydd a gwylanod wedi gweld fy mrechdan

geunant erchyll a pheryglus dros ben, y mae Nant Bellaf yn disgyn trwyddo. Ar ben yr igam ogam, mae'r llwybr yn gwastatáu wrth anelu am Fwlch Sirddyn tua'r gogledd. Cadwch ar y llwybr gyda phen uchaf y ceunant ar y chwith islaw i chi. Mi welwch ffens yn rhedeg o'r nant tuag at y gorllewin, gan godi wrth ddilyn cefnen Foel Hafod Fynydd. Bydd y ffens hon yn mynd â chi yr holl ffordd at y copa. Ond cyn hynny, rhaid i chi ddal i gerdded y llwybr am ychydig hyd nes y bydd posib croesi'r nant. O fewn dim mi welwch chi gorlan o gerrig gwyn, a thair nant – Nant Bellaf, Nant Ganol a Nant y Fuddai – yn disgyn o ochr Esgeiriau Gwynion i ymuno i ffurfio un nant (Nant Bellaf). Cyn i chi gyrraedd at y rhain, gadewch y llwybr a mynd i lawr at y nant ar y chwith a'i chroesi'n hawdd, cyn dringo at y ffens a'i dilyn tua'r gorllewin at gopa Foel Hafod Fynydd. Mae dau fryncyn efo carneddau bychain o gerrig gwyn ar y ddau. Y bryncyn mwyaf gorllewinol ydi'r copa uchaf.

Cewch benderfynu os ydych am fynd yn ôl i lawr yr un ffordd, neu fwrw ymlaen at Greiglyn Dyfi, sydd i'w weld hanner milltir o'ch blaen, wrth droed clogwyn uchel Aran Fawddwy. O'r llyn hwn mae Afon Dyfi'n tarddu. Os ewch at y llyn, cewch gyfle i groesi Afon Dyfi mewn un cam, yna dilyn y llwybrau tua'r de-ddwyrain i ddechrau, yna i'r dwyrain, gan ddilyn llethrau isaf Foel Hafod Fynydd ar y chwith, a dilyn Llaethnant (sef enw lleol y rhan hon o'r Ddyfi ifanc) islaw i chi ar y dde. Cyn hir mi welwch Nant Bellaf yn llifo i mewn i'r Ddyfi, islaw Ceunant y Briddell. Anelwch at dir gwastad lle mae'r nant wedi gadael y ceunant. Croeswch y nant yn hawdd a chroeswch ffens isel, yna codi ychydig tua'r dwyrain i ailymuno â'r llwybr llydan (islaw yr igam-ogam) fydd yn eich arwain yr holl ffordd yn ôl i Bennant, lle byddwch wedi parcio.

GLASGWM A PEN Y BRYNFFORCHOG

- **Mynydd:** Glasgwm, 2556tr / 779m (43); Pen y Brynfforchog, 2247tr / 685m (84)
- **Map:** OL 23, CG 837195, CG 818180
- **Pwynt dechrau:** Cwm Cywarch, 3 milltir (4.8 km) i'r gogledd o Ddinas Mawddwy. Mae maes parcio bychan ar y chwith i'r ffordd i'r gogledd o'r Fawnog Fawr, CG 852188.
- **Pellter:** 6 milltir / 9.6 km
- **Amser:** 3-5 awr
- **Ymdrech:** Cymhedrol.

Taith: O'r maes parcio, cerddwch ar hyd y ffordd sy'n dilyn Afon Cywarch tua'r gogledd a chyrraedd pont wrth ymyl fferm Blaencywarch. Mae'r llwybr yn troi i'r chwith yn fan hyn, wedyn i'r dde wrth gât y fferm. Bydd angen troi i'r chwith eto wrth arwydd sy'n dangos y ffordd i Rhydymain (hen lwybr sy'n cysylltu Dinas Mawddwy, Cwm Cywarch a Rhydymain). Ewch dros y bont droed newydd sy'n croesi'r nant, a throi i'r chwith, i ddilyn llwybr garw a chreigiog sy'n codi'n serth o lawr gwyrdd y cwm, i gyfeiriad y gogledd-orllewin, rhwng Craig Cywarch a Chreigiau Camddwr. Cadwch i ddringo gan ddilyn y nant sy'n disgyn trwy gyfres o raeadrau a phyllau i lawr i'r cwm. O fewn milltir o ddringo i'r gogledd-orllewin byddwch yn cyrraedd y bwlch rhwng Craig Cywarch a Chreigiau Camddwr. Mi welwch lyn bach lle mae'r llwybr (i Rydymain) yn croesi'r ffens a'r hen lwybr consesiwn sy'n rhedeg tua'r de-orllewin. Nid croesi'r ffens am Rhydymain fyddwch chi, ond troi i'r chwith (de-orllewin) i ddringo llethrau Glasgwm, gan ddilyn (yn fras) y ffens a'r hen lwybr. Bydd y ffens yn mynd â chi reit at y copa, ble mae carnedd gerrig daclus. Islaw'r garnedd gopa, i'r de, mae Llyn y Fign (sef 'llyn y gors').

Wrth garnedd gopa Glasgwm

Mae'r golygfeydd i bob cyfeiriad yn ysgubol, yn enwedig panorama'r gogledd – Arenig Fawr a Moel Llyfnant, y Dduallt a Rhobell Fawr, y Carneddau, y Glyderau a'r Wyddfa a'i chriw, y Moelwynion, Crib Nantlle, Moel Hebog a bryniau Llŷn, a'r Rhinogau gwyllt odidog yn dwyn y sioe. Mae Pumlumon a'r Elenydd gogleddol i'w gweld ar y gorwel deheuol, ac o flaen eich trwyn i'r de-orllewin mae Waen Oer a Maesglase tu hwnt i Fwlch Oerddrws, a Tharennau Dysynni i'w gweld tu ôl iddynt. Ac i'r gogledd-orllewin mae Cader Idris, a'r môr y tu ôl iddo, yn teyrnasu dros y Tyrrau Mawr a Phared y Cefn Hir (Cregennan), wrth i Afon Mawddach ddolennu'n hamddenol i'r Iwerydd.

Llyn y Fign

Glasgwm o'r gogledd

Wedi amsugno'r golygfeydd rhaid bwrw mlaen at Pen y Brynfforchog. Peidiwch â chroesi'r gamfa wrth Lyn y Fign. Dilynwch y ffens i'r gorllewin-gogledd-orllewin am ychydig, cyn troi efo'r ffens tua'r de-orllewin i fynd i lawr o gopa Glasgwm. Cyn hir bydd y ffens yn troi i'r de ac yna i'r de-orllewin, yna'r gorllewin, wrth ddilyn ymyl tir coedwigaeth. Dilynwch y ffens hon, a chyn hir byddwch yn cyrraedd cornel y tir coedwigaeth. Croeswch y ffens ar y chwith, a dilyn ffens y goedwigaeth sy'n mynd tua'r de, i gyfeiriad copa Pen y Brynfforchog. Bydd pen y mynydd ar y dde i chi, a'r copa ei hun ar ochr orllewinol ffens arall sy'n croesi'r copa. O'r copa mae golygfeydd hyfryd o Gwm Cerist rhwng Waen Oer a Maesglase.

Dilyn cyfeiriadau llyfr *Cant Cymru* Dafydd Andrews oeddwn i. Yn anffodus, roedd y llyfr wedi ei gyhoeddi yn 1998, pan oedd y coed yn dal i sefyll. Erbyn 2015 roedd y goedwig wedi ei thorri a'i chlirio. Mae hi'n dal i fod heb ei hailblannu heddiw. Mae'n bosib bod rhai ohonoch chi'n gyfarwydd â choedwigoedd wedi eu torri – llanast llwyr, yn ymdebygu i luniau o feysydd y gad yn y Rhyfel Byd Cyntaf, yn hunllef i'w cerdded, ac yn lle da i dorri ffêr. Bu rhaid i mi ddefnyddio tipyn o ddychymyg wrth groesi'r tir coedwigaeth. Fel hyn aeth hi. Dilyn cyfarwyddiadau Dafydd Andrews gan adael copa Pen y Brynfforchog tua'r gogledd i ddilyn y goedwig ar y dde. Wrth godi o'r pant o dan y copa roedd strimyn atal tân (*fire-break*), CG 818182, yn rhedeg ar draws y goedwig, o'r gorllewin i'r dwyrain, ac roedd angen ei ddilyn. Yn absenoldeb y coed, roedd rhaid chwilio am olion y llwybr fu'n dilyn y strimyn atal tân. Mi ffendiais i ei fan cychwyn, ond roedd ei ddilyn bron yn amhosibl oherwydd iddo gael ei ddinistrio gan beiriannau a'i orchuddio efo gwastraff boncyffion ac ati – heb sôn am byllau dŵr ym mhob man. Doedd dim amdani ond craffu a dyfalu a chael cip o lwybr bob yn hyn a hyn. O fewn tri chwarter

Ar gopa Pen y Brynfforchog

milltir roedd angen croesi Nant y Graig Wen, sy'n llifo o Lyn y Fign ar ben Glasgwm, ond doedd dim golwg o unrhyw olion llwybr yn 'codi i'r dde cyn disgyn yn raddol at ffordd sy'n gadael y goedwig' – dim ar y map nac i'r llygad. Mi oedd yna ffordd goedwigaeth rywle tua'r de ar y map, felly mi wnes i bî-lein drwy'r llanast llwyd a chyrraedd y ffordd, a throi i'r chwith i fynd am y dwyrain, ac allan o'r 'wêstland'! O hyn ymlaen roedd cyfarwyddiadau Dafydd Andrews yn gyfoes unwaith eto. Roedd y ffordd goedwigaeth yn troi i'r dde ar ôl gadael y tir coedwig, ond ewch i'r chwith ar hyd ffens a chroesi camfa, ac yn syth wedyn croeswch y ffens ar y chwith a throi i'r dde i ddilyn llwybr cul ar draws y gwastad at y llwybr llydan sy'n igam-ogamu i lawr i Gwm Cywarch, a'ch arwain at y maes parcio – ble'r oedd heidiau o bryfid llwyd yn aros amdanaf unwaith eto. Debyg fod gwlad y Gwylliaid Cochion yn wlad y Pryfid Llwydion hefyd.

Yr Arenig Fawr ydi rhiant-fynydd moelydd ochr ddeheuol Cwm Prysor ac mae'n olygfa gyfarwydd iawn i mi fel un o blant y Cwm fu'n gweithio a chrwydro'r ucheldir. Mae o'n lwmp o fynydd sydd i'w weld o gopa bron pob mynydd yn y gogledd, yn gorwedd mwy neu lai yng nghanol Meirionnydd. Fel brenin yr hen sir, mae o'n teyrnasu ar glwstwr mynyddoedd yr Arenig, sy'n estyn o'r Migneint yn y gogledd, Foel Goch uwchlaw Ysbyty Ifan i'r gogledd-ddwyrain, Moel Emoel i'r de-ddwyrain, y Dduallt a Rhobell Fawr yn y de, a Moel Llyfnant a Feidiogydd Trawsfynydd i'r gorllewin.

Mae'r Arenig Fawr i'w gweld i deithwyr o'r A4212 wrth deithio trwy Gwm Prysor o Drawsfynydd tua'r Bala, yn sefyll fel ysgwyddau cawr uwchben copaon y cwm. Ond unwaith mae'r teithwyr wedi dringo rhiw Blaen Cwm i'r ucheldir rhwng Cwm Prysor, y Migneint a Chwm Celyn gynt, gan basio Llyn Tryweryn – tarddle Afon Tryweryn – mae'r Arenig Fawr yn ymddangos yn llawn, yn ei swmp a sylwedd syfrdanol, o'i thraed i'w chorun. Mynydd o'r iawn ryw, mynydd glaswelltog anferth a'i lethrau'n serth o'i gopaon i'w sodlau, yn wyllt ac urddasol ar yr un pryd. Yr un mor drawiadol ydi'r olygfa o ffordd y Migneint (B4391) wrth deithio o Ffestiniog i'r Bala, yr Arenig Fawr yn llenwi'r llun ar y dde efo'r bonws o gael Arenig Fach ar y chwith yn codi o gorsydd y Migneint yn ei gogoniant grugog. Trawiadol a gwahanol ydi llethrau gogledd-ddwyreiniol Arenig Fawr, lle mae clogwyni serth a chreigiau ysgythrog yn cymryd lle'r llechweddau glaswellt.

Ond er clogwyni pen gogleddol Arenig Fawr, clogwyn y Dduallt a brigiadau creigiog Rhobell Fawr, moelydd glaswelltog ydi teulu'r Arenig i gyd ar y cyfan – heblaw am Arenig Fach a Mynydd Nodol, sydd wedi'u gorchuddio efo grug trwchus i gyd, gan roi golwg a gwedd hollol wahanol i'r ddau. Ac mae gan Arenig Fach ei chlogwyn ei hun hefyd.

Mae gan Arenig Fawr ddau gopa yn agos at ei gilydd ac mae hen garnedd gladdu ar y copa uchaf, yn dyddio o'r Oes Efydd. Enw'r garnedd ydi Eglwys Glominog, sy'n rhoi i ni'r enw gwreiddiol am y copa, Moel yr Eglwys, ac mae'r ddau enw yn dal i fod ar ddefnydd yn lleol. Mae'n debyg mai cyfeirio at y mynydd cyfan oedd yr enw 'Arenig' yn wreiddiol, sydd yn ymddangos o bell fel crib, gyda rhes o gopaon llai ar ei gefn. Mae'r gair 'Arenig' yn golygu'r un peth ag Aran (druman, cefnen, tir uchel) ond gan fod y grib hon yn fyrrach na chrib yr Aran, mae wedi cael yr elfen fychanig '-ig' ar ddiwedd y gair. Arenig: crib fach neu fyrrach.

Mae carnedd Eglwys Glominog, oedd yn ddeuddeg metr ar draws yn wreiddiol, yn dal yn amlwg ar y copa ac mi welwch fod cwrb crwn wedi ei osod o amgylch y garnedd pan godwyd hi. Mae'r domen o gerrig wedi cael dipyn o hambýg, yn anffodus. Cliriwyd cerrig o'i chanol gan yr Arolwg Ordnans er mwyn gosod piler triongli, a dwynwyd cerrig o'r garnedd i greu dau gysgod i gerddwyr. Ar ben hyn i gyd, gosodwyd cofeb i griw o wyth Americanwr a gollodd eu bywydau pan ddisgynnodd eu hawyren Flying Fortress, o'r awyr a hitio'r graig ger copa'r Arenig ar y pedwerydd o Awst 1943. Mae'r gofeb yn un deilwng a theimladwy, yn enwedig ar ôl i rywun osod ffotograff o'r union griw i gyd efo'i gilydd wrth ei throed tua dwy neu dair blynedd yn ôl. Ond biti na chodwyd hi y tu allan i'r garnedd, ble'r oedd rhywun eisoes wedi ei gladdu yno tua 4,000 o flynyddoedd yn ôl. Gosodwyd cofeb newydd iddyn nhw yn niwedd 2020, gan fod y wreiddiol wedi dechrau dirywio efo'r tywydd.

Ar waelod llethr gorllewinol yr Arenig Fawr, rhwng Ffridd Nant y Pysgod a Chae'r Parc yng Nghwm Amnodd, mae hen dŷ ffarm Amnodd Wen. Yma y bu'r arlunwyr Augustus John a James Dickson Innes, ill dau yn Gymry, a Derwent Lees, Awstraliad oedd ag un goes bren, yn byw rhwng 1911 a 1913. 'Ysgol arlunio' oedd y syniad, gan baentio llu o wahanol olygfeydd o'r Arenig a'r bryniau o amgylch wrth ddilyn y grefft o 'arlunio otomatig' – sef crwydro ym mhob tywydd yn disgwyl i'r golau daro cyn dechrau paentio a gadael i'r lliwiau lifo fel ffrwd i'r cynfas pren. Bu i Innes farw yn 27 oed, a threuliodd Lees weddill ei fywyd mewn seilam. John oedd yr unig un a oroesodd yr 'ysgol arlunio', a daeth yn enwog tu hwnt fel arluniwr o fri – ac fel tad i gant o blant yn ôl y sôn!

Dipyn gwahanol oedd tenantiaid Amnodd Wen rai blynyddoedd ar ôl yr 'ysgol arlunio'. Fy Anti Gwladys, chwaer fy nhaid, oedd yr olaf i fyw yno, efo'i gŵr cyntaf. Ganwyd Anti Gwladys yn yr Hendre, Cwm Prysor, ble cefais innau fy magu, bedair milltir o Amnodd Wen fel hed y frân. Dwi'n ddyn am wreiddiau ac mae gallu ymweld â hen aelwydydd y teulu, a'r darnau o dir y buon nhw'n ei weithio, wrth grwydro mynydd wastad yn gwneud y daith yn fwy arbennig.

I'r gogledd-ddwyrain o gopa'r Arenig Fawr, yn cael ei warchod gan glogwyni castellog, mae Llyn Arenig Fawr, o le mae pobl y Bala yn cael eu dŵr. Rhai blynyddoedd yn ôl bu pryder am ddyfodol poblogaeth y gwyniaid, sef rhywogaeth o bysgod fu'n byw yn Llyn Tegid ers Oes yr Iâ – yr unig le yn y byd ble'r oedd y pysgod yma i'n dal i fod. Mae'r gwyniaid yn bysgod sy'n licio byw mewn dŵr dwfn iawn, felly penderfynwyd dal rhai o'r pysgod hynod yma a'u gollwng nhw yn Llyn Arenig Fawr, fel bod ail gynefin i'r rhywogaeth, gan ddyblu eu tsiansus i oroesi.

O ben yr Arenig Fawr cewch fwynhau un o'r panoramâu gorau yng Nghymru. Y Rhinogydd, mynyddoedd Llŷn, y Moelwynion, Crib Nantlle, yr Wyddfa a'i chriw, y Glyderau a'r Carneddau, y Migneint, Bryniau Clwyd, y Berwyn, Crib yr Aran, Cader Idris a'r Tarennau – a phan fo'r elfennau'n caniatáu mi welwch Sléibhte Chill Mhantáin (Mynyddoedd Wicklow) yn Iwerddon, yn ogystal â Bannau Brycheiniog. Ymhellach fyth, pan fo'r elfennau'n berffaith – a thelesgop yn handi, debyg iawn – mae posib gweld Tŵr Blackpool, rhai o'r copaon i'r gogledd o Fanceinion, Cross Fell a Great Dun Fell ym mhen draw dwyrain Cumbria, a Sliabh Muc (Slieve Muck), Sliabh Binneáin (Slieve Binnian) a Slieve Meelbeg ym mynyddoedd Beanna Boirche (Mynyddoedd Mourne) yn Sir Down yng ngogledd Iwerddon, ac An Staighre Dubh (y Grisiau Du, *Blackstairs Mountain*) ar y ffin rhwng siroedd Carlow a Wexford yn Leinster, Iwerddon.

Tydw i ddim wedi gweld y rhai pellaf hyn a dwi'm yn meddwl bod llawer o bobl yn y byd wedi bod yn ddigon lwcus i'w gweld nhw chwaith – nid o ben yr Arenig, beth bynnag. Debyg bod gwell siawns o ben yr Wyddfa. Ond mae'n braf meddwl, os ydi'n bosib gweld yr holl fynyddoedd pell hyn o ben yr Arenig, yna mae posib gweld yr Arenig o gopaon y mynyddoedd pell hyn. Rhyfedd ydi meddwl bod mynydd oedd yn rhan o fy mhlentyndod i yng Nghwm Prysor hefyd yn rhan o faes mynydda byd-eang, lle mae pobl â chamerâu a lensys cryf yn swmio i mewn ar Arenig Fawr, fel tirnod i allu darganfod lle mae gweddill mynyddoedd Cymru. Arenig Fawr, canol Meirionnydd. A chanol y byd. Wel, byd y mynyddwyr, o leia.

Ond a bod yn onest, dwi'n hapusach o weld tiroedd uchel fy milltir sgwâr (neu grŵn), a phob milltir sgwâr sydd i weld o bob copa yng Nghymru. O'r Arenig dwi'n gweld rhannau helaeth o Gwm Prysor, a'r llynnoedd sydd yn ei geseiliau uchel, heb i neb allu'u gweld nhw wrth deithio trwy'r cwm. Llyn Rhuthlyn (Hiraethlyn), Llyn y Garn, Llyn Conglog Bach a Llyn Conglog Mawr – o le mae Afon Prysor yn tarddu (a do, dwi wedi ei chroesi mewn un cam!) – a Llyn Cors y Barcud, sydd wastad mewn cysgod. Ym mherfedd y Migneint mae Llyn y Dywarchen, Llyn Serw a Llyn Conwy yn sgleinio yn yr haul, ac ar ei gyrion gorllewinol yn ardal Pont yr Afon Gam mae llyn bychan Dubach y Bont, a thu draw iddo mae cornel o Lyn Morwynion i'w weld (o le caiff trigolion Stiniog eu dŵr), a phan fo'r haul yn gryf mi welir un darn bach o wyneb y mwyaf o Lynnau'r Gamallt.

Llyn Tryweryn, wrth gwrs, ar ochr y ffordd fawr uwchben rhiw Blaen Cwm Prysor, o le mae Afon Tryweryn yn tarddu. Ar ei lan ddwyreiniol, ar ymyl yr hen reilffordd, mae hen dŷ stesion Halt Cwm Prysor, ble'r oedd y trên o Flaenau Ffestiniog i'r Bala yn stopio i godi teithwyr. Ar y trên yma roedd fy nhad yn mynd i'r ysgol uwchradd yn y Bala bob dydd. Roedd yr hogia a'r merched ar wahân – Ysgol y Bechgyn ac Ysgol y Merched – ac felly oedd hi ar y trên hefyd, gyda'r merched mewn cerbyd gwahanol i'r hogia. Mae straeon am fy nhad yn dringo trwy ffenest cerbyd yr hogia ac i'r to gan neidio i ben cerbyd merched Frongoch a Chapel Celyn a dod i mewn trwy'r ffenest atyn nhw. Doedd dim amser i'r trên godi stêm rhwng Bala a Frongoch, ac o Frongoch i Flaenau Ffestiniog roedd rhaid teithio'n araf oherwydd y codiad tir cyson, traphont Cwm Prysor, a throeon mawr Cwm Cynfal.

ARENIG FAWR

- **Mynydd**: Arenig Fawr 2802tr / 854m (24)
- **Map**: OL 18: CG 827369
- **Pwynt dechrau**: Ychydig i'r de-ddwyrain o Bont Rhyd y Fen dros afon Tryweryn, CG 823393. Mae lle i barcio ar ochr y ffordd.
- **Pellter**: 5 milltir / 8 km
- **Amser**: 2-4 awr
- **Ymdrech**: Cymharol.

Taith: Ychydig i'r dwyrain o'r lle parcio, mae llwybr yr hen reilffordd o Flaenau Ffestiniog i'r Bala yn gadael y ffordd ar y dde. Ewch ar y llwybr tua'r de-orllewin am lai na hanner milltir, a bydd y llwybr yn gadael y rheilffordd tua'r de-orllewin, a mynd heibio i'r ochr dde i gorlan ddefaid a chwarel fechan.* Bydd y llwybr yn canlyn hen ffordd tua'r de, gan arwain tuag at hen ffermdy Amnodd Wen. Ond lai na hanner milltir ar yr hen ffordd, lle mae Nant Goch yn ei chroesi, mi welwch wal gerrig sydd hefyd yn croesi'r ffordd. Mae'r wal yn codi i'r de-ddwyrain i fyny llechweddau isaf Arenig Fawr. Dilynwch y wal hon yr holl ffordd i ben Craig yr Hyrddod. Yno, bydd y wal yn diflannu a bydd ffens yn cymryd ei lle. Dilynwch y ffens wrth iddi droi yn raddol tua'r de i gyfeiriad y copa creigiog, sydd i'w weld yn glir. Yma mae cysgod yr hen garnedd gladdu a chofeb i wyth o griw'r awyren Flying Fortress Americanaidd a drawodd y copa ar y pedwerydd o Awst, 1943.

Ar lethrau deheuol Arenig Fawr

Copa Arenig Fawr o'r gogledd

Dilynwch yr un llwybr yn ôl i lawr. Ond os ydych yn teimlo nad yw'r daith yn ddigonol, gallwch fwrw ymlaen o'r copa, gan ddilyn cefnen ddeheuol y mynydd am ryw filltir, yna troi i'r de-orllewin i ddilyn crib y bwlch aiff â chi i ben Moel Llyfnant. O gopa Moel Llyfnant gallwch fynd yn ôl i'r bwlch a throi i'r gogledd a dilyn llwybr Cwm Amnodd tua'r gogledd, heibio murddun Amnodd Bwll, a dilyn y ffordd goedwigaeth i'r gogledd-orllewin drwy'r coed tuag at ffermdy Nant Ddu, ac ymuno â llwybr y rheilffordd (sy'n canlyn Afon Tryweryn am ychydig) a'i ddilyn tua'r gogledd-ddwyrain yr holl ffordd at y lle parcio.

Gyda llaw, dyma amrywiad bychan i'r daith, sydd yn arbed chydig o amser. Wrth adael llwybr y rheilffordd, yn hytrach na phasio ar y dde i'r gorlan a'r chwarel fach, bydda i'n mynd ar i fyny i'r chwith o'r gorlan, a dilyn nant fechan, wedyn dilyn wal i'r de-ddwyrain, fydd yn ymuno â wal fynydd sy'n rhedeg i'r de ac ymuno â'r wal sy'n dringo tua'r de-ddwyrain i ben Craig yr Hyrddod.

ARENIG FAWR 2

Map: OL 18: CG 827369

Pwynt dechrau 2: Tua hanner milltir i'r dwyrain o bentref bach Arenig (CG 846396) mae gât a ffordd gerrig yn gadael y ffordd a chodi i'r dde, er mwyn i weithwyr y Bwrdd Dŵr fynd at Lyn Arenig Fawr. Mae gât y ffordd gerrig ar gau, fel arfer, ond mae digonedd o lefydd i barcio ger hen chwarel Arenig tua milltir i'r gorllewin o'r gât, ond mae digon o lefydd agosach hefyd os byddwch yn ddyfeisgar.

Pellter 2: 6 milltir / 9.6 km
Amser 2: 3-5 awr
Ymdrech: Cymharol a phleserus.

Taith 2: Mae'r daith hon gryn dipyn mwy pleserus – a mwy hamddenol hefyd, efallai – gyda mwy i weld na chaeau a waliau a ffensys. Dyma wyneb gogledd-ddwyreiniol Arenig Fawr, efo'i greigiau a'i glogwyni dramatig ar eu gorau. Dilynwch y ffordd gerrig o'r gât, gan godi tua'r de-orllewin i rowndio Moel y Garth tua'r de-ddwyrain. O fewn dim bydd y ffordd gerrig yn eich arwain at lannau Llyn Arenig Fawr, a'r clogwyni a chreigiau sy'n ei warchod; Daear Fawr, Simdde Ddu, Tŵr yr Eryr, Bryn y Dyfrgi, Bwlch Blaen y Nant, a'r Castell. Dilynwch lannau dwyreiniol y llyn, gan groesi'r argae bychan, a throi i'r de-orllewin heibio glannau de'r llyn, cyn codi ar hyd llwybr rhwng y Wern ar y dde a Charreg Lefain ar y chwith. Daliwch i ddringo tua'r gorllewin gan ddilyn ymyl y llethrau ar y dde. Cyn hir byddwch yn croesi ffens wrth gyrraedd pen y Castell, a bydd copa Arenig Fawr yn y golwg, yn aros amdanoch chi. Daliwch i ddilyn y llwybr tua'r gorllewin yn fras, gan ganlyn cefnen sy'n troi yn raddol tua'r de-orllewin a'r copa. Mae ffens ar y gefnen i'ch arwain yr holl ffordd i'r copa, efo'i gysgod a'i garnedd a'r gofeb.

Wrth gerdded y ffordd yma un diwrnod poeth o haf, ar hyd darn gwastad rhwng Castell a'r gefnen, mi ddois i ar draws dyn yn cysgu mewn sach gysgu. Roedd hi'n ganol dydd, a bu bron i mi roi tap iddo efo'n nhroed rhag ofn ei fod o 'di marw. Ond fel o'n i am wneud, mi ollyngodd o rech. Es i yn fy mlaen yn dawel. Ar yr un pnawn, a minnau'n eistedd ar y copa, cyrhaeddodd cwpl y copa ar fy ôl i. "Prysor?" medda'r hogan. "Ia," medda fi, heb ei nabod hi - roedd y ddau'n gwisgo sbectols tywyll run seis â soseri. Pan dynnodd ei sbectol i ffwrdd, a myn diawl, hen gariad i ffrind i mi, oedd yn byw yn Aberystwyth ar yr un adeg â fi – a hynny ugain mlynedd yn ôl! A dyma fi yn dod ar ei thraws am y tro cyntaf ers hynny, ar ben yr Arenig o bob man.

Ta waeth, o'r copa, ewch yn eich ôl yr un ffordd, oni bai eich bod am amrywiad. Un amrywiad wnes i unwaith, ar ddiwrnod poeth, oedd dilyn y ffens a'r gefnen o'r copa tua'r gogledd, a mynd ar fy mhen i lawr gwyneb gogleddol y mynydd, rhwng Craig yr Hyrddod a Phen Tyrau, gan ddilyn Nant Llaith, cyn canlyn y ffordd chwarel sy'n dolennu o un llwyfan i'r llall, a chyrraedd y fan fach ddu oedd wedi parcio ar ochr y ffordd ger hen chwarel gerrig Arenig (hanner milltir a mwy i'r dwyrain o Bont Rhyd y Fen).

Ail bwynt uchaf Arenig Fawr, hanner milltir i'r de o'r copa

Copa Moel Llyfnant

MOEL LLYFNANT

Roedd Maes Tanio Trawsfynydd (y *Ranges*), ble'r oedd y fyddin yn hyfforddi'r milwyr a'u gynnau mawr rhwng tua 1900 a diwedd yr 1950au, yn estyn o Fronaber (dwy filltir i'r de o Drawsfynydd ar yr A470) a Chwm Dolgain a'r Feidiogydd i fynyddoedd ochr ddeheuol Cwm Prysor a bron at Foel Llyfnant. Fel ym mhob rhan o'r maes tanio, roedd polion fflagiau wedi eu gosod ar lethrau Cwm Amnodd (rhwng Arenig Fawr a Moel Llyfnant) a Blaen Lliw i rybuddio ffermwyr pan fyddai'r fyddin yn tanio'r gynnau mawr. Pan oedd baner goch yn chwifio roedd rhaid cadw draw o'r mynydd, gan fod y magnelau yn tanio o gyffiniau Penystryd (uwchben Bronaber) ac yn targedu'r Feidiogydd, Moel Oernant, Foel Boeth a Gallt y Daren, a gwaelodion Moel yr Wden. Weithiau roedd rhai o'r shels yn saethu'n rhy bell, gan lanio ar Foel y Slates – a doedd hynny ond milltir o Foel Llyfnant a Cwm Amnodd, ac yn llai fyth o Flaen Lliw. Dyma gerdd i'r gynnau mawr gan un Ellis Jones, Carreg y Ddafad:

> *Gosodwyd rhes o ynnau mawr ar doriad gwawr y bore,*
> *A llwyth o bowdwr wrth bob un, fel pe bai'r gelyn yma.*
> *Gosodwyd fflag a soldiar pren wrth Amnodd Wen yn barod,*
> *Fe danir hwn nes bydd y sŵn yn dychryn cŵn y Bala.*
> *Lle peryg iawn yw Cwm Blaenlliw i'r Diafol fyw fan honno,*
> *Pan fydd y faner ar y foel mae hynny'n goel rhyfela.*
> *Gwell iddo ffoi i Amnodd Bwll a llechu'n Nhwll yr Eira.*
> **Ellis Jones**

Rhai blynyddoedd yn ôl mi ges i ddarn o hen bapur newydd Cymraeg efo cadwyn o bump englyn gwych gan fardd o Gwm Amnodd, nad oeddwn yn gwybod ei enw. 'Molawd Meirion: Ymson ym Mro Unigedd' oedd teitl y cadwyn oedd yn canmol Meirionnydd a Chwm Amnodd. Yn ei ragymadrodd ysgrifenodd am Gwm Amnodd fel hyn; 'Sef mewn cwm bychan o'r enw 'Amnodd' neu 'Amnawdd'; lle sy'n cyfateb yn hollol i'w enw, am ei fod yn nawddedig gan fynyddoedd uchel ar bob llaw. Llecha y tu ôl, ac yng nghysgod yr Arennig (*sic*) Fawr, yng nghanol Meirion, allan o ganfyddiad a thwrf y byd; ac eithrio twrf sowldiwrs Trawsfynydd'. Ro'n i am rannu'r gadwyn yn y llyfr hwn, gan fo'r englynion mor goeth ac hefyd mor berthnasol. Er mwyn hynny roedd rhaid cael hyd i enw'r bardd, felly dyma holi Iwan Williams, y gŵr fu ddigon caredig i roi copi o'r erthygl a'r englynion i mi yn y lle cynta, tybed oedd o'n digwydd gwybod pwy oedd y bardd. Aeth i chwilio, a chyn dim roedd o wedi cael hyd i ddarn arall o'r erthygl, ac ynddi roedd nid yn unig enw'r bardd – Gwaenfab – ond chwech englyn arall, sef hanner olaf y cadwyn. Dwi ddim yn gwybod pwy oedd Gwaenfab, ond yn y Brython oedd yr englynion, wedi eu cyhoeddi yn mis Awst 1909. Er mor dlws ydi'r englynion, dwi ddim am rannu un ar ddeg ohonyn nhw yn fan hyn. Ond mi ro i ambell un i chi – y cyntaf, y trydydd, a'r nawfed sy'n disgrifio Fictoria, oedd wedi marw wyth mlynedd ynghynt, fel yr 'Ysgriw gron a'i thrwyn mawr'.

Molawd Meirion

Y mynyddig Amnoddau – a garaf,
O gyrraedd twyll moethau;
Hafan hedd yw, i fwynháu
Ei dirf iechyd ar fochau.

Bro unig, llwybr awenau – yma sydd,
  A maes hen ramantau;
O dwrf byd dyma dirf bau
I ddihalog feddyliau.

Ysgarwyd yn ysgyrion – hen rwymau
  Gormes egwyddorion;
Methodd criw yr "Ysgriw" gron,
A'i thrwyn mawr, a thrin Meirion.
Gwaenfab

Llechwedd Arenig Fawr, Bwlch Blaen Cwm Amnodd a Moel Llyfnant. Yn y cefndir mae'r Dduallt a Rhobell Fawr

O gopa Moel Llyfnant dwi'n gweld bro fy mebyd o flaen fy nhrwyn. Carnedd Iago ar y Migneint, lle roedd tair hen sir yn cwrdd (Dinbych, Meirion ac Arfon); maen hir Nant y Lladron, Cors yr Esgob, Bryn yr Helfa (Wylfa gynt); hen waith aur a chopr Blaencwmprysor; y Trinant, Bryn Ceffyl, Nant y Gaseg, Nant y Gist-faen, Moel y Slates lle mae tri phlwy yn cwrdd ar ei gopa – Trawsfynydd, Llanycil a Llanuwchllyn – a Bwlch y Bi (lle mae cofeb Bonso'r daeargi) oedd yn cysylltu Cwm Prysor a Blaen Lliw yn yr hen ddyddiau. Gallt y Daren wedyn, lle mae Afon Gain yn tarddu, y Feidiogydd â'r ffordd gul anghysbell yn eu croesi at Flaen Lliw ac ymlaen am Lanuwchllyn. Y Rhinogydd a Llyn Traws, ac ochr ogleddol Cwm Prysor – y Garn a'r rheilffordd wedi ei naddu ar ei ochrau creigiog, rhyw ddau neu dri chant o droedfeddi uwchlaw llawr y cwm, a Moel y Croesau lle trawodd awyren Wellington y copa yn 1943, gan ladd 5 o'r 6 aelod o'r criw. Gwaith aur Bwlch y Llu (Moel Croesau gynt, a'r Prince Edward yn nes ymlaen), Llyn Conglog (tarddle Afon Prysor), Llyn y Garn, a Llyn Rhuthlyn (Hiraethlyn) sy'n berwi â rhywogaeth unigryw o ddraenogiaid. Mae'r ffordd Rufeinig rhwng Tomen y Mur a Chaer-gai yn rhedeg heibio'r llyn ac yn disgyn i Gwm Prysor, heibio Glasgoed, a chroesi'r afon yn Nolydd Prysor a chodi heibio'r tŷ lle cefais fy magu, a lle mae 'nhad yn dal i fyw. I fyny wedyn heibio'r Gors, lle mae fy mrawd yn byw, cyn dringo dros ysgwydd Moel yr Wden ac ymlaen at Foel y Slates, a phasio o dan ei chopa a disgyn am Flaen Lliw, ar ei ffordd i Gaer-gai.

- **Mynydd**: Moel Llyfnant, 2464tr / 751m (53)
- **Map**: OL 18: CG 808352
- **Pwynt dechrau**: Mynedfa fferm Nant Ddu ar ochr ddeheuol yr A4212, CG 806385.
- **Pellter**: 4 milltir / 6.5 km
- **Amser**: 2-4 awr
- **Ymdrech**: Hawdd.

Taith: Rai blynyddoedd yn ôl roedd modd gyrru ar hyd y ffordd goedwigaeth yr holl ffordd tuag at hen furddun Amnodd Bwll i barcio, oedd yn haneru'r daith i ben Moel Llyfnant. Erbyn hyn mae'r ffordd wedi ei chloi i gerbydau. Fodd bynnag, mae'r tir i gyd yn dir agored ac mae hawl i'w grwydro ar droed. O'r lle parcio, cerddwch i'r de-orllewin am ychydig cyn troi i'r chwith (i'r de) ar ffordd goedwigaeth sy'n croesi'r hen reilffordd a phontio Afon Tryweryn. Anwybyddwch y llwybr cyhoeddus sydd ar y map, a dilynwch y ffordd sy'n anelu am y goedwig, gan basio Dôl Benlas a'r Orsedd. Daliwch i fynd drwy'r coed a dod allan ger murddun Amnodd Bwll, sydd â'i waliau a'i do yn dal i sefyll. O Amnodd Bwll mae'n bosib cario mlaen i'r de ar hyd y cwm i'r bwlch, a throi i ddringo i'r gorllewin i gopa Moel Llyfnant. Neu, dewis gwyro i'r de-orllewin o furddun Amnodd Bwll a dilyn trac fferm sy'n codi a rowndio gwaelod Moel Llyfnant. Ar ôl hanner milltir bydd y trac yn diflannu, a bydd rhaid i chi droi tua'r de a dilyn nant fechan a fydd yn sychu allan yn uwch i fyny. Cyn hir mi ddaw'r copa i'r golwg ar y chwith, ar ben bryncyn serth. Mae hen wal y ffin rhwng plwyfi Llanycil a Llanuwchllyn, sydd wedi chwalu, yn codi dros fryncyn y copa ac i lawr yr ochr draw iddo. Mae 'na ffens yn arwain at y copa hefyd, ac mae'r copa ei hun ar ben creigan sy'n hawdd i'w gweld, gyda charnedd fach o gerrig arni.

I fynd yn ôl i lawr, mi fedrwch adael y copa i'r de-ddwyrain, yna i'r dwyrain, ac i lawr i'r bwlch ym mlaen Cwm Amnodd, a throi i'r gogledd i ddilyn llwybr y cwm tuag at Amnodd Bwll ac ymlaen at Nant Ddu. Ond hawsach ydi dilyn yr un ffordd yr aethoch i fyny. Mae'r cerdded yn braf ac yn sych dan draed, ac yn gynt na cherdded y cwm. Ac mae'r golygfeydd yn llawer gwell.

Ac wrth gwrs, mae coron Cwm Prysor yng Nghastell Prysor – hen lys cwmwd Ardudwy Uwch Artro. Cymaint o hanes, cymaint i weld a chymaint i'w ddarganfod eto.

Llyn Celyn a niwl mynydd yn gwrlid dros Arenig Fach

ARENIG FACH

Dyma chwaer fach yr Arenig Fawr, mynydd sy'n mynnu bod yn wahanol i'w chwaer fawr. Mae'r Arenig Fach yn edrych yn wahanol ac yn gwisgo'n wahanol! Grug, grug a mwy o rug, a hwnnw i fyny at ganol unrhyw gerddwr neu gerddwraig sy'n colli'r llwybr. Mae'r llwyfandir islaw'r copa ychydig yn wahanol, yn graig wastad efo tyfiant tenau o grawcwellt, mwsog, grug byr ac ychydig o goed llus – ac mae ambell i rugiar yn trigo yno, fel y ffendiais pan ges i fy nychryn gan un a gododd yn swnllyd yn fy ymyl. Mae'r copa ei hun yn gymysg o greigiau, cerrig mawr a gwair. Mae gwyneb dwyreiniol Arenig Fach yn glogwyn uchel sy'n disgyn yn serth at Lyn Arenig Fach, ac os nad oes gennych ofn uchder mi fedrwch eistedd ar garreg sy'n estyn allan o'r clogwyn, gan weld y llyn rhwng eich coesau islaw.

Mae gan bob chwaer fach sy'n trio bod yn wahanol i'w chwaer fawr un neu ddwy nodwedd sydd yr un fath. Yn ogystal â chlogwyn a llyn wrth ei throed, mae gan Arenig Fach hefyd garnedd gladdu Oes Efydd ar ei chopa. Carnedd y Bachgen ydi enw'r garnedd, sydd tua deng metr ar draws, a dyna oedd enw'r mynydd hefyd, cyn i rywun ddechrau defnyddio'r enw Arenig Fach. Mae'r garnedd yn gorwedd ychydig lathenni tua'r gogledd-ddwyrain o'r copa a'r piler triongli, ac mae archeolegwyr yn meddwl y bu carnedd arall yma hefyd, oedd yn sefyll ar y copa, ond bod pobl yr Arolwg Ordnans wedi defnyddio'r cerrig i adeiladu'r lloches i gerddwyr wrth adeiladu'r piler triongli.

Unwaith eto, mae gen i wreiddiau yn yr ardal. Mae teulu Rhyd y Fen yn berthnasau i mi ar ochr fy nhad. Dwi'n meddwl mai cyfyrdyr ydyn nhw i mi. Llai na chwarter milltir o Ryd y Fen tua'r Bala, mae hen adfail â dim ond un wal yn sefyll. Nant yr Helfa oedd enw'r tŷ, ac yno y magwyd fy hen, hen nain, Harriet Hughes (hen nain fy nhad). Hefyd yn yr un tŷ roedd brodyr a chwiorydd Harriet, ac un ohonyn nhw oedd Moses Hughes y clocsiwr, a fo oedd hen, hen daid mam Kylie Minogue – sy'n gwneud Carol (mam Kylie) yn bedwaredd gyfnither (gorchaifn) i fi, a Kylie'n bumed gyfnither (gorchaw) i 'mhlant. Priodod Harriet â Robert Rowlands (mab Gwerndegid) ar ddydd Nadolig 1866, a ganwyd merch i'r ddau ar hirddydd haf, 21 Mehefin 1867. Mary oedd ei henw hi, a hi oedd fy hen nain (nain fy nhad), ac mi ddaeth i'r Hendre, Cwm Prysor, i fyw a phriodi un o'r teulu lleol (tad fy nhaid).

Mae cerrig beddau rhai o deulu fy hen, hen daid a gollodd eu cartrefi pan foddwyd Capel Celyn wedi eu codi a'u gosod yng ngardd y Capel Coffa ar lan ogleddol Llyn Celyn. Mae'r hanes am foddi pentref Capel Celyn a ffermydd y cwm i greu cronfa ddŵr Tryweryn, er mwyn troi dŵr i ddinas Lerpwl yn hysbys i bob Cymro a Chymraes. Pleidleisiodd Aelodau Seneddol Cymru i gyd namyn un (ymatalodd hwnnw) yn erbyn y boddi. Ond pasiodd Aelodau Seneddol Lloegr y ddeddf i foddi Capel Celyn a chodi gwreiddiau'r gymuned a'u gwasgaru i gymydau diarth. Mae'r llyn i'w weld i gyd o Arenig Fach, a rhan ohono o ben Arenig Fawr. Ac wrth gwrs, mae'r ffordd fawr newydd yn dilyn glannau'r llyn. Bob tro mae rhywun yn syllu ar y dŵr llwyd mae poen y trallod a gyflawnwyd yn dal i bwnio yn y frest. Ond er tristwch yr holl hanes mi ddaeth elfen bositif i ganlyn yr anghyfiawnder a wnaed, sef deffroad y genedl Gymreig.

▲ **Mynydd**: Arenig Fach, 2260tr / 689m (80)

📍 **Map**: OL 18, CG 820416

▶ **Pwynt dechrau**: Yr A4212 gyferbyn â'r ffordd a llwybr cyhoeddus sy'n arwain am ffermdy Rhyd y Fen, CG 826400. Mae lle i barcio ar ddwy ochr y ffordd.

Copa Arenig Fach gyda'r lloches o gerrig. Mae olion Carnedd y Bachgen islaw'r copa, ar y dde

- **Pellter**: 2 filltir / 3.2 km
- **Amser**: 1-4 awr
- **Ymdrech**: Hawdd/cymedrol. Mae'r llwybrau'n diflannu yn aml.

Taith: O'r lle parcio, ewch dros y gât ar ochr ogleddol y ffordd a dechrau cerdded tua'r gogledd-orllewin i fyny'r caeau serth, cyn troi i'r gogledd. Mae polion llwybr wedi'u gosod yma ac acw i ddangos y ffordd. Byddwch yn mynd dros ddwy wal sydd wedi chwalu, ac mi fyddwch yn pasio i'r dde i hen adfail, a chraig amlwg ac ambell i griafolen. Ewch dros drydedd wal, a throi i'r chwith i ddilyn y wal honno. Wedi pasio codiad tir sy'n agos i'r wal, trowch ar i fyny unwaith eto. Dilynwch bant amlwg a gwyro tua'r chwith i gyrraedd gât yn y wal nesaf (y bedwaredd wal, sef y Wal Fynydd). Tu hwnt i'r wal dal a chadarn hon mae'r tir yn rug i gyd. Wedi mynd trwy'r gât, dilynwch y llwybr sy'n dilyn y wal i'r chwith am ychydig. Pan ddowch at Grib Las, mi welwch ffos fach ar y dde, yn rhedeg o'r gogledd i'r de, ar hyd gwaelod gorllewinol y Foel (cefnen ddeheuol Arenig Fach). Mae llwybr garw yn dilyn y ffos i'r gogledd, heibio gwaelod y Foel cyn troi i'r gogledd-ddwyrain, wedyn i'r gogledd, i ddringo i'r llwyfandir sydd yn arwain at y copa. Mater hawdd ydi dod i lawr yr un ffordd.

Gwahanol oedd hi y tro cyntaf i mi fynd i ben Arenig Fach. Roedd hi'n niwl ar y copa, a doedd yr un llwybr na chyfarwyddiadau yn gwneud synnwyr ar y ffordd i fyny, ac roedd hi'n waeth fyth ar y ffordd i lawr. Ddois i allan o'r niwl ar y Foel, a gweld be oedd yn edrych fel llwybr hawdd. Nid felly oedd hi, fodd bynnag. Yn fuan mi gefais fy hun mewn grug bron at fy 'sgwyddau a dim llwybr i'w weld yn unlla. Mi gymerodd hi awr ychwanegol i ddod i olwg y wal fynydd, heb sôn am ei chyrraedd. Roedd hi'n ddiwrnod braf a phoeth pan es i fyny'r ail dro.

CARNEDD Y FILIAST
(ARENIG)

Mae Carnedd y Filiast yn rhannu'r un enw â'r mynydd uwchlaw Nant Ffrancon, Dyffryn Ogwen. Codwyd carnedd gladdu ar gopa Carnedd y Filiast yn yr Oes Efydd, mewn lle unig, gwyllt ac agored ar yr ucheldir sy'n ymestyn am filltiroedd i bob cyfeiriad. Mae rhyw chwedl ynghylch y garnedd hon sy'n dweud mai cofeb i filiast ffyddlon y Santes Helen ydi hi. Lle pellennig iawn i fynd i gladdu ci.

Pan godwyd y garnedd crëwyd llwyfan crwn o gerrig, deunaw metr ar ei draws. Ar y llwyfan codwyd cylch siâp drwm, pymtheng metr ar draws a dau fetr o uchel, a'i lenwi efo cerrig, ar ben corff yr anwylyn neu bwysigyn a gladdwyd ynddo. Fodd bynnag, fel pob carnedd gladdu ar gopa mynydd, dygwyd llawer o'r cerrig i adeiladu piler triongli neu loches cysgodi i gerddwyr – heb sôn am weithgaredd lladron beddi – ac yn achos Carnedd y Filiast, gosodwyd y piler triongli ynghanol olion y garnedd, a chodi wal o'i gwmpas fel cysgod – a hefyd codi carnedd siâp cwch gwenyn blêr ar safle'r garnedd, a gosod llechan garreg plwy yn sticio allan o'i phen hi.

Mae Carnedd y Filiast yn sefyll ynghanol y darn gogleddol hwn o'r Arenig, wedi ei hamgylchynu gan Foel Boeth, Llechwedd Llyfn, Bryn

Cyrraedd copa Carnedd y Filiast o gyfeiriad Llechwedd Llyfn

Carnedd y Filiast

Cerbyd, Gylchedd, Foel Goch, Waun Carnedd y Filiast, Brottos, y Drum, yr Oerfa, Craig Lios a'r Garneddwen. Llond gwlad o hanes a diwylliant o dan fy nhraed.

Hwn oedd y tro cyntaf i mi gerdded yr ardal hon, a dyma'r tro cyntaf ers blynyddoedd lawer (a'r olaf hyd yma) imi weld haid o gornchwiglod yn chwarae ar y gwynt, a hynny uwchlaw'r fawnog rhwng Llechwedd Llyfn a Charnedd y Filiast. Diwrnod braf o Orffennaf yn 2015 oedd hi, a'r gwynt yn gryf ar y gwastadeddau uchel, a'r adar hynod hyn a'u galwadau digri fu'n rhan o fy mhlentyndod – bellach mor brin – yn dynwared drudwy ar y gwynt. A sôn am aderyn prin, mi welais geiliog Bod Tinwen yn hela ar ôl i mi adael y coed wrth ddechrau fy nhaith at y mynydd. Bues i'n tynnu lluniau ohono (efo camera annigonol, yn anffodus) yn hela trwy hedfan tua dau neu dri metr uwchlaw'r grug. Yn un llun mae Llyn Celyn yn y cefndir, yn yr union safle lle mae olion Capel Celyn yn gorwedd o dan y dŵr. Un aderyn prin, ac un gymuned Gymraeg wedi diflannu'n llwyr.

Mynydd: Carnedd y Filiast, 2195tr / 669m (97)

Map: OL 18, CG 871446

Pwynt dechrau: Ar yr A4212 rhwng y Bala a Thrawsfynydd, uwchlaw glannau gogleddol Llyn Celyn, tua 5 milltir o'r Bala. Mae lle i barcio ar ochr ogleddol y ffordd, CG 861411.

Pellter: 6 milltir / 9.6 km
Amser: 2-5 awr
Ymdrech: Hawdd, efo cryn dipyn o fyny-a-lawr.

Taith: O'r lle parcio, cerddwch i fyny'r ffordd sy'n codi i'r goedwig tua'r gogledd-orllewin. Cyn hir, bydd y ffordd yn troi yn llwybr drwy fwlch yn y coed, ac o fewn chwarter milltir o'r lle parcio, byddwch allan o'r goedwig – o dan wifrau peilons – ac yn cerdded ar dir mynydd braf. Byddwch yn gwyro tua'r gogledd-ddwyrain ar hen ffordd gerrig gan basio yr Oerfa sydd ar y dde i chi, ac yn dringo Foel Boeth. Cyn cyrraedd copa Foel Boeth mae'r ffordd yn troi yn siarp i'r dwyrain, cyn troi i'r gogledd heibio ymyl ochr dde'r Foel Boeth. Mae'r ffordd yma yn arwain yn syth at Garnedd y Filiast, ond peidiwch â dilyn y ffordd oherwydd ei bod hi'n rowndio gryn dipyn a hefyd yn mynd ar i lawr am hanner milltir cyn codi eto. Felly, wrth y troad siarp i'r dwyrain o dan gopa Foel Boeth, cadwch i fynd i'r gogledd-ddwyrain, yn syth i ben copa Foel Boeth. O'r copa, cadwch i fynd i'r gogledd i ddechrau, i lawr i'r bwlch rhwng Foel Boeth a Llechwedd Llyfn, yna gwyro i'r gogledd-gogledd-orllewin wrth godi at gopa Llechwedd Llyfn, yna cerdded y gwastad at Garnedd Llechwedd Llyfn, pwynt uchaf Llechwedd Llyfn o dri metr. Yma mae ffens. Trowch i'r dde i ddilyn y ffens i'r dwyrain ac mi welwch Garnedd y Filiast ar y gorwel lai na milltir i ffwrdd.

Top tip: os ydach chi am gasglu Nuttalls, piciwch draw i'r gogledd o Garnedd y Filiast, ar hyd ffens sy'n mynd i'r gogledd am hanner milltir i roi Waun Garnedd y Filiast yn y sach. Wnes i ddim, a bu rhaid i mi fynd yn ôl yno rywbryd eto.

Dewch i lawr o Garnedd y Filiast ar hyd y ffordd sy'n gadael y copa tua'r de, ar hyd Brottos, gyda Llyn Hesgyn yn y cwm ar y chwith i chi. Bydd y ffordd yn troi i'r de-ddwyrain, yna i'r de i Gwm Hesgyn. Cadwch ar y ffordd hon yr holl ffordd yn ôl i'r coed, ble byddwch yn cerdded at y lle parcio ar ochr y ffordd fawr.

RHOBELL FAWR

Mae Rhobell Fawr wedi difyrru daearegwyr ers blynyddoedd. Ar un adeg roedd y mynydd o dan y môr, ond ar ôl i lu o echdoriadau tanddwr ychwanegu haenau o lafa daeth Rhobell i fyny o'r dyfnfor a dweud 'helô' wrth y byd, cyn mynd ati i boeri darnau o'r ddaear i'r awyr o grombil ffwrnais y blaned. Dyna ffordd i gyflwyno eich hun i'r byd.

I gadw'r stori'n fyr, gannoedd o filiynau o flynyddoedd yn ôl roedd yr ardal hon yn llosgfynydd anferth, a Rhobell Fawr oedd ar fai. Ond yn y diwedd, pan stopiodd yr holl losgfynydda ac y setlodd y llwch, roedd Rhobell Fawr wedi creu holl ardal yr Arenig.

Ystyr yr enw ydi 'cyfrwy', gan ei fod o'n edrych yr un siâp â chyfrwy ar gefn mul. 'Yr Obell' ydi'r enw gwreiddiol, yn dod o'r enw 'gobell' am gyfrwy. Daeth 'Yr Obell' yn 'Rhobell' ar lafar, a dyna ni. I'r gogledd o'r copa, mae clogwyn o'r enw Eglwys Rhobell, ac ar lechweddau gogleddol y mynydd mae Llechwedd Llyfn arall – enw go gyffredin yn ardal yr Arenig.

Roedd hi'n niwl a glaw mân pan ddringais i ben Rhobell Fawr, ac mae'n bryd i mi fynd yn fy ôl yno ar ddiwrnod braf, gan fod y golygfeydd yn siŵr o fod yn fendigedig.

Rhobell Fawr yn y niwl a'r glaw

▲ **Mynydd**: Rhobell Fawr, 2408tr / 734m (61)

📍 **Map**: OL 23, CG 787257

▶ **Pwynt dechrau**: Tua thair milltir i'r gogledd o bentref Rhyd-y-main, ar ffordd goedwig dan lethrau dwyreiniol Rhobell Fawr CG 798255, lle mae wal gerrig yn gadael y ffordd a'r goedwig, ac yn dringo llethrau Rhobell Fawr i'r gorllewin-gogledd-orllewin. Mae digon o le i barcio. Mae 'Tŷ Newydd y Mynydd' wedi ei farcio ar y map ychydig i'r gogledd o'r wal, ond does dim golwg ohono o gwbl. Mae'r ffordd gul yn gadael yr A494 i'r gogledd, chwarter milltir i'r gorllewin o bentref Rhyd-y-main. Yr arwydd ar y fynedfa ydi Aran Hall. Byddwch yn trafaelio tua'r gogledd, ond mae sawl cornel a rhiwiau, a rhai gatiau i'w hagor.

👁 **Pellter**: 3 milltir / 4.8 km
🕐 **Amser**: 1-3 awr
🔋 **Ymdrech**: Cymharol hawdd, ond garw.

Taith: Mae'r wal CG 798255 sy'n dringo llethrau'r mynydd i'r gorllewin-gogledd-orllewin yn arwain yr holl ffordd i ben y mynydd. Mae ffens ar ben y wal, ac mae ffens arall yn rhedeg efo'r wal, ac mae'n bosib cerdded ar y naill ochr a'r llall. Os ydych chi'n cerdded ar y dde (gogleddol), dilynwch y wal a'r ffens nes dod at wal arall sy'n rhedeg o'r de i'r gogledd. Ewch dros yr ail wal hon a pharhewch i ddilyn y wal wreiddiol i'r gorllewin nes dod at drydedd wal sy'n rhedeg o'r de i'r gogledd. Trowch i'r de efo'r wal hon, ac ewch dros hen wal sydd wedi chwalu ar y chwith a dilyn y wal dda, tua'r de, nes dod at gamfa yn ymyl y copa, sydd â philer triongli arno.

Os ydych wedi dewis ochr chwith y wal â ffens, dilynwch y wal hyd nes cyrraedd wal arall. Rhaid troi i'r chwith yn fan hyn i gyrraedd camfa. O ben y gamfa, byddwch yn gweld y piler triongli ar y copa. Cerddwch i gyfeiriad y copa nes dod at gamfa arall dros y wal reit o dan y copa. I adael y copa, ewch yn ôl yr un ffordd yr aethoch i fyny, gan ddilyn y wal yr holl ffordd at y lle parcio.

Hwn oedd fy nghyrch cyntaf ar fynyddoedd de Cymru. Ro'n i yn nhiriogaeth y Silwriaid, y llwyth Celtaidd pwerus a ffyrnig a roddodd gymaint o drafferth i'r Rhufeiniaid o dan arweiniad Caradog, ac wedyn. Ro'n i ar gyrion gogleddol y maes glo a haearn – y pwerdy oedd yn gyrru injan y Chwyldro Diwydiannol a ysgogodd gymaint o newidiadau cymdeithasol, economaidd a diwylliannol. Ro'n i ym Merthyr Tudful, tref y Faner Goch. Ac ro'n i'n barod i goncro'r Bannau.

Dydd Llun y Pasg oedd hi pan jeciais i mewn i'r Castle Hotel. Ro'n i wedi aros yn y gwesty o'r blaen a'i gael o'n lleoliad hwylus, yn hawdd i'w gyrraedd (munud neu ddwy o'r A470) a digonedd o le parcio rhad yn ymyl. A drws nesaf i'r gwesty mae tafarn fach y Winchester, gyda'i selogion lleol lliwgar. Mae'r 'Winsh' yn fy atgoffa o fy local i, y Tap, ym Mlaenau Ffestiniog ac mae criw ohonon ni'n licio galw yn y Winsh ar y ffordd adra drannoeth gemau pêl-droed Cymru yng Nghaerdydd. Felly, ar ôl talu am fy stafell ac agor potel o win coch, roedd rhaid taro i mewn i'r Winsh am un neu ddau.

Y bore ddaeth. Doedd brecwast y gwesty ddim yn dechrau tan 7.30yb, yr amser ro'n i'n gobeithio cychwyn am Goedwig Taf Fechan. Ond ro'n i wedi gwneud brechdanau corn-bîff cyn gadael adra y diwrnod cynt, felly i ffwrdd â fi yn y fan, a stopio mewn siop fach oedd hefyd yn fecws ac offleisans, ychydig cyn y troead am Drefechan yng Nghefn Coed y Cymer. Prynais faco a dau dun o spam ar gyfer cinio, cyn gyrru trwy Drefechan a phentra hynod Ponsticill, gyda'i ddwy dafarn – un ohonyn nhw o'r enw Y Fuwch Goch. Ymlaen â fi ar hyd y ffordd gul i fyny Cwm Taf Fechan, heibio cronfeydd dŵr Pontsticill a Phentwyn, ac erbyn cyrraedd Coedwig Taf Fechan ro'n i wedi cyfansoddi'r penillion cocos yma i dafarn y Fuwch Goch. Dwn i'm pam, ond ro'n i wedi dotio ar yr enw – a'r ffaith ei fod o'n Gymraeg.

> Mae tafarn ym Mhontsticill
> O'r enw Y Fuwch Goch,
> Bydd rhaid 'chi alw heibio,
> Pa bynnag le y boch.
>
> Dwi heb fod iddi eto
> I brofi peint neu ddau,
> Ond dwi wedi pasio heibio
> Pan oedd hi wedi cau.

Wrth imi gloi'r fan fach ddu, canodd y gog. Y deunawfed o Ebrill oedd hi, a'r tro cyntaf imi ei chlywed y flwyddyn honno. Ac am y tro cyntaf erioed, roedd gen i arian mân yn fy mhoced. Rhois dro i'r darnau pres a'i throi hi am y Bannau. Am 8:20yb ro'n i'n cerdded y llwybr tua'r gogledd ar hyd ymyl y goedwig. Y llwybr hwn sy'n codi i'r gogledd trwy gwm Blaen Taf Fechan a chroesi'r Bannau dros y Bwlch ar y Fan, rhwng Craig Cwm Cynwyn a Fan y Big, i arwain i'r gogledd nes cyrraedd dyffryn Afon Wysg ac Aberhonddu. Ond nid dyna'r ffordd oeddwn i'n mynd.

Ar ôl hanner milltir o gerdded y llwybr a chyrraedd argae cronfa ddŵr Neuadd Isaf (mae'r un Uchaf wedi ei gwagio), ro'n i'n troi i'r dde (gogledd-ddwyrain) i ddilyn ymyl gogleddol y goedwig a Nant y Gloesydd. O fewn hanner milltir roedd y goedwig yn diflannu, ond roedd y llwybr yn dal i godi i ben Gwaun Cerrig Llwydion (ysgwydd ddeheuol Bwlch y Ddwyallt) lle ges i hoe fach i weld y wlad o 'nghwmpas, a'r Bannau yn un rhes tua'r gogledd yn fy ngwylio bob cam. Ro'n innau yn eu llygadu nhwythau hefyd, fy llygaid yn llydan ac yn gegagored. Mi ddwedais i 'Waw!' sawl gwaith, dwi'n siŵr. Naw o'r gloch y bore oedd hi erbyn hyn, a'r haul yn tywynnu a chodi gwres – er, roedd y gwynt yn fain ar y topia.

Ymlaen â mi i'r un cyfeiriad, ar lwybr oedd yn dilyn dibyn Graig Fan Las, ac o fewn milltir ro'n i uwchben Rhiw Bwlch y Ddwyallt (CG 057204). Troais i'r dde i fynd at gopa Waun Rydd, nad yw'n bell ar y chwith o'r llwybr efo carnedd fach o gerrig i nodi'r pwynt uchaf (y smotyn coch a'r rhif 769 ar y map). Cyn troi'n ôl i fynd at Fwlch y Ddwyallt, es am dro brysiog tua'r de-ddwyrain at Garn Pica i gael cip sydyn o'r olygfa tuag at Gronfa Ddŵr Talybont, a'r Twyn Du ac Allt Lwyd. Troi yn ôl wedyn, a mynd heibio copa Waun Rydd ac i'r bwlch, cyn dilyn y llwybr i'r de-orllewin am lai na chwarter milltir, ar hyd ymyl gogleddol serth Bwlch y Ddwyallt. Hwn yw pwynt uchaf Bwlch y Ddwyallt. Mae'r tir yn wastad, ond mae carnedd flêr i nodi'r ffaith ac mae'n cael ei nodi ar y map efo'r rhif coch 754.

Roedd hi wedi troi 10:15yb a gwynt oer y bwlch yn oeri'r chwys ar fy nghefn. Rhois jympar cnu (*fleece*, dallt?) amdanaf ac aros wrth y copa am sbel i dynnu chydig o luniau a chael brinio (brecwast hwyr neu ginio cynnar, dibynnu pa ffordd 'da chi'n sbinio). Wrth fwyta'r sbam o'r tun efo 'nghyllath boced, roedd Cwm Oergwm islaw tua'r gogledd yn denu fy sylw – yn enwedig yr hafn o gwm, neu geunant, oedd yn dechrau a diweddu o fewn hanner milltir ar lawr blaen Cwm Oergwm, ac yn ymuno â Nant Menasgin. Cwm Cwareli ydi enw'r cwm bach rhyfedd hwnnw (a Chraig Cwareli ydi enw clogwyn gorllewinol Bwlch y Ddwyallt hefyd). 'Sgwn i be oedd i'w gael yn y ddaear yno? Does dim tomenni wast i weld (nid o bell, beth bynnag) nac adeiladau ac ati. Tir SSSI ydi o bellach, ac uwchlaw iddo mae olion tai hirion a chorlannau yn dyddio o'r canoloesoedd. Dim sôn am chwarelydda, ond mae'r enw yn awgrymu fel arall. Oni bai mai 'cwarel' blaen saeth bwa croes ydi o, neu 'cwarel' yn yr ystyr ffrae.

Wrth orffen fy mrecwast hwyr roedd fy sylw ar y tirwedd a sut roedd y bryniau a'r mynyddoedd yn dilyn yr un ffurf – yn codi'n raddol cyn disgyn yn llethrau serth a llym i loriau'r cymoedd. Wedyn y ddaeareg sydd i'w gweld yn y clogwyni, o dan y trwch teneuaf o lystyfiant – haenau o graig ar ben ei gilydd, degau neu ugeiniau a mwy ohonyn nhw, yn rhedeg yn llorweddol ar hyd wynebau'r llethrau, yn edrych o bell fel ysgrifen rhyw gawr. Oedd Ysbyddaden Bencawr yn arlunydd graffiti, tybed? Haenau o fwd tywodlyd a ffurfiwyd gan echdoriad folcanaidd ar ôl echdoriad folcanaidd, drosodd a throsodd, a llawr y môr yn cael ei godi fel crystyn pwdin reis, un haen ar ôl ei gilydd yn caledu, neu'r isgraig o grombil y ddaear yn toddi ac ailgaledu mewn haenau fel blancedi. Rhywbeth felly a greodd y Bannau, meddyliais, wrth ddychmygu'r lobscows ac uwd o dân a brwmstan yn berwi fel ffwrneisi'r gweithfeydd haearn o amgylch Merthyr gynt, ond yn ffwrnais, neu grochan, oedd yr un faint â chanolbarth Cymru, a'r ffrwydradau a'r sblashis yn cyrraedd uwchlaw'r stratosffer.

Pwy fyddai'n meddwl bod prosesau daearegol mor aruthrol o rymus a dinistriol wedi rhoi i ni batrymau mor hardd ar wynebau'r mynyddoedd. Mae'r Bannau yn gelfyddyd. Yr haenau tywodfaen wedi tywyllu ar ôl bod yn nannedd yr elfennau ers miliynau o flynyddoedd, a'r miloedd o sgriffiadau brown a choch yn rhedeg i lawr eu hwynebau, wedi eu creu gan filiynau o flynyddoedd o ddŵr glaw, yn croesi'r haenau tywyll efo rhychau coch y pridd, a chreu patrwm tartan wrth erydu talcenni a gruddiau'r Bannau, a'u heneiddio.

Mae'r llwybrau yn frith o gerrig tywodfaen, yn fflat fel teils, yn hirsgwar, a'u trwch yn amrywio o fodfedd i ryw bedair modfedd. Maen nhw i'w gweld yng ngharneddi'r llwybrau a'r copaon, yn y llochesau cerddwyr, yn waliau a chorlannau'r ffermwyr ac mewn adeiladau. Mae'r cerrig i'w cael o Fynydd Du Sir Gâr i Fynydd Du Gwent. Tiriogaeth y Silwriaid. Roedd y llwyth hwnnw yn defnyddio'r un cerrig â ffermwyr a seiri meini heddiw. Rhoddodd daearegwyr enw'r llwyth ar y cyfnod daearegol Silwraidd rhwng 443.8 miliwn a 419.2 miliwn o flynyddoedd yn ôl. Dilyn y cyfnod Ordoficaidd wnaeth y cyfnod Silwraidd, pan oedd y ddaear ar dân, ac mae creigiau'r ddau gyfnod i'w cael yn isfaen y mynyddoedd yn rhai ardaloedd o Barc Cenedlaethol y Bannau – gwlad y Silwriaid – ar ôl i grombil y blaned boeri popeth i'r wyneb. Yr Ordoficiaid, wrth gwrs, oedd y llwyth Celtaidd yng Ngwynedd a'r canolbarth, a fu'n gwrthsefyll Rhufain hyd at y flwyddyn 78 OC. Mae'r ddau lwyth hyn, y Silwriaid a'r Ordoficiaid, yn enwog am ymladd o dan faner Caradog, arweinydd y Brythoniaid, yn erbyn y Rhufeiniaid. Mae eu henwau wedi goroesi trwy hanes, yn enwog drwy'r tir ar un adeg. Heddiw, mae'r ddau lwyth wedi eu hanfarwoli gan faes daeareg, ac mae eu henwau, yn llythrennol, yn rhan o'r tir.

Roedd hi'n amser mynd ymlaen at Fan y Big, felly ffwrdd â fi, gan dynnu lluniau'r ffenomen atmosfferig a elwir yn 'llinellau tywyll' neu 'belydrau du', sydd fel gwaywffyn duon yn yr awyr, yn trywanu'r ddaear. Dwi'n cofio gweld y ffenomen am y tro cyntaf ym mhen gogleddol y Carneddau, ac yn meddwl bod rhywbeth rhyfedd iawn ar droed. Ond y cwbl ydi o ydi'r haul yn taflu cysgod *contrails* awyrennau ar yr atmosffer rhwng yr awyren a'r ddaear. Neu, dyna ydi'r ffordd syml i esbonio'r peth, ond mae o'n llawer mwy cymhleth mewn gwirionedd. Yna, yn ara bach, roedd bodau dynol yn dechrau ymddangos. Jogwyr oedd y rhai cyntaf. Pobl glên. Merch oedd y gyntaf, yn fy mhasio am Waun Rydd efo gwên lydan a chyfarchion dymunol. Pan o'n i'n cerdded am gopa Fan y Big, mi basiodd fi eto ar ei ffordd yn ôl, yr un mor siriol o hyd.

Cribyn o Ben y Fan

O'r blaen i'r cefn: Fan y Big, Cribyn, Pen y Fan a Corn Du

Roedd 'na griw o bobl ifanc ar Fan y Big. Daethon nhw i'r golwg o nunlla fel ro'n i'n agosáu at y copa. Erbyn dallt roedden nhw wedi cerdded i fyny llwybr hawdd ar hyd cefnen Cefn Cyff, oedd yn codi o'r gogledd. Fues i'n tynnu eu lluniau nhw i gyd efo'u ffonau ar y copa, ac yn sefyll fesul un a dau ar y garreg wastad 'na sy'n sticio allan uwchben y dibyn, efo clogwyn serth Cribyn yn y cefndir yn gwneud i sefyll ar y garreg edrych yn gamp beryglus. Wedi iddyn nhw adael, eisteddais i fwynhau'r olygfa mewn tawelwch tua'r gogledd. Awyr las, las a thiroedd gwyrdd, gwyrdd draw am Aberhonddu.

Cribyn oedd nesaf. Croesi Bwlch ar y Fan a dringo crib Craig Cwm Cynwyn i gopa Cribyn. Roedd hi'n prysuro erbyn hyn, ac ro'n i'n gweld pobl fel pryfaid ar ben Pen y Fan. Roedd 'na rai wedi cyrraedd Cribyn erbyn hyn hefyd, yn dod i fy nghwfwr efo sachau cefn anferth, yn llawn o bob math o drugareddau. Na, nid SAS oeddan nhw, ond ymwelwyr, pobl ifanc mewn crysau-T a throwsusau byr lliwiau pastel, a sachau cefn coch neu las llachar. Be oeddan nhw'n gario? Popeth, mwy na thebyg. Stwff doeddan nhw ddim ei angen o gwbl. Hyd yn oed tasan nhw'n mynd i heicio i ben mynydd ynghanol nunlla ac aros yno am fis, fysan nhw ddim angen chwarter y stwff. Pobl heb unrhyw brofiad o fynydda ydyn nhw, wrth gwrs, yn dod â phopeth efo nhw ar gyfer pob datblygiad posib, er mai dro pnawn braf dros ambell fynydd oedd eu bwriad. Falla bod rhai yn dod â'r holl stwff efo nhw er mwyn dangos eu hunain. Ond y gwir ydi fod pawb sy'n arfer mynydda yn gallu deud yn syth nad ydi'r boi sydd efo cragen grwban ar ei gefn, a phob math o bethau wedi eu strapio ar ei thu allan, a'i bengliniau'n gwegian, erioed wedi bod i ben mynydd o'r blaen. Y mwyaf o stwff mae rhywun yn gario ar y mynydd, y mwyaf blinedig yr eith o, a hynny yn sydyn iawn. Os wyt ti'n pasa mynd ar daith hir neu grwydro ardal ddiarth, dos â sach gefn ysgafn a jysd mynd â'r pethau angenrheidiol fel, er enghraifft, map, cwmpawd, ffôn, dŵr, snacs a chrys sych – a thortsh. Rhag ofn.

Wrth feddwl am y crwbanod dynol 'ma oedd yn mynd heibio, mi ges i syniad. Be am greu sachau cefn *inflateable*? Rhei sy'n llawn o ddim byd ond gwynt, ond yn edrych fel eu bod nhw'n llawn o ddigon o stwff i bara wythnos o iompio ar y Carneddau. Geith Mistar Mynydda sboncio fyny'r llethrau heb golli gwynt na chwysu diferyn o chwys, wrth i bawb edmygu ei gryfder a'i stamina. 'Ghost Rucksacks'. Honna ydi. Dwi'n meddwl wneith y syniad gydio. Anrheg Nadolig perffaith i hiro dîn y teulu sy'n ffansïo'i hun fel Ant Middleton neu Bear Grylls. Tybed fyswn i'n cael gwrandawiad ar *Dragon's Den*?

Roedd pobl fel gwybed ar ben Pen y Fan pan gyrhaeddais ar ôl cerdded Craig Cwm Sere. Roedd o leiaf hanner cant o bobl ar y copa a channoedd eraill ar eu ffordd i fyny o Bont ar Dâf gan anelu am un ai Corn Du neu'n dod am Ben y Fan. Roedd yr olygfa yn fy atgoffa fi o'r bregeth ar y mynydd. Dim yr un yn y Beibl, ond yr un yn ffilm *Life of Brian*, Monty Python. Diolch byth fod y copa yn wastad a llydan – tua maint cae pêl-droed – a digon o le i bobl gael eistedd o gwmpas i gael picnic, ac i giwio i gael llun teuluol ar y garnedd gopa sydd ag arwydd Pen y Fan arni. Carnedd gladdu o'r Oes Efydd oedd y garnedd yn wreiddiol, gyda chist o dan y cerrig, ble'r gosodwyd llwch y sawl a gladdwyd.

Erbyn hyn roedd llwyth o bobl wedi cyrraedd pen Cribyn y tu ôl i mi, a llwyth ohonyn nhw ar y rhiw i fyny at y copa, fel pegiau ar lein ddillad. Es i eistedd ar greigan ar ochr ogleddol y copa, yn edrych lawr dros Gwm Llwch a'r llyn bach o'r un enw, a phobl yn fy mhasio wrth imi fwyta'r ail dun o sbam efo 'nghyllath boced.

Doedd y prysurdeb ddim yn fy mhoeni fi o gwbl. Doedd o ddim yn annifyr na chlostraffobic fel yr Wyddfa. A dweud y gwir, roedd o'n hyfryd i weld. Teuluoedd lleol oeddan nhw i gyd, pobl hapus braf o Ferthyr a'r Cymoedd, a llwyth ohonyn nhw mewn crysau-T, shorts a sgidia ysgafn er gwaetha'r gwynt miniog. Dim sôn am grwban yn gwegian dan bwysau'i gragen. Roedd sŵn eu parablu yn fendigedig, yn fy swyno'n llwyr. Ro'n i'n meddwl eu bod nhw i gyd yn siarad Cymraeg ar un adeg, gan fod llif a lilt a sain a thôn eu hacen yn swnio'n union fel y Gymraeg. Ac mewn ffordd, mi oeddan nhw'n siarad Cymraeg, ond bod y geiriau yn Saesneg. Ro'n i'n teimlo fel mod i adra ynghanol y parablu. Fedra i ddim pwysleisio pa mor glên a hwyliog oedden nhw, yn hollol wahanol i'r torfeydd a geir yn Eryri. Prin y cewch ateb gan rheini. 'Deaf as well as English, are you?' fydda i'n licio'i ddweud wrthyn nhw os na chaf i ateb i fy nghyfarchiad. Mi wawriodd arna i pam mai dim ond Cymry oedd ar y mynyddoedd y diwrnod hwnnw. Roedd ysgolion Lloegr wedi cau am wyliau Pasg wythnos yn gynt na Chymru, ac roedd y Saeson wedi mynd adra'r diwrnod cynt. Rhwng hynny a'r haul, a hwylusdra'r daith i Ben y Fan, doedd dim syndod bod y Cymry ar y Bannau'n un llu.

Corn Du oedd nesa, mynydd efo copa siâp corn simndda, neu siâp drwm, a charnedd Oes Efydd a chist arno. Fues i'm yn hir yno. Am 2:10yh ro'n i'n troi tua'r de-ddwyrain ar Fwlch Duwynt, a dilyn y gefnen hir tua'r de-ddwyrain, gan basio enwau fel Craig Gwaun Taf, Rhiw yr Ysgyfarnog a Graig Fan Ddu, cyn cyrraedd piler triongli – un o'r rhai gwynion efo draig goch wedi ei phaentio efo sbre a stensil ar bob ochr iddyn nhw, sydd i'w gweld yn aml ym Mharc Cenedlaethol Bannau Brycheiniog. Ar y pwynt triongli hwn, fodd bynnag, mae dau blac wedi'u gosod i goffáu dau filwr Prydeinig a laddwyd yn Affganistan bedair blynedd rhwng ei gilydd – un ohonyn nhw'n SAS. Mae'n rhyfedd be mae darnau o dir yn ei olygu i wahanol bobl. Cerddwyr, dringwyr, rhedwyr, pysgotwyr, teuluoedd, ysgolion, bugail, bardd, arlunydd... a milwyr. O'r llecyn hwn, ro'n i'n edrych i lawr ar Gronfa Ddŵr Neuadd Uchaf, sydd wedi ei gwagio ers rhai blynyddoedd. Roedd o'n gwneud imi feddwl, wrth weld y gwair wedi tyfu dros wely'r gronfa wag, mor dda fyddai gollwng y dŵr o Lyn Celyn ac adfywio'r cwm a phentra

Cribyn o Fan y Big

Capel Celyn. Es i lawr y llwybr serth at Gronfa Ddŵr Neuadd Isaf, a'r myfyrdodau efo mi, croesi'r argae a cherdded yr hen ffordd oedd yn codi trwy gwm Blaen Taf Fechan a dros y Bwlch ar y Fan – tua'r de y tro yma – at y lle parcio yng Nghoedwig Taf Fechan, lle'r oedd y fan fach ddu yn aros amdana i. Rhyfedd o beth mai Craig Fan Ddu oedd y copa olaf i mi gerdded drosto cyn cyrraedd at fy fan ddu innau. Roedd hi'n chwarter wedi tri y pnawn.

Roedd hi'n brysur ar y byrddau tu allan i'r Fuwch Goch, a bu bron i mi daro i mewn am beint. Ond mi fysa peint wedi mynd yn ddau, ac mi fydda hi'n hanner awr wedi pedwar arna i'n gadael – a byddai'n *rush hour* erbyn cyrraedd cyrion Merthyr, ac mae'n gas gen i *rush hour*, mi wna i unrhyw beth i osgoi y diân peth. Felly, mi addewais i fy hun y byddwn yn ymweld â'r Fuwch Goch rhyw bryd eto. Dwi angen mynd i ben Allt Lwyd a Chefn yr Ystrad – dau fynydd sydd ar restr y Nuttalls – yn yr ardal, ac erbyn i'r llyfr hwn ddod i brint, mae'n bosib y byddaf wedi bod.

Stopiais yn y siop fach yng Nghefn Coed y Cymer eto, a phrynu pei 'steak and ale' gynnes yr oedd y siop yn eu gwneud eu hunain – un o'r peis gorau i mi flasu erioed. Prynais win, torth, marjarîn a thuniau spam ar gyfer y daith i Fannau Sir Gâr drannoeth. Daeth y newyddion ar y radio fod Theresa May wedi galw etholiad cenedlaethol sydyn ar gyfer yr wythfed o Fehefin, ac wedi cyhoeddi mai 'wrth gerdded yng Nghymru cyn y Pasg' y penderfynodd hi wneud hynny. Rwydodd y Prif Weinidog fwy o fanylion i'r cyfryngau yn ystod fin nos, ac er syndod i mi dyma sylweddoli mai ar gopa Cader Idris y gwnaeth hi'r penderfyniad – a hynny ar yr un adeg ag yr oeddwn innau'n cerdded dros Tyrrau Mawr a Chraig y Llyn, sef Sadwrn yr wythfed o Ebrill, cyn mynd am adra am ginio cyn dringo'r Moelwyn Bach i gymryd fy safle arferol fel un o farshals Ras y Moelwyn. Ers hynny, dwi wastad wedi meddwl be os fyswn i wedi taro i mewn iddi hi a'i *entourage* ar Fwlch Gwredydd. Tybed a fyddai hi'n glên, neu a fyddai rhaid i mi ddweud wrthi, 'Deaf as well as English are you?'

BANNAU BRYCHEINIOG

WAUN RYDD, BWLCH Y DDWYALLT, FAN Y BIG, CRIBYN, PEN Y FAN, CORN DU

▲ **Mynydd:** Waun Rydd, 2523tr / 769m (46); Bwlch y Ddwyallt, 2474tr / 754m (51); Fan y Big, 2351tr / 717m (67); Cribyn, 2608tr / 795m (37); Pen y Fan, 2907tr / 886m (19); Corn Du, 2864tr / 873m (21)

Map: OL 12: CG 062206, CG 055203, CG 036206, CG 023213, GC 012216, CG 007213

▶ **Pwynt dechrau:** Coedwig Taf Fechan, yn y maes parcio ar y chwith, ychydig i'r de o gronfeydd dŵr Neuadd, CG 036171.

Pellter: 12 milltir / 19.3 km
Amser: 5-9 awr
Ymdrech: Cymharol hawdd.

Taith: (Mae modd torri'r daith yma yn ei hanner, drwy ddilyn yr hen ffordd o Gronfeydd Neuadd i'r Bwlch ar y Fan, rhwng Craig Cwm Cynwyn a Fan y Big).

O'r lle parcio, cerddwch yr hen ffordd i'r gogledd ar hyd ymyl coedwig ar y dde, at Gronfa Neuadd Isaf, yna troi i'r dde i ddilyn ffens ogleddol y goedwig a Nant y Gloesydd. Pan fydd y goedwig yn diflannu daliwch i ddringo'r llwybr tua'r gogledd-ddwyrain dros gefnen Gwaun Cerrig Llwydion, a dal i fynd ar hyd ymyl Graig Fan Las. Wrth gyrraedd y bwlch rhwng Bwlch y Ddwyallt a Waun Rydd, trowch i'r dde i ddringo'r daith fer tua'r dwyrain at gopa Waun Rydd – sydd â charnedd fach o gerrig yn ei nodi, tua 50 llath i'r chwith o'r llwybr.

Bwlch y Ddwyallt

Waun Rydd o Fwlch y Ddwyallt

Ewch yn ôl i'r bwlch, a dechrau dilyn y llwybr uwchben llethr Bwlch y Ddwyallt tua'r de-orllewin am tua 300 llath. Mae carnedd flêr ar y llwybr yn nodi'r pwynt uchaf. O'r fan yma mae'r llwybr yn llydan ac yn hollol amlwg, yn dilyn ymylon y llethrau gogleddol, gan godi i ben y copaon yn eu tro, hyd nes byddwch wedi cyrraedd Corn Du.

O gopa Corn Du ewch i'r de-orllewin am chwarter milltir at Fwlch Duwynt. Dilynwch y gefnen hir tua'r de-ddwyrain am ddwy filltir hyd nes y byddwch gyferbyn â chronfa ddŵr Neuadd Isaf yn y dwyrain. Bydd carnedd o gerrig yn dangos y llwybr i lawr o'r gefnen (i'r dwyrain) at gronfa Neuadd Isaf. Croeswch yr argae a dilyn y ffordd tua'r de at y lle parcio yng Nghoedwig Taf Fechan.

Cribyn

Pen y Fan a Corn Du o ben Cribyn

FAN FAWR

Ar ôl noson arall ym Merthyr roedd hi'n amser troi am adra, gan daro i ben y Fan Fawr ar y ffordd. Mae'r Fan Fawr yn sefyll ar ochr orllewinol yr A470 ar ben bwlch Storey Arms. Tydi'r copa ddim ond milltir o'r ffordd, ac mae'r rhan fwyaf o'r uchelder wedi ei gyflawni yn barod wrth yrru i ben y bwlch. Er ei bod hi'n gynnar yn y bore roedd y ceir yn dechrau llenwi'r meysydd parcio, ond roedd digon o le yn dal ar y gwair ar ochr y ffordd. Erbyn imi ddod yn ôl i lawr o'r mynydd roedd ochrau'r ffordd wedi llenwi am bron i filltir. Mae hyn yn normal ar benwythnosau a gwyliau banc. Chwarae teg i Barc Cenedlaethol Bannau Brycheiniog, tydw i ddim wedi dod ar draws unrhyw faes parcio swyddogol yn y Parc sy'n codi tâl am barcio.

Mae Fan Fawr yn lle da i edrych draw at Fannau Sir Gâr, ac roedd hi'n braf gallu eu gweld nhw a'u henwi nhw ar ôl bod yn eu dringo'r diwrnod cynt. Wedi troi yn ôl i lawr at y fan fach ddu (lawr o un Fan ac i mewn i un arall) ro'n i yng nghwmni gyr o ferlod mynydd Cymreig oedd yn pori. Roedd hoglau bwyd ar yr awel, ac es i'n syth am y trelar gwerthu bwyd yn y llain parcio, a chael y bap becyn ac wy gorau i mi gael ers tro byd gan y ddynes leol oedd yn berchen y trelar. Cês a hanner, bybli a chyfeillgar, a'i chymeriad mor gynnes â'r bap. Dwi'm yn cofio'i henw hi, ond mae hi yno ers blynyddoedd. Rhyw chydig fisoedd yn ddiweddarach roedd hi ar y teledu ar raglen ddogfen am bobl y Bannau.

Ar gopa Fan Fawr

▲ **Mynydd**: Fan Fawr, 2408tr / 734m (60)

📍 **Map**: OL 12, CG 970193

▶ **Pwynt dechrau**: Canolfan Addysg Awyr Agored Storey Arms ar yr A470 rhwng Aberhonddu a Merthyr, CG 983203.

👣 **Pellter**: 2 filltir / 3.2 km

🕐 **Amser**: 1-3 awr

🔋 **Ymdrech**: Hawdd.

Taith: Ar ôl parcio dros ffordd i'r Storey Arms, cerddwch i'r de-orllewin gan anelu at gefnen ogledd-ddwyreiniol y mynydd. Dringwch lwybr clir y gefnen sy'n mynd yn fwy serth wrth nesáu at ben y mynydd, cyn lefelu wrth gyrraedd llwyfandir gwastad pen y mynydd. Bydd y garnedd amlwg o'ch blaen, yn nodi'r pwynt uchaf un. Mae piler triongli ychydig ymhellach i'r de-orllewin, ond nid hwnnw ydi'r copa – ond mae'n werth mynd ato i gael gwell golygfa tua'r gorllewin. Ewch yn ôl i lawr yr un ffordd ag yr aethoch i fyny. Ydi, mae o mor hawdd â hynny.

Cribin o Ben y Fan

BANNAU SIR GÂR

FAN HIR, FAN BRYCHEINIOG, PICWS DU, FAN GYHIRYCH, FAN FRAITH

Ar ôl diwrnod gwerth chweil yng nghwmni Bannau Brycheiniog roeddwn wedi fy mywiogi drwydda i, ac yn barod am ail ddiwrnod fy nghyrch ar gopaon Cant Cymru'r de. Yn hen wlad y Silwriaid oeddwn i o hyd, ond yng ngorllewin eu tiriogaeth; Bannau Sir Gâr, lle mae'r mynyddoedd yn debyg iawn i Fannau Brycheiniog o ran ffurf a llun, a'r un dywodfaen goch yn brigo, y cerrig cochion fflat o dan fy nhraed, carneddau claddu ar gopaon, a'r mynyddoedd mwyaf yn cael eu galw'n 'bannau' (unigol 'ban', [y] fan), a'r rhai llai yn cael eu galw'n 'twyni' (twyn). Yr unig beth oedd yn wahanol oedd bod gweithgarwch folcanaidd wedi hyrddio gwahanol greigiau i'r wyneb mewn plygiadau a ffawtiau, gan gynnwys y tywodfaen a'r garreg laid (sydd yn greigiau gwaddodol), a chalchfaen a chreigiau'r cyfnod Carbonifferaidd. Un canlyniad i hyn ydi ffurfio afonydd sydd â cheunentydd dwfn a rhaeadrau uchel. Ac mae digonedd o'r rheini yn y rhan yma o'r byd, a 'sgydau' (sgwd) mae'r trigolion yn eu galw nhw.

Ro'n i'n dal i fod fel dyn wedi ei aileni'r bore hwnnw wrth wneud brechdanau sbam a corn bîff, a llwyddais i osgoi'r traffig wrth yrru ar ffordd Blaen y Cymoedd tua'r gorllewin, o un ardal a'i mynyddoedd enigmataidd i un arall. Wedi pasio cyffordd Aberdâr, a mynd heibio Hirwaun ro'n i'n teimlo'r cyffro ym mhob croendwll ar fy nghorff, y statig yn sbarcio yn fy mêr, a'r gloÿnnod byw yn dawnsio yn fy mol wrth feddwl am yr antur oedd o fy mlaen. Roedd Bannau Sir Gâr yn ddiarth i mi. Do'n i ddim hyd yn oed wedi eu gweld nhw, heb sôn am roi troed ar eu herwau. Roedd hi'n fore braf, ac yn addo tywydd perffaith i fod yn fyw.

Cyn hir ro'n i tu allan i Abercraf, yn pasio arwydd 'Monkey Sanctuary' ac yn troi i'r dde am Glyntawe, tua chwarter i wyth y bore. Ar ôl mynd heibio castell Craig y Nos ac ogofâu Dan yr Ogof ro'n i'n troi i'r chwith i ddilyn yr hen ffordd gul sy'n croesi'r mynydd i Drecastell dros Fwlch Cerrig Duon, gan ganlyn yr Afon Tawe ifanc i fyny'r cwm. I ben y bwlch o'n i'n mynd, ond mi stopiais ddwy filltir i fyny'r ffordd a pharcio'r fan rhwng y ffordd ac Afon Tawe (sydd ond yn nant fechan yn y fan hyn).

Fy mwriad oedd taro i weld safle hynod o'r Oes Efydd, Maen Mawr a Cylch Cerrig Duon, sy'n sefyll ar y llwyfandir rhwng yr afon a llethrau isaf Fan Hir – safle sy'n cynnwys maen hir, rhes cerrig, cylch cerrig ar siâp wy, a rhodfa ddefodol, i gyd wedi sefyll yno ers tua 4,000 o flynyddoedd. Felly dyma neidio dros afon Tawe mewn dwy naid sioncyn y gwair a bownsio at y meini.

Pwrpas defodol ac angladdol oedd i'r safle, ac allwn ni ond dyfalu pa fath o ddefodau ac arferion oedd yn rhan o seremonïau hebrwng eu carennydd yn eu blaen i'r byd arall. Roedd meini yn rhan ganolog o'r defodau, mae hynny'n sicr, a'r tirlun hefyd mwya thebyg. Mae lleoliad Maen Mawr a Cylch Cerrig Duon rhwng y mynydd a'r afon, a rhwng nentydd sy'n llifo i'r afon, ac yn edrych i lawr y cwm trwy fwlch ym mryniau'r tirlun. Lle braf i wasgaru llwch anwyliaid. A dwi wastad wedi dyfalu mai lle i ddod i gofio am y cyndeidiau oedd llefydd fel hyn, fel ein mynwentydd ni heddiw. Ac yn rhyfedd reit, dyna rydan ninnau yn wneud wrth ymweld â chylch cerrig, ynde? Meddwl am y bobl a'u cododd nhw, er eu bod nhw'n anhysbys, a meddwl am ein cyndeidiau pell.

Roedd y Bannau yn galw, a'r cysgodion yn pwyntio at y bwlch. Ond roedd un syrpréis ar ôl cyn i mi neidio'r afon yn ôl at y fan. Tydi o'm yn beth anghyffredin i ddod o hyd i bethau randym ar fy nheithiau ar yr ucheldiroedd. 'Anrhegion' fydda i'n eu galw nhw. A'r hyn oedd yn aros amdana i ar lan yr afon, ond penglog llwynog, oedd yn wyn ac yn lân fel eira, a'i ddannedd yn dal ynddo, ond bod rhai wedi disgyn allan ac yn gorwedd yn rhydd. Maen nhw i gyd yn dal gen i, a bydd rhaid imi wneud rhywbeth efo'r dannedd – mwclis neu gadwyn neu rywbeth. Neu ddannedd i lenwi'r bylchau yn fy rhai fi...

Hanes. Mae o'n dew yn yr ardal yma. Hanes o bob oes a fu erioed. Haenau ohono. Mae rhywun yn ei deimlo fo'n syth, fel cerdded i siop fferins pan oeddan ni'n blant, gan flasu'r fferins dim ond wrth weld y lliwiau yn y jariau gwydr mawr. Mae cymaint o ddewis yn jariau hanes

Bwlch Blaen Twrch

Bannau Sir Gâr – carneddau a meini, hen lwybrau, bi wydi au, odynau calch, gweithfeydd mwynau, amaeth, chwedlau a llên gwerin. Mae o yn yr isfaen o dan eich traed ac yn llamu allan o'r map ar ffurf enwau lleoedd.

Mae ardal fynyddig y Mynydd Du, canol Bannau Sir Gâr, yn frith o *shake holes* (*sink holes*) neu lyncdyllau. Mae 'na gannoedd ohonyn nhw, os nad miloedd. Dŵr glaw asidaidd yn toddi'r calchfaen o dan wyneb y tir sydd ar waith yma. Mae'r dŵr yn cyrraedd y graig a thoddi twll neu hollt drwyddi, yna'r dŵr yn cario pridd drwy'r twll ac i lawr i graciau yn yr isgraig, gan adael pant crwn siâp bowlen ar wyneb y tir. Weithiau, mewn amser, bydd y craciau yn llenwi efo pridd, ac yn plwgio'r twll dŵr, ac mae'r pant crwn ar wyneb y tir yn llenwi efo dŵr glaw. Dro arall, bydd y craciau yn y calchfaen yn cyrraedd ogofâu, neu geudyllau, gan alluogi i'r pridd tywodlyd gyrraedd at y ceudyllau efo'r dŵr, yn hytrach na phlwgio'r craciau a'r twll. Bydd y dŵr ar wyneb y tir yn draenio'n gyson i'r ceudwll, ble bydd llyn neu afon danddaearol yn datblygu (neu wedi gwneud, eisoes). Mae enghreifftiau eraill lle mae'r dŵr glaw wedi ffendio'i ffordd at y graig islaw heb ddistyrbio wyneb y tir, ac wedi ehangu'r craciau yn y graig yn ddigon llydan i beidio llenwi â phridd. Bydd y pridd uwchben yn mynd lawr drwy'r craciau o'r gwaelod i fyny, ac yn raddol greu gwagle rhwng y graig ac wyneb y tir. Bydd y gwagle'n tyfu o dan y ddaear, heb i neb wybod, wrth i fwy o'r pridd gael ei gludo i'r ceudwll efo'r dŵr, nes bydd y gwagle'n rhy fawr i gynnal pwysau wyneb y tir. Dyma pryd bydd llyncdwll yn digwydd – y ddaear yn diflannu o dan eich traed (os ydych yn ddigon anffodus) a hynny heb unrhyw rybudd. Mae ardal Bannau Sir Gâr yn llawn o ogofâu a cheudyllau, ac afonydd a llynnoedd tanddaearol. Ewch i ganolfan wych Dan yr Ogof yng Nglyntawe i weld y byd tanddaearol hwn. Mae o'n llawer gwell na diflannu am byth i lawr llyncdwll ar ben mynydd.

Does dim syndod bod cymaint o afonydd a nentydd yn tarddu o fynyddoedd yr ardal, felly. Mae eu henwau yn gorfod bod y rhai mwyaf hynod a lliwgar yn y wlad. Dylen nhw gael eu cynnwys fel wythfed rhyfeddod Cymru. Enwau i ddotio arnyn nhw, heb os. Mae enwau nentydd pob rhan o Gymru wastad yn lliwgar ac unigryw, ac yn llawn hanes lleol, a llawer mwy difyr nag enwau afonydd. Ond does yr un ardal efo cymaint o enwau nentydd mor ddiddorol â'r ardal hon. Ac yn fwy rhyfeddol fyth, mae enwau afonydd yr ardal nid yn unig yr un mor ddiddorol â'r nentydd, ond maen nhw'n ddigon unigryw i wneud i rywun feddwl, weithiau, eu bod yn hanu o iaith wahanol. Ac mae rhywun yn meddwl am y Wenhwyseg, er enghraifft. Felly, mae rhaid i mi rannu rhai efo chi, gan eu bod nhw'n bethau i'w trysori:

Afon Mihartach, Afon Sawdde a Sawdde Fach. Afonydd Llechach, Meilwch, Clydach, Tarw, Hydfer, Haffes, Hepste, Llia, Mellte, Sychryd, Crai, Nant Crynfe, Nant y Cwrier, Nant Byfre, Afon Twrch, Twrch Fechan, Afon Dringarth, Senni, Wysg, Giedd a Giedd Fechan, Gwys Fawr a Fach sy'n uno i greu afon Nant Gwys! Afon Sychlwch, Sgio, Pyrddin, Dulais, Nedd a Nedd Fechan, Tawe, Aman Fawr a Fechan, Nant Tywynni, Nentydd Llynfell, Nant yr Wydd, Nant yr Esgyrn, Nant y Garlen, Nant y Lloi, Trinant, Dŵr Llydan (heb y rhagddodiad 'nant' nac 'afon'), Nant y Ffeldydd, Nant Cwm Porth, Nant Llywarch (a Waun, a Bedd, yr un Llywarch), Nant y Ddraenen, Nant Cnewr Fach, Nant y Groes, Nant y Wenynen, Nant Llwch, Nant Llwyn y Gwin, Pwll Byfre, Nant y Gwared, Ffrydiau Twrch (ffynhonnau), Nant Cyw, Nant Toddeb, Nant Sali Morys, Nant Gwinau, Nant Cwmbyddar, Nant Wingon, Nant Llyswennod.

Rhai o'r afonydd hyn sydd wedi gwneud yr ardal yn enwog am ei sgydau (rhaeadrau). Mae rhaeadrau Bro'r Sgydau, a'r llwybrau trwy'r ceunentydd i fynd atynt, yn werth eu gweld. A'r un mor ddiddorol ydi'r enwau sydd arnyn nhwythau hefyd, yn adlewyrchu hanes diwydiannol a gwledig yr ardal ryfeddol hon o Gymru fach. Ar yr afon Mellte mae Sgwd Uchaf Clun-Gwyn, Sgwd Isaf Clun-Gwyn a Sgwd y Pannwr. Ar Afon Hepste mae Sgwd yr Eira, un o'r rhai enwocaf gan fod modd cerdded tu ôl i gwymp y dŵr. Ar afon Nedd Fechan mae Sgwd Ddwli Uchaf, ac Isaf, a Sgwd y Bedol. Ar Afon Pyrddin mae Sgwd Gwladus a Sgwd Einion Gam sy'n saith deg troedfedd o gwympt. Ar Nant Llech mae Sgwd Henrhyd, sy'n disgyn naw deg troedfedd, uwchlaw pentref Coelbren. Mae'r sgwd yma hefyd yn enwog am alluogi i ymwelwyr gerdded tu ôl i'r rhaeadr. Ond mae o hyd yn oed yn fwy enwog ers iddo gael ei ddefnyddio (am eiliad neu ddwy!) fel mynedfa i guddfan Batman yn *The Dark Knight Rises*.

Bro'r tyle, twyni a thonau ydi hi o ran mân fynyddoedd a bryniau yn yr ardal hon. Gyda hefyd defnydd mwy nag unrhyw ardal arall yng Nghymru o'r termau disgrifiadol am fân-nodweddion mynyddoedd – brest, cefn, esgair, gwegil, pen, talcen, troed, ysgwydd a'r enwau cyffredin eraill, tarren, ban, begwn, garn, moel, mynydd, bar a thruman a mwy. Dyma i chi ddim ond llond llaw o enghreifftiau o'r llu o enwau twyn, ton a thyle; Twyn Dylluan Ddu, Twyn Croes Gwallter, Tyle Glas, Tyle Garw, Tyle Morgrug, Ton Ysbyddaden, Ton y Fildre. Ac mae sawl enghraifft o'r enw Disgwylfa, sef lle i wylio, gwylfa. Mae hefyd o leiaf un enghraifft o Arhosfa – un ai gwylfa, neu le hwylus i bobl gwrdd.

I'r byd hwn yr es i ar ôl gadael Maen Mawr a'i gylch o gerrig duon.

FAN HIR, FAN BRYCHEINIOG, PICWS DU

Mynydd: Fan Hir, 2497tr / 761m (48); Fan Brycheiniog, 2631tr / 802m (35); Picws Du, 2457tr / 749m (55)

Map: OL 12: CG 831209, CG 825218, CG 812219

Pwynt dechrau: Bwlch Cerrig Duon, 3 milltir i'r gogledd o'r A4087 ger Glyntawe, CG 856223. Lle i barcio wrth y ffordd.

Pellter: 7 milltir / 11.2 km

Amser: 3-5 awr

Ymdrech: Hawdd, ambell ddarn serth, byr.

Taith: O'r lle parcio, cerddwch tua'r de-orllewin at lannau deheuol Llyn y Fan Fawr (mae Afon Tawe yn tarddu o'r gors i'r dwyrain o ben uchaf y llyn, os ydych am groesi'r afon mewn un cam). O lan ddeheuol y llyn, dringwch Fwlch Gïedd i'r gogledd-orllewin. O ben y bwlch, trowch i'r chwith (tua'r de), ac o fewn tua 300 llath rydych ar gopa uchaf, gwastad Fan Hir. O'r copa, trowch yn ôl i'r gogledd gan basio Bwlch Gïedd, a dringo at gopa Fan Brycheiniog sydd ar ymyl y llethrau serth. Mae piler triongli gwyn a chysgod crwn a adeiladwyd efo'r un math o gerrig fflat sydd i'w cael ar Fannau Brycheiniog. Tua 300 llath i'r gogledd mae copa Fan Foel, sydd yn union yr un uchder â Fan Brycheiniog (802m), gyda charnedd gerrig gyfoes yn sefyll ar lwyfan hen garnedd gladdu Oes Efydd. Nid yw Fan Foel yn un o'r Cant. O'r fan hyn gallwch groesi Foel Brycheiniog i'r de-orllewin i gyfeiriad Picws

Fan Brycheiniog a copa Fan Hir ar y dde

Du, ond mae'n werth dilyn y llwybr i'r gogledd at ben draw Fan Foel, ble mae olion carnedd gladdu Oes Efydd sydd 16 metr ar draws. Mae'r gist gladdu i'w gweld ynghanol canol olion y garnedd. Bu dau gladdiad yn y garnedd, a hynny o ddau gyfnod gwahanol. Yn y gist ganolog cafwyd hyd i esgyrn llosg dynes a dau blentyn, a dangosodd dyddio carbon y bu'r tri pherson fyw o gwmpas 2000 OC, gyda'r garnedd yn dyddio i 2300 OC. Cafwyd hyd i ddarnau crochenwaith a chylleth o garreg siert (math o fflint) yn y gist efo'r ddynes a'r plant, hefyd, yn ogystal ag olion blodau erwain.

O garnedd Fan Foel dilynwch y llwybr sy'n dilyn ymyl y clogwyni tua'r de-orllewin, ac i lawr i Fwlch Blaen Twrch cyn dringo llethr serth y Picws Du i'r dwyrain. Mae polion a thrawsbyst tua 8m o hyd (tebyg i glwydi athletau, ond wedi eu gwneud o bolion a stanciau coed) wedi eu gosod ar draws y llwybr bob yn rhai llathenni, er mwyn gorfodi cerddwyr i ddilyn llwybr newydd gyferbyn ar y chwith, i arbed mwy o erydiad ar yr hen lwybr. Ar gopa Picws Du bydd carnedd fach o gerrig ar y man uchaf, wedi ei gosod ar olion carnedd gladdu Oes Efydd. I'r dwyrain mae Llyn y Fan Fach, sydd wedi ei ehangu er mwyn ei ddefnyddio fel cronfa ddŵr. Mae copa Waun Lefrith filltir i ffwrdd uwchben y clogwyn uwchlaw'r llyn (CG 798215). Nid yw'n un o'r Cant, ond mae'n werth mynd ato (ac mae o ar restr y Nuttalls).

O Picws Du, ewch yn ôl i lawr i Fwlch Blaen Twrch (gan beidio cael eich temtio i redeg i lawr a neidio'r 'clwydi' – tydi'r rhain ddim yn disgyn os ydych yn baglu!), a dringo i'r dwyrain nes cyrraedd copa Fan Brycheiniog eto, a throi i ddilyn y llwybr ar y dde, ac i lawr Bwlch Gïedd ac yn ôl at y lle parcio.

* * *

Ar fy ffordd yn ôl o'r Picws Du, ro'n i'n eistedd ger cysgod copa Fan Frycheiniog yn edrych dros Lyn y Fan Fawr wrth fwyta brechdan.

Fan Brycheiniog a cysgod dros ei gopaon

Clywais leisiau, a phan drois i rownd roedd 'na griw o soldiars Prydeinig newydd gyrraedd, yn taflu'u bagiau i'r llawr ac yn dechrau lled-orweddian yn eu chwys. Roeddan nhw'n ifanc iawn, tua 17 oed. Mi darodd arna i pa mor ifanc ydi'r hogia mae Prydain a gwledydd 'gwâr' eraill yn eu gyrru i ryfeloedd mewn gwledydd pell (neu agos, fel Iwerddon gynt). Ar y pryd, roedd fy mab hynaf newydd gael ei ben-blwydd yn 19, chwe diwrnod ynghynt, a'r ail fab yn ddeunaw ers mis. Roedd dychmygu eu gweld nhw'n mynd i ffwrdd i ymladd yn fy nychryn i fy mêr. Diolch byth na fyddan nhw'n mynd yn agos i'r armi.

Ar ôl crwydro i ben tair Fan, ro'n i'n ôl yn fy fan fach i, wedi cael modd i fyw – o neidio Afon Tawe mewn un cam, gweld mwy o linellau duon yn yr awyr, olion hen garneddau ac wedi piciad draw o'r Picws Du i ddweud helô wrth Waun Lefrith. Un peth arall ro'n i angen ei wneud cyn mynd draw at Fan Gyhirych a Fan Fraith, a mynd i weld Maen Lleuci oedd hwnnw. Felly gyrrais y fan hanner milltir tua'r de a pharcio. Neidiais dros gât a brasgamu fyny'r llechwedd tuag at Maen Lleuci, sy'n sefyll tua 200 llath i'r dwyrain o'r ffordd, ar waelod mynydd Waun Lleuci. Dros 2.2 metr o uchder, 1.5 metr o led, a dim ond tua 0.25 metr o drwch, mae'r maen hir hwn yn sefyll yno ers tua 4,000 o flynyddoedd. Braf oedd cwrdd â fo. Roedd hi'n un o'r gloch y pnawn.

Picws Du

FAN GYHIRYCH A FAN FRAITH

Ar ôl gadael Maen Lleuci a rhoi bib-bib wrth basio Maen Mawr a'i fêts, troais i'r chwith ar yr A4067 a gyrru i ben Bwlch Bryn Rhudd, a pharcio mewn llain parcio dros ffordd i gorlan ddefaid. Am 1.40yh ro'n i bron â chyrraedd y darn serth i gyrraedd llwyfandir copa Fan Gyhirych, ac yn ffilmio dwy gigfran yn cwffio efo barcud coch yn yr awyr uwchlaw'r bwlch. Roeddan nhw'n mynd amdani go iawn, yn cloi crafangau ac yn disgyn dîn dros ben trwy'r awyr, cyn gollwng a mynd amdani eto. Tu hwnt i'r ffeit a thu draw i Gefn Cul, roedd Fan Hir a Fan Frycheiniog, a rhimyn o wyneb Llyn y Fan Fawr. Ro'n i wedi eu llygadu gymaint o weithiau wrth gerdded tuag atyn nhw'r bore hwnnw, ond rŵan, ar ôl eu cerdded a dod i'w nabod, ro'n i'n edrych arnyn nhw mewn ffordd chydig yn wahanol. Mwy mynwesol. Mwy personol. Fel ffrindiau newydd. A'r un math o beth ro'n i'n teimlo wrth gyrraedd copa Fan Gyhirych a gweld Pen y Fan a Chorn Du yn y pellter. Mêts am byth.

Fan Gyhirych! Yr enw mynydd gorau i mi ei weld ers tro. Mae o yn yr un gynghrair â Phen yr Helgi Du a Phen Llithrig y Wrach yn y Carneddau. Cyhirych! Mae o'n swnio fel enw rhyw ryfelwr neu frenin cryf a cadarn. Mae o'n siwtio'r mynydd i'r dim, clamp o fynydd serth a chadarn, efo llwyfandir gwastad, digon mawr i chwarae dwy gêm bêl-droed ar yr un adeg ond bod angen tymor cyfan o waith trin ar y 'cae'. Ar ei ochr ddwyreiniol mae clogwyni serth glaswelltog, gyda haenau'r creigiau i'w gweld ynddyn nhw, fel Bannau Brycheiniog a bannau'r Mynydd Du, ac mae ganddo gefnen hir yn estyn tua'r gogledd-ddwyrain. O'r de mae ganddo ffurf a gwedd foelaidd, efo gwellt brown drosto. Ac o'r gorllewin mae ei lethr llym yn aml mewn cysgod (fel mae ei lethr dwyreiniol, a dweud y gwir), gan roi iddo bryd a gwedd, a naws, tywyll. Nid y mynydd mwyaf deniadol, ond yn sicr un o fy ffefrynnau, efallai oherwydd ei natur amrwd, 'dim ffrils', mynydd a'i elfennau a dim mwy, heb loches yn agos iddo. A rhaid imi gyfaddef, mae rhywbeth eithaf bygythiol amdano hefyd, mewn ffordd dda, a dwi'n licio hynny. Taswn i'n fynydd ac yn cwffio yn erbyn mynyddoedd eraill, fyswn i'n meddwl eilwaith cyn herio Fan Gyhirych. Petai Fan Gyhirych yn focsar, fo fysa Roberto Duran.

Fodd bynnag, mae dirgelwch o ran yr enw Cyhirych, ac o be wela i hyd yma tydi archdderwyddon y maes enwau lleoedd ddim wedi ymdrin â fo. Ond aeth y diweddar Stephen J. Williams o Brifysgol Abertawe amdani yn y cyfnodolyn *Breconshire Place-Names*. Yn fras, dyma be oedd ganddo. Mae Nant Gihirych yn llifo i'r gogledd, i mewn i ben deheuol cronfa ddŵr Crai. Roedd llyn bach yno cyn creu'r gronfa, o'r enw Llwch Cyhirych (hen enw Cymraeg am lyn ydi 'llwch', yn cyfateb i *lough* mewn Gwyddeleg a *loch* yn y Gaeleg). Mae llawer yn dibynnu ar be ddaeth gyntaf – yr enw ar y nant sy'n llifo o'r mynydd, neu'r enw ar y mynydd o ble tarddodd y nant. Hefyd, mae'n dibynnu ar ynganiad y Gymraeg yn lleol, 'cyhirich' ynteu 'cyhirych'. Os mai 'cyhirych' sy'n gywir, gall yr '-ych' olygu 'ox', sy'n disgrifio siâp y mynydd o dri chyfeiriad. O ran 'cyhir-' does dim goleuni. Tydi 'cyhyr' (*muscle*) ddim yn gorwedd yn daclus fel eglurhad, a does dim cofnod o Cyhirych fel enw personol mewn hanes – oni bai bod hen gof, neu chwedl, am ryw arwr neu gawr a gafodd ei gladdu yn y garnedd Oes Efydd sydd i'r gogledd o'r copa, uwchben gwyneb gorllewinol y mynydd. Felly mae'r enw Cyhirych yn dal yn benbleth. Ond mae o'n dal yn enw grêt, hefyd. A phetawn i'n dod o'r ardal, mi fyddwn i wedi galw fy mab hynaf yn Cyhirych.

Ar ôl bod at y piler triongli sy'n nodi'r union bwynt uchaf, es i am dro i weld clogwyni glaswelltog dwyreiniol Mr Cyhirych, cyn troi i'r de i gyfeiriad copa Fan Fraith. Dwi ddim isio difrïo na sarhau diffyg nodweddion Fan Fraith, sydd yn edrych fwy fel ysgwydd i Fan Gyhirych, ond mae'r mynydd bron â bod mor ddi-nod â Chyrniau Nod yn y Berwyn. Yr un mor annelwig oedd y llwybr oedd yn croesi'r nentig

Pen y Fan, Corn Du, Fan Fawr a Fan Nedd o Fan Gyhirych

fach maint ffos, a dolennu trwy'r fawnog a'r hesg, cyn cyrraedd at garnedd bitw o ryw ddwsin o gerrig.

Roedd hi wedi bod yn ddiwrnod poeth, o bosib y poethaf ers tro. Daeth y syched drosta i. Nid am ddŵr, ond y syched mwyaf cythreulig am beint o lager oer, efo ewyn tew ar ei ben o, a miloedd o swigod yn sgleinio fel sêr – llond gwydr peint o'r llwybr llaethog. Ro'n i wedi cael ambell i beint ym Merthyr y noson gynt. Ar ôl diwrnod mor wefreiddiol ar Fannau Brycheiniog, doedd dim dewis – roedd rhaid. Fues i yn y Winsh ac ambell i le arall, a chael fy hun yn gwrando ar ddwsin o offerynwyr yn jamio yn nhafarn y New Crown i lawr yng ngwaelod y Stryd Fawr. A dyma gofio am yr Ancient Briton.

Y bore hwnnw oedd hi, wrth deithio ar yr A4067 o Abercraf am Glyntawe. Sylwais ar dafarn o'r enw The Ancient Briton, yn sefyll ar ymyl y ffordd fawr rhwng pentrefi Ynyswen a Phen-y-cae (sydd ond tua hanner milltir oddi wrth ei gilydd). Enw'r dafarn, a llun rhyfelwr Celtaidd ar yr arwydd, a baner Owain Glyndŵr yn chwifio ar bolyn yn yr ardd a ddenodd fy sylw, ac ro'n i wedi penderfynu'r bore hwnnw y byddwn yn galw yno am beint ar fy ffordd yn ôl. A dyna wnes i.

Am bedwar o'r gloch y pnawn roedd y fan fach ddu yn mynd fel bom i lawr y rhiw hir am Glyntawe, gan basio Dan yr Ogof a Chraig y Nos, ac yn troi i faes parcio eang y dafarn. I mewn â fi i'r bar trwy'r drws ochr, a be oedd yno, mewn cês gwydr ar wal y bar, ond cleddyf Owain

Maen Mawr a Cylch Cerrig Duon

Glyndŵr, dagr a tharian (nad oedd o faint tarian iawn) gydag arfbais llewod aur a coch Glyndŵr arni. Er mor wych oedd hyn, roedd o hefyd yn rhyfedd, achos dwi'n cofio'r achlysur yn 2004 pan gyflwynodd Embassy Glyndŵr y cleddyf i gymuned Machynlleth a Bro Ddyfi. Comisiynwyd Cleddyf Glyndŵr, Cleddyf y Genedl, gan Embassy Glyndŵr a'i noddi gan Castle Welsh Crafts, Caerdydd. Mewn seremoni ym Machynlleth cyflwynwyd y cleddyf i Gyngor Machynlleth i'w osod yn adeilad Senedd Glyndŵr yn y dref, a rhoddwyd dagr, Dagr y Genedl, i siambr Cyngor Tref Corwen. Ro'n i'n gwybod hyn i gyd oherwydd fy mod i yno yn y seremoni, lle cefais afael yn y cleddyf a'r dagr.

Wrth reswm, doedd perchennog yr Ancient Briton ddim wedi dwyn y cleddyf, ond roedd yr holl beth yn ddirgelwch i mi. Sut ddiân oedd y cleddyf wedi glanio yma, ac wedi ei osod mewn cwpwrdd gwydr. Dyma fi'n holi'r tua wyth o yfwyr oedd yn eistedd wrth fwrdd mawr crwn a oedd y landlord o gwmpas. Doedd o ddim, ond mi ddwedodd y cwsmeriaid wrtha i am holi'r barmed. Ges i ddim sens gan honno achos doedd hi ddim yn dallt fy acen. Roedd y dynion ar y bwrdd yn chwerthin yn braf, wedi clywed fy acen ac yn gwybod yn iawn sut ymateb fyddwn i'n ei gael gan y barmed. Roedd hi'n gymeriad a hanner, a ges i fawr ddim sens ganddi. Ond mi ges i lot o hwyl.

Gan y bois oedd yn yfed y ces i rywfaint o sens ynglŷn â'r cleddyf. Gof o Ystradgynlais, jesd lawr y ffordd, oedd wedi gwneud y cleddyf, meddan nhw, ac mi oedd hynny yn wir, gan i mi gwrdd â'r gof, Jason Gardiner, yn y seremoni yn 2004. 'But how has it ended up here?' holais. Cymerodd hi ryw funud neu ddwy arall o dynnu coes cyn i un ohonyn nhw ddweud wrtha i am fynd i edrych ar y dystysgrif oedd hefyd y tu mewn i'r cwpwrdd gwydr. 'What's the number on that?' medda fo. Wel, myn uffern i, rhif 101 oedd ar y dystysgrif. Felly roedd y gof wedi gwneud llwyth o gleddyfau Glyndŵr i bwy bynnag oedd yn archebu un. A minnau wedi meddwl, tan hyn, mai dim ond un cleddyf, ac un dagr, a wnaethpwyd.

Dyna fo, mi eisteddais efo'r criw ar y bwrdd efo fy mheint, a dyma holi o le'r o'n i'n dod. Pan ddudas i Blaenau Ffestiniog, dyma'r storis yn dod allan. Roeddan nhw wedi bod yno ar eu moto-beics rai blynyddoedd yn ôl. Ac i fod yn onest, ro'n i wedi gweld wynebau rhai ohonyn nhw yn gyfarwydd o'r funud y cerddais i mewn. Ta waeth, dyma'r hogia'n dechrau disgrifio'r dafarn hynod y buon nhw ynddi ac yn cael croeso a hwyl, a myn uffarn i, roedden nhw'n sôn am fy nhafarn leol i, y Tap! A daeth atgofion (niwlog) yn ôl i minnau wedyn, cofio eu gweld nhw yno yn mwynhau eu hunain, a ninnau i gyd yn tynnu arnyn nhw. Dechreuon nhw sôn am rai o gymeriadau'r Tap – a wir i chi, ar un adeg, roedden nhw'n sôn amdana i, ond ddim yn cofio fy ngwyneb yn ddigon da i roi dau a dau efo'i gilydd. Wnes i ddim boddran egluro mai fi oedd y person dan sylw, ond yn hytrach gadael iddyn nhw sôn am gymeriadau eraill. Nes i nabod cymeriad arall oeddan nhw'n ei ddisgrifio fel 'singer with a Welsh language band, a pain in the arse, but a good laugh...!' Ond wedyn, dyma nhw'n sôn am gymeriad arall, gan daflu disgrifiadau ata i, ar draws ei gilydd. 'A Welsh rastafarian', meddan nhw, 'not a real one, but a Welsh one, white and Welsh'. Roedd ganddo wallt melyn a dredlocs, meddan nhw, a het rastafarian ar ei ben. Roedd o'n dod i'r Tap ar feic padlo, cael sesh, a cherdded y beic adra. Mi gliciais yn syth bin pwy oeddan nhw'n sôn amdano, ac nid rastaffarian mohono, a doedd ganddo ddim dredlocs chwaith. Gwallt melyn blêr oedd ganddo, a het wlân efo streips coch, gwyn a gwyrdd – nid lliwiau rastaffarian a reggae. 'Popeye!' medda fi'n syth, a dyna bob un ohonyn nhw'n cofio'r enw, gan chwerthin wrth gofio. Ro'n innau wedi gwirioni fod pobl yn bell yn y de yn cofio Popeye! Wrth gwrs, bu rhaid i mi egluro wrthyn nhw bod yr hen Pops wedi'n gadael ni rai blynyddoedd ynghynt. Yr hen gradur annwyl. Un o'r cymeriadau mwyaf lliwgar a gerddodd y ddaear 'ma. Lejand, os fuodd un erioed. Mi draddodais y deyrnged o'r Sêt Fawr yn ei gnebrwn, ac adrodd penillion a wnes i iddo – ac mi draddodais y deyrnged uwchben bedd ei frawd, Blodyn (Bleddyn), fy ffrind yn nyddiau cynnar y cyfnod clo Cofid cyntaf. Mi fysa Popeye (Popéi, efo'r acen ar yr 'e') wrth ei fodd yn clywed bod 'na bobl yn ardal Glyntawe yn siarad amdano. Ond dwi'm yn siŵr be fyddai o'n ddweud am gael ei alw'n rastaffarian Cymraeg, chwaith! Rheg go gryf, i ddechrau, dwi'm yn ama, cyn rhoi cornel gwên, a winc o'r llygaid gwyllt, llawn sêr.

Roedd hi'n anodd gadael y criw hwyliog wrth y bwrdd mawr crwn, ond roedd rhaid mynd ar ôl dau beint. Daeth un o'r hogia allan efo fi i ddangos y lle campio roedd perchennog y dafarn wedi ei greu yn y cae uwchben y maes parcio, a'r adeilad toiledau a chawodydd newydd sbon danlli, a chwningod gwyn yn crwydro o gwmpas y lle. Roedd 'na ardd gwrw mawr a bar tu allan hefyd. Ddudas i wrtho y byddwn i'n dod yn ôl yn fuan a'r teulu efo fi. Ac mi wnes i, yn Awst y flwyddyn ganlynol, Rhian a minnau a'r mab ieuengaf o'r tri. Gawson ni groeso da, ac mi fuon ni yno am wythnos yn crwydro'r sgydau, Dan yr Ogof ac ati – digon o bethau i wneud i'r teulu. Ac mi ges innau gerdded rhai o'r bannau llai, Fan Nedd, Fan Llia, Fan Dringarth, a mynd at Maen Llia, Maen Madog, Saith Maen, meini a chylchoedd ardal Mynydd Tarw, carneddi a chylchoedd Mynydd Bach Trecastell. Ac mi gawson ni beint efo ffrindiau i mi o Abercraf, Ystradgynlais a Blaendulais un noson yn yr 'Ancient', fel mae'r locals yn galw'r dafarn. Mi gwrddon ni'n gilydd pan oeddan ni ar yr un trip i Tsieina i wylio tîm pêl-droed Cymru'n chwarae yn y China Cup. Roedd hi'n braf cael dal i fyny.

Dwi mor falch mod i wedi galw yn yr Ancient Briton y diwrnod hwnnw, a bod Bannau Sir Gâr yno i ddenu creadur fel fi i'r ardal. Mae digon o feini ar ôl i'w gweld a mwy o fynyddoedd i'w dringo. Mi fydda i'n ôl eto.

Ar gopa Fan Gyhirych

- **Mynydd**: Fan Gyhirych, 2379tr / 725m (64); Fan Fraith, 2192tr / 668m (98)
- **Map**: OL 12: CG 880191, CG 887183
- **Pwynt dechrau**: Dwy filltir a hanner i'r gogledd-ddwyrain o Glyntawe ar yr A4067, ar ben Bwlch Bryn Rhudd. Mae cilfan ar ochr ddwyreiniol y ffordd, gyferbyn â chorlan ddefaid a thŵr cerrig amlwg ar yr ochr arall i'r ffordd, CG 870194.
- **Pellter**: 3 milltir / 1.6 km
- **Amser**: 1-3 awr
- **Ymdrech**: Hawdd, ond serth i ddechrau.

Taith: Parciwch a cherdded tua'r dwyrain-de-ddwyrain gan anelu at wyneb serth gorllewinol Fan Gyhirych. Dringwch lwybr serth y wyneb, a dod at lwyfandir gwastad, eang. Bydd y piler triongli gwyn, sy'n dynodi'r pwynt uchaf, i'w weld o'ch blaen tua'r dwyrain. Erbyn rŵan mae 'Cofiwch Dryweryn' wedi cael ei baentio arno.

O gopa Fan Gyhirych, cerddwch i lawr y llechwedd i'r de-ddwyrain (gan gamu dros Afon Byfre Fechan mewn un cam) a chroesi ffordd goedwigaeth, gan ddal i fynd tua'r de-ddwyrain. Mae'r tir yn welltog, mawnoglyd a di-nod, ond mi welwch lwybr yn croesi nant fach ac yn arwain at bentwr bach o gerrig sy'n nodi pwynt uchaf Fan Fraith. Gyda llaw, mae Afon Nedd Fechan yn tarddu islaw'r ffordd, tua 300 llath i'r gogledd-ddwyrain o gopa Fan Fraith (os ydych am ei chamu).

O gopa Fan Fraith, ewch yn ôl at y ffordd goedwigaeth. Gallwch ddringo dros Fan Gyhirych, neu ddilyn y ffordd i'r de-orllewin am chwarter milltir, cyn gwyro oddi ar y ffordd, tua'r gorllewin, i rowndio gwaelod cefnen ddeheuol Fan Gyhirych, gan ddilyn cyfres o gerrig ffin dau blwy, sy'n mynd i'r gogledd-orllewin yr holl ffordd at y lle parcio.

Copa Fan Fraith

Y Berwyn. Ardal ble bu Owain Gwynedd ac Owain Glyndŵr yn troedio'i herwau. A finnau hefyd, erbyn hyn!

Trwy hanes mae mynyddoedd y Berwyn wedi bod yn rhan o fur amddiffynnol naturiol ffiniau de-ddwyrain teyrnas Gwynedd. Mae'r ffin rhwng siroedd Gwynedd a Phowys yn dal i redeg dros y Berwyn heddiw, ar hyd cefnen orllewinol blaen Cwm Maen Gwynedd, gan ddilyn copaon Moel Sych, Cadair Berwyn a Chadair Bronwen. Chwarter milltir i'r dwyrain o'r ffin swyddogol, uwchben cornel gogledd-orllewin y cwm, mae Bwlch Maen Gwynedd, lle mae maen hir canoloesol – Maen Gwynedd – wedi dynodi'r ffin rhwng teyrnasau neu daleithiau Gwynedd a Phowys ers canrifoedd. Mae'r maen yn sefyll ar ymyl hen ffordd gynhanesyddol o'r enw Ffordd Gam Elin, sy'n codi dros y bwlch a rhedeg i lawr i Ddyffryn Dyfrdwy, i'r gogledd o Landrillo. Bu Ffordd Gam Elin yn rhan o rwydwaith o lwybrau masnach yr Oes Efydd, yn cysylltu arfordir gogledd-orllewin Cymru ag ardaloedd de-ddwyrain Lloegr. Yn y canoloesoedd, roedd y ffordd yn llwybr masnach pwysig rhwng Gwynedd a Phowys.

I'r gogledd o Fwlch Maen Gwynedd mae mynydd Cadair Bronwen, sy'n sefyll ar wahân i bedol y Berwyn. Mae carreg wastad fawr a elwir Bwrdd Arthur ychydig o dan y copa. Naturiol (a digon di-nod) ydi'r garreg hon, ac mae'n debyg bod yr enw Bwrdd Arthur wedi cael ei fenthyg o'r garnedd gladdu Oes Efydd oedd yn sefyll ar gopa'r mynydd – yn amlwg yn edrych llawer mwy fel bwrdd mawr ar ben y mynydd yn y dyddiau cyn i gerddwyr a ffermwyr ailddefnyddio'r cerrig. Mae'r garnedd, neu hynny sydd ar ôl ohoni, yn mesur 23 metr ar draws a metr a hanner o uchder, tipyn llai nag oedd hi'n wreiddiol. Ac wrth gwrs, mae carnedd gysgod fechan wedi ei chodi ar safle'r garnedd.

Dwy filltir i'r gogledd-orllewin o Faen Gwynedd, ger Llandrillo, mae cylch cerrig Moel Tŷ Uchaf, sy'n un o'r cylchoedd 'cwrb' mwyaf hynod ym Mhrydain. Milltir i'r de o Foel Sych mae cylch cerrig Rhos y Beddau a'i rodfa ddefodol yn arwain ato. Mae'r safle'n unig a thawel fel y bedd, a dim ond milltir i'r gorllewin o Bistyll Rhaeadr (mor dda fe'i enwyd ddwywaith!) – un o saith rhyfeddod Cymru. Milltir dda i'r de o Ros y Beddau, dros y gefnen, mae Bedd Crynddyn, beddrod mawr ar ffurf crug, neu domen, o bridd (*barrow*). Mae'r bedd yn gorwedd i'r gogledd o'r fryngaer Oes Haearn ar gopa Craig Rhiwarth, yn edrych i lawr ar bentref Llangynog. Mae chwarel lechi i'w gweld 800 troedfedd i fyny'r graig a fu'n gweithio ar gyfnodau rhwng 1705 a 1941.

Dwy filltir i'r dwyrain o Gwm Maen Gwynedd mae blaen Dyffryn Ceiriog, dyffryn y byddai brenhinoedd Lloegr yn ei ddefnyddio i groesi dros y Berwyn i drio concro Gwynedd. Methu wnaethon nhw bob tro, un ai trwy ymosodiadau *guerilla* gan y Cymry, fel y gwnaeth Owain Gwynedd sawl gwaith i'r Brenin Harri'r Ail, neu o achos tywydd melltigedig. Dioddefodd Harri'r Pedwerydd yr un math o drychinebau yn ei gyrchoedd yn erbyn Glyndŵr. Mae'r ffordd a ddefnyddid gan y brenhinoedd yn codi o Ddyffryn Ceiriog ac yn croesi'r Berwyn drwy'r bwlch i'r de o Moel Fferna, a hyd heddiw enw'r ffordd ydi Ffordd y Saeson.

Nid tywydd garw nac ymosodiadau *guerilla* oedd y digwyddiadau mwyaf dramatig i daro'r Berwyn, fodd bynnag. Am 8.38 y nos ar Ionawr 23, 1974 bu i drigolion Llandrillo ruthro allan o'u tai ar ôl i glec anferth ysgwyd y gymuned. Gwelodd y pentrefwyr oleuadau rhyfedd ar y mynydd, rhwng Cadair Bronwen a Bwlch Maen Gwynedd, ac yn naturiol, aeth y gair o gwmpas bod 'UFO wedi crasho ar y mynydd'. Wnaeth ymateb yr awdurdodau ddim helpu o ran tawelu'r sibrydion, gan fod y fyddin a'r heddlu wedi cau'r ffyrdd a'r llwybrau i'r mynydd i atal pobl rhag mynd yno i fusnesu (y tro cyntaf mewn pedair mil o flynyddoedd y bu Ffordd Gam Elin wedi cau!), tra bo timau arbenigol i fyny ar y bwlch yn 'chwilio am rywbeth'. Bu camerâu teledu a riportars y papurau newydd yn yr ardal am ddyddiau a'r consensws ymysg y pentrefwyr oedd 'clec fawr, llawr yn ysgwyd, a goleuadau ar y mynydd'. Ac mi oedd hi'n glec, chwarae teg. Dau fis heibio fy chweched pen-blwydd oeddwn i ac yn fy ngwely yng Nghwm Prysor. Dwi'm yn siŵr os cael fy neffro wnes i neu fy mod i'n fy ngwely yn gwrando ar Radio Luxemburg ar fy hen weiarles fach las, ond dwi'n cofio'r glec fel petai hi'n ddoe. Ychydig yn llai na 25 milltir fel hed y frân o Fwlch Maen Gwynedd, roedd y glec yn ddigon i ysgwyd waliau fy llofft.

Yn ôl tystiolaeth wyddonol, daeargryn oedd achos y glec, a'r goleuadau ar y mynydd yn ganlyniad meteor oedd yn datgymalu yn yr awyr uwchben gogledd Cymru a Lloegr ar yr un pryd. Yn 2010 rhyddhawyd dogfennau ynghylch y digwyddiad oedd yn datgan bod daeargryn cryfder 3.5 ar y sgêl richter wedi digwydd y noson honno, a bod y goleuadau yn ffenomen sy'n digwydd weithiau yn ystod daeargrynfeydd yn ystod y nos. Ond hyd heddiw, mae trigolion ardal Llandrillo yn dal i ddweud nad ydi'r eglurhad yn ffitio efo'r hyn a welson nhw'r noson honno.

Mae gen i gysylltiadau teuluol yn ardal y Berwyn. Tair milltir i'r gorllewin o Fwlch Maen Gwynedd, yng Nghwm Pennant Llandrillo, roedd y diweddar John Roberts, cefnder fy nhad, mab Anti Mary chwaer fy nhaid o Gwm Prysor, yn ffarmio fferm Rhyd y Gethin. Mae ei ŵyr, Gareth, sydd yn gaifn (trydydd cefnder) i fy meibion yn dal i gadw'r fferm. Mi siaradodd John Roberts (John Rhyd Gethin, fel y gelwid o) ar y newyddion pan oedd gohebyddion yn hel i Landrillo fel gwybed yn sgil y digwyddiad ar y Berwyn. Mae'r clip, sydd mewn du a gwyn, yn cael ei ddefnyddio ar bob rhaglen ddogfen ynghylch y digwyddiad.

Mae hanes ac enwau lleoedd yn mynd law yn llaw ac mae'r Berwyn yn berwi o'r ddau. Mae llawer o'r enwau yn ymwneud ag ymladd, sydd ddim yn syndod mewn ardal fu mor strategol. Enwau fel Moel y Gadfa, Gwaun yr Hen Luest, Bryn Ysbio a Chraig y Lladdfa Fawr, a Ffynnon y Brenin yng nghyffiniau blaen Dyffryn Ceiriog, ar y llwybr yr arweiniodd Harri'r Ail o Loegr ei fyddin i wynebu lluoedd cyfun Gwynedd, Deheubarth a Phowys Wenwynwyn dan arweiniad Owain Gwynedd yn 1165, cyn gorfod dianc yn ôl i Loegr a'i gynffon rhwng ei goesau. Ond y nentydd a'r ucheldiroedd sy'n rhoi i ni'r drysorfa fwyaf o enwau lleoedd, enwau sy'n cyfeirio at hen hanes lleol a llên gwerin. I'r gogledd o Gadair Bronwen mae Nant y Cyllyll a Nant y Gwn, y ddwy nant o fewn hanner milltir i'w gilydd. Be ddigwyddodd yno, dudwch? Ac ychydig i'r gorllewin o dan Fwlch Maen Gwynedd mae Ffynnon Maen Milgi, heb fod ymhell o gopa Carnedd y Ci. A dyna i chi Nant y Cawell, Nant y Nadroedd, Carreg y Caws, Pen yr Eryr, Pont y Lladron, Filltir Garreg, Sarnau Duon, Cyrniau Achlas, Moel Cwm Sian Llwyd... Mae hanes wedi ei gofnodi yn yr enwau a roddodd ein cyndeidiau ar y lleoedd hyn, fel cliwiau yn y tirwedd. Does fawr neb yn cofio'r hen straeon, bellach.

Gan fy mod i yn yr ardal, roedd rhaid taro i weld un o Saith Rhyfeddod Cymru ar fy ffordd adra o daith y Berwyn. Ar ôl cael golwg ar Bistyll Rhaeadr, piciais i weld cylch cerrig Rhos y Beddau. Roedd rhaid dringo'r llwybr serth heibio'r rhaeadr i ddechrau, cyn dilyn Nant Ddisgynfa (sy'n disgyn dros y rhaeadr enwog) a mynd heibio sawl carnedd gladdu ar ymyl y llwybr. Wedi cyrraedd y meini, eisteddais yno am sbelan yn gwerthfawrogi'r tawelwch mewn heddwch, cyn troi am adra. Diwedd bendigedig i ddiwrnod gwych.

Cywydd y Berwyn

Yn fore awn i Ferwyn,
I'w frig iach ar fore gwyn
Yn Awst, a mynnwn eistedd
Ar y foel orau a fedd;
Dymunol flodau mynydd,
Iach eu sawr i'w wychu sydd.

Llawn o siffrwd brwd yw'r bryn,
Trydar ceiliogod rhedyn,
A'r gwenyn yn corganu
Fel un llais wrth fela'n llu;
Adar ban cysongan sydd
Ar ei heulog orielydd.

Fy more fu ym Merwyn,
Ofer a gwag fore gwyn,
Afradus fore ydoedd.
Bore gwyn fel barrug oedd;
Od oes byth cael dewis bedd
I Ferwyn af i orwedd.

Minnau'n awr a 'mhen yn wyn,
O! fy hiraeth am Ferwyn;
Tua'r lle bu dechre'r daith
Af yn ôl i fy nylaith;
Gan Ferwyn caf gynfawredd,
Ei graig fawr yn garreg fedd.

Cynddelw (Robert Ellis)

Cadair Bronwen

PEDOL Y BERWYN

MYNYDD TARW, FOEL WEN, TOMLE, CADAIR BRONWEN, CADAIR BERWYN, MOEL SYCH, GODOR

- **Mynydd**: Mynydd Tarw, 2234tr / 681m (86); Foel Wen, 2267tr / 691m (77); Tomle, 2434tr / 742 (57); Cadair Bronwen, 2575tr / 785m (41); Cadair Berwyn, 2723tr / 830m (28); Moel Sych, 2713tr / 827m; Godor 2228tr / 679m (88)

- **Map**: OS Explorer 255, CG 113324, CG 099334, CG 085336, CG 078347, CG 072324, CG 067319, CG 095308

- **Pwynt dechrau**: Cwm Maen Gwynedd, tair milltir i'r gogledd o Lanrhaeadr-ym-Mochnant ar hyd ffordd gul. Mae lle parcio i 3 neu 4 car ar dir garw ar y dde (dwyreiniol) i'r ffordd, ger pont dros nant fach, CG 119307.

- **Pellter**: 9 milltir / 14.5 km
- **Amser**: 4-8 awr
- **Ymdrech**: Hawdd.

Taith: O'r lle parcio, cerddwch ar y ffordd tua'r gogledd-orllewin am tua 300 llath, gan anwybyddu'r troad siarp i'r dde, a dod at fynedfa fferm Tyn y Ffridd ar y dde lle mae ciosg teleffon CG 118309 (os ydi o'n dal yno). Trowch i'r dde ar y ffordd trwy fuarth Tyn y Ffridd, gan ddal i fynd tua'r gogledd a thrwy fuarth fferm Maes, lle mae arwydd yn dweud 'Free Range Children and Animals, Please Drive Slowly'. Ymlaen i'r gogledd ar y ffordd, a phan mae'r ffordd yn gwyro i'r gogledd-ddwyrain daliwch i fynd yn syth i'r gogledd, gan adael y ffordd a dilyn llwybr trwy'r cae (gan gadw ar ochr dde'r gwrych), fydd yn anelu at gornel pella'r cae, lle mae'r llwybr yn troi i'r dde, heibio

Cadair Berwyn o Foel Wen a Tomle

patsh bach o goediach. Bron yn syth bydd y llwybr a'r gwrych yn gwyro'n ôl i'r gogledd ac yn anelu am gornel y goedwig. O'r gornel, dilynwch ffens ymyl gorllewinol y goedwig (i'r gogledd-orllewin) yr holl ffordd i gopa Mynydd Tarw, lle mae hen garnedd wedi cael ei 'haddasu' fel lloches i gerddwyr.

O Fynydd Tarw, dilynwch y ffens i'r gogledd-orllewin am filltir nes cyrraedd copa Foel Wen. Mae'r pwynt uchaf ar ochr ogleddol y ffens. O'r Foel Wen, ewch ymlaen tua'r gorllewin am filltir arall, at gopa Tomle, lle mae carnedd fechan o gerrig cwarts gwynion i nodi'r pwynt uchaf. Ewch ymlaen wedyn efo'r ffens tua'r gogledd-orllewin lle mae Maen Gwynedd yn sefyll yn erbyn y ffens. Ewch drwy gât yn y ffens i'r dde a dilyn Ffordd Gam Elin tua'r gorllewin, yna i'r gogledd. Mi ddewch at gât arall, ac ewch drwyddi er mwyn ymuno â ffens cefnen ddeheuol Cadair Bronwen, a chadw ar y chwith i'r ffens wrth i'r gefnen fynd â chi'r holl ffordd at y copa, ble mae lloches wedi ei chodi ynghanol y garnedd gladdu Oes Efydd. Mae'r golygfeydd yn drawiadol i bob cyfeiriad, yn enwedig y Rhinogydd a chrib yr Aran.

O gopa Cadair Bronwen, dilynwch y gefnen ddeheuol a'r ffens at Ffordd Gam Elin. Peidiwch â dilyn y ffordd. Ewch yn syth ymlaen i'r de, gan ddringo cefnen ogleddol Craig Berwyn, lle fydd y ffens yn troi i'r chwith a chamfa i'w chroesi. Byddwch rŵan yn dilyn y grib ar lwybr rhwng y clogwyni a ffens sydd yn rhedeg i'r de. Ar Gadair Berwyn mi

Y daith hir at Godor

Y garnedd ar gopa Moel Sych

ddewch at biler triongli sydd wedi ei godi ar sylfaen carnedd gladdu Oes Efydd. Nid hwn yw pwynt uchaf Cadair Berwyn. Mae'r copa yn y creigiau tua 300 llath i'r de, tu hwnt i'r lloches fawr gron sydd wedi ei hadeiladu ar garnedd gladdu Oes Efydd fawr. Mewn rhai munudau byddwch wedi cyrraedd y pwynt uchaf, sydd ymysg creigiau'r grib. O fan hyn mae Pedol y Berwyn i'w gweld i gyd, a Chwm Maen Gwynedd gyfan yn gorwedd rhwng breichiau'r mynyddoedd. Islaw ar y chwith mae hen chwarel lechi Cwm Maen Gwynedd yn cydio fel gelen ar lethrau Cadair Berwyn. Mi welwch gopa Moel Sych a'i garnedd gladdu Oes Efydd, hanner milltir i'r de-orllewin, gyda llwybr braf tuag ato. Ar ochr chwith y llwybr mae Llyn Lluncaws islaw, a'r gwynt yn ei chwipio a chreu crychau ar ei wyneb glas, a breichiau clogwyn Craig y Llyn, sef wyneb dwyreiniol Moel Sych, yn ei warchod fel gamblar yn gwarchod ei gardiau ar y bwrdd.

O gopa Moel Sych a'i garnedd, a'i dair ffens yn cwrdd, cerddwch yn ôl i gyfeiriad Cadair Berwyn, a thua hanner ffordd rhwng copaon Moel Sych a Chadair Berwyn, ar ôl pasio Craig y Llyn, trowch i'r dde i ddilyn llwybr sy'n gadael y grib a mynd ar i lawr ar hyd y llethr, tua'r dwyrain, nes cyrraedd ffens sy'n mynd am y de-ddwyrain, gyda llwybr ar ei ochr dde, dros Foel y Ewig (sydd hefyd yn Nuttall). Pan welwch ffens coedwig yn mynd am y chwith, anwybyddwch hi a daliwch i fynd efo'r ffens tua'r de-ddwyrain, ond neidiwch drosodd i ochor chwith/ogleddol y ffens. Ymhen chwarter milltir bydd y ffens yn troi i'r de, a bydd rhaid i chi fwrw mlaen tua'r de-ddwyrain hebddi, gan ddilyn rhyw fath o lwybr aneglur trwy dwmpathau crawcwellt. O'r diwedd mi gyrhaeddwch gopa gorllewinol Godor, a ffens yn dod at y copa o'r gogledd a throi i'r de-ddwyrain. Dilynwch y ffens hon at gopa uchaf Godor, sydd hanner milltir o'r copa cyntaf. Mae carnedd fechan o gerrig gwynion ar y copa hwn, sy'n nodi pwynt uchaf y mynydd. Mae tair ffens yn cwrdd ychydig i'r dwyrain o gopa uchaf Godor. Dilynwch yr un sy'n mynd i'r dwyrain-de-ddwyrain a dilyn y gefnen i lawr at gorlan ddefaid yng nghornel cae. Daliwch i fynd i'r un cyfeiriad trwy dri chae arall, ac yn y pedwerydd, mae llwybr yn mynd am y gogledd-ddwyrain. Dilynwch o, ac ar ôl un cae, trowch i'r de-ddwyrain a dilyn llwybr i'r ffordd darmac, a throi i'r chwith a dilyn y ffordd i'r gogledd at y lle parcio.

Maen Gwynedd a Cadair Bronwen

CYRNIAU NOD

'Cyrniau Di-Nod' ddylai enw'r mynydd hwn fod. Pedair milltir o gerdded ar hyd ffordd gerrig garw sy'n cael ei defnyddio gan weithwyr coedwigaeth Coedwig Penllyn, a'r cwbl sydd ar ddiwedd y daith ydi gwastadedd llawn torlannau mawr. Yr un mynydd ydi Cyrniau Nod â Foel Cedig i fod yn onest, ond bod rhywun wedi dynodi bod digon o amlygrwydd a phellter rhwng y ddau gopa i allu eu gwahanu'n fynyddoedd annibynnol. Mae'n anodd cytuno efo hynny. I'r llygad noeth, o leiaf, dau gopa nad ydynt yn amlwg o gwbl ydi Foel Cedig a Chyrniau Nod. Mae'r cyntaf lai na metr yn llai na'r llall, centimetrau o bosib, ond o leiaf mae ganddo fryncyn bach fel man uchaf. Waeth i rywun alw'r ddau yn un mynydd o'r enw Foel-Cedig-Cyrniau-Nod ddim. Ond fyddai hynny ddim yn ei wneud o'n fynydd, chwaith. I mi, yr unig beth da am Gyrniau Nod ydi ei enw. Mae o'n ddiddorol ac yn swnio'n wych a hynafol. Ond be ydi ystyr yr enw? Mae rhai yn dweud mai mynydd sydd i weld o bell ydi o, yn dirnod i deithwyr. Ond wir i chi, tydi o ddim yn dirnod i rywun sy'n sefyll wrth ei ymyl, heblaw o bellter. Dwi wedi chwilio amdano ar amlinellau'r gorwel o sawl mynydd, o'r Aran i Bedol y Berwyn, ac erioed wedi gallu ei weld o gwbl. A dyna'r 'cyrniau' wedyn; ai cyrn ydi eu hystyr, neu ffurf llafar am garneddau neu fynydd creigiog? Ond does dim cyrn na chreigiau na charneddi yn agos i'r lle uchel hwn a ddynodwyd yn fynydd. Mae cerrig mor brin yno mae rhaid cael polyn ffens – a rhyw dair carreg fechan sy'n edrych fel bo ganddynt gywilydd o fod yno – i ddynodi'r pwynt uchaf. Mae'n bosib y bu tomenni claddu o bridd a mawn yno, a bod pobl wedi eu galw nhw'n garneddi, neu gyrniau?

Cyrniau Nod. Dirgel ei enw, dirgel ei statws fel mynydd. Roedd y daith tuag ato yn llawer difyrrach na chyrraedd ei gopa. Ac roedd y daith yn ddigon di-nod. Ond er fy nhynnu coes, mi oedd o'n werth y daith fel pob taith trwy'r uchedliroedd. Ar ôl troi i ddilyn y ffens olaf at y copa, daeth galwad natur, a hynny ar frys, ac yno ro'n i yn fy nghwrcwd pan ddaeth hofrenydd mawr melyn y Mownten Resciw dros y grib, ar hyfforddiant, a hedfan drosta i o fewn ugain llath uwch fy mhen. Dwn i'm pwy oedd wedi dychryn fwyaf, fi ynta'r peilot! Ta waeth, o fewn rhai llathenni ro'n i'n sefyll ar y 'copa' lle'r oedd y polyn ffens wedi ei stwffio i lwmp bychan o gerrig. Ond mi oedd y golygfeydd yn ddiddorol. I'r gorllewin roedd Crib yr Aran, i'r dwyrain, Pedol y Berwyn, ac i'r de-ddwyrain roedd llethrau uchaf cwm Pennant Melangell, ac i'r de roedd Llyn Efyrnwy – yn hardd *ac yn erchyll* – a phentref Llanwddyn yn gorwedd dan ei ddŵr. Ond yr olygfa orau welais i ar y ffordd yn ôl at Fwlch Hirnant, oedd iâr Bod Tinwen yn hela, ddau fetr uwchlaw'r grug.

▲ **Mynydd**: Cyrniau Nod, 2185tr / 666m (100)

Map: OS 255, CG 989279; OL 23

▶ **Pwynt dechrau**: Bwlch Hirnant, tua 6 milltir i'r de o'r Bala, CG 946273. Mae lle i barcio ar ochr y ffordd.

Pellter: 8 milltir / 12.9 km
Amser: 3-5 awr
Ymdrech: Hawdd.

Copa Cyrniau Nod

Taith: Parciwch ar ben y bwlch a cherdded y ffordd am 4 milltir at wastadedd Moel Cedig. Oddi yno mae'r ffordd yn mynd tua'r dwyrain cyn troi'n sydyn tua'r gogledd. Yn lle dilyn y ffordd i'r gogledd, trowch i'r de nes cyrraedd ffens. Dilynwch y ffens i'r dde cyn cyrraedd ffens arall i'r chwith (de-ddwyrain). Dilynwch ochr dde y ffens sy'n mynd tua'r de-ddwyrain i'ch arwain at gopa Cyrniau Nod, pentwr bach o gerrig â pholyn ffens yn eu canol, sydd ar ben llwyfandir gwastad ac yn sefyll ar yr union ffin rhwng Gwynedd a Phowys. Ar y ffordd yn ôl, dilynwch eich camau at y ffordd a'i dilyn yr holl ffordd i'r lle parcio ar ben Bwlch Hirnant.

Y tro cyntaf i mi gael blas o Gader Idris oedd pan o'n i'n tua phymtheg oed. Taith ysgol oedd hi, a'r naw ohonom oedd yn y dosbarth daearyddiaeth yn cael diwrnod yn rhydd o'r pedair wal, er mwyn cael astudio nodweddion tirwedd rhewlifol allan yn y maes. Dim ond at Lyn Cau aethon ni, llyn rhewlifol 50 metr o ddyfnder sy'n llechu wrth droed Craig Cau, tua hanner ffordd i Ben y Gadair (prif gopa Cader Idris) o faes parcio Dôl Idris ym Minffordd. Roedd y daith serth o Finffordd yng ngwaelod Cwmrhwyddfor, i'r gogledd-ddwyrain o Lyn Mwyngil sydd yn llai na chan metr uwchlaw'r môr, yn waith caled i'r coesau. Er hynny roedd gweld y clogwyni ysgithrog, uchel yn amgylchynu'r llyn yn creu ysfa ynof i fynd yn fy mlaen i'w pennau i weld y wlad islaw, ac i brofi'r naws o antur roedd y creigiau yn gynnig. Ond y diwrnod hwnnw roedd rhaid bodloni ar *roches moutonées* Cwm Cau a lliw gwyrddlas gwyneb llonydd y llyn. Ac ar ôl llenwi'n fflasgiau efo dŵr clir oer y nant, i lawr â ni i gael golwg ar grognant a ffan lifwaddodol ar lannau gogleddol Llyn Mwyngil.

Dwi wedi cerdded creigiau pedol cwm Llyn Cau sawl gwaith erbyn hyn, a thros Graig Cwm Amarch sydd â phwynt uchaf ymysg creigiau'r llyn, ar y ffordd i Ben y Gadair o Finffordd. Ac mi oedd o'n dipyn o antur y tro cyntaf, hefyd. Ond y tro cyntaf i mi gerdded crib Cader Idris i gyd mewn un taith oedd mis Ebrill, 2017. Y tro hwnnw mi barciais y fan fach ddu uwchben blaen Cwmrhwyddfor (ar ben rhiw Tal-y-llyn, os liciwch chi) a dringo llwybr serth Mynydd Gwerngraig, gan basio'r criw o ffotograffwyr sydd yno'n aml yn tynnu lluniau awyrennau'r RAF yn gweryru trwy'r bwlch cul tuag at Dywyn a'r môr. O Fynydd Gwerngraig mae'r llwybr yn dringo i ben Gau Graig, llwybr serth ond iachus i'r galon, efo mymryn o waith crafangu ysgafn ar un darn byr. O ben Gau Graig mae cefnen lydan yn estyn tua'r de-orllewin at wyneb creigiog, gogledd-ddwyreiniol Mynydd Moel. Wrth droed llethrau creigiog gogleddol y gefnen mae Llyn Arran, o ble mae Afon Arran yn llifo'r holl ffordd i dref Dolgellau, ac ar ei phen i Afon Wnion. Ynghanol y dref mae'r Arran yn llifo dan Bont yr Arran, a defnyddiwyd ei dŵr ym mhandy'r Tanws oedd yn sefyll ar ei glan, islaw'r bont – prif gyflogaeth tref Dolgellau am ddegawdau cyn i'r diwydiant lledr a gwlân edwino, a'r diwedd yn cyrraedd yn yr 1980au.

Mae Mynydd Moel yn greigiau a cherrig i gyd, gyda lloches a charneddau nodi llwybrau, ac mae'n bosib y bu carneddi claddu yno ymhell yn ôl. Ond y peth cyntaf sy'n eich taro ydi'r golygfeydd sy'n estyn at Pumlumon a Tharennau Dysynni yn y de, Pen Llŷn yn y gorllewin a'r Rhinogydd, y Moelwynion ac Eryri i'r gogledd. Ar y dde mae dyffryn Mawddach a thref Bermo, lle mae Afon Mawddach yn llifo i'r môr – afon sy'n dechrau'i thaith yng nghorstir uchel, eang Waun y Griafolen i'r de o Flaen Lliw a Moel Llyfnant, gan ffurfio ffin ddeheuol plwy Trawsfynydd wrth lifo trwy Gwm yr Allt Lwyd ac o dan bont Abergeirw, cyn codi nerth wrth yrru rhaeadrau gwyllt dros greigiau o dan Beddcoediwr, a gadael y ffin a rhuthro trwy geunant coediog heibio gwaith aur Gwynfynydd, yna'r Ganllwyd. I'r gogledd o ddyffryn Mawddach mae Diffwys a'i chyd-Rinogau a'r Garn (Ganllwyd). Islaw i'r gogledd hefyd mae tref Dolgellau, ble cefais fy ngeni yn y 'Ffenest Gron', sef ffenest ganolog ward y mamau a'u newydd-ddyfodiaid, ar ail lawr yr hen Gartref Mamolaeth. Tua'r dwyrain mae'r Arenig, Moel Llyfnant, Rhobell Fawr a'r Dduallt, Moel Offrwm a Moel Faner, y Berwyn a chrib yr Aran.

Un o'r pethau gorau am fod ar ben mynydd ydi gallu gweld ein lle ni yn y wlad. Mae 'na rywbeth cyntefig a hynafol iawn yn y berthynas rhwng rhywun a'i filltir sgwâr, ond mae gweld lle mae'r cwm neu'r cwmwd ble gest di dy fagu yn gorwedd ym mhatrwm y tirlun a'r tirwedd yn ddim llai na syfrdanol. A daw'r atgofion i ddilyn wedyn, yn fflyd o dy gartre, dy gwm, dy gwmwd, a lledaenu i froydd cyfagos, a phellach, y cymoedd a mynyddoedd fel tudalennau dyddiadur ac olion dy draed yn y tirlun yn dod yn fyw. Mae llyfrnodau yn chwifio fel baneri dros y tir. Fan acw fues i'n gweithio, a fan'cw godais i wal, dacw lle fues i'n canlyn, dacw lle fues i'n byw, a fan'cw, a fan'cw... Dacw lle ges i haelioni diddiwedd, lle gefais gymorth, croeso, hwyl a chwerthin di-ben-draw. Dacw lle ges i'r ffeit 'na, a lle brynais i fan mini. A draw'n fan'cw oedd y parti yn y bryniau, a'r ŵyl, y gig, y sesh wylltl. A dacw lle briodais i, a lle ganwyd fy mhlant, a lle cenhedlwyd y cyntaf-anedig. Ac ymhob man ymysg y baneri, fel balŵns Google Maps, mae teulu a ffrindiau ymhob cwr, a'u bydoedd hwythau yng nghyfrolau fy nyddlyfr, yr atgofion melys, y brawdgarwch, y llawenydd a'r tristwch, colled a hiraeth.

Pen y Gadair o Cyfrwy

Darnau o'r mynydd yn dod â'r byw a'r marw efo'i gilydd i gyd yn fyw ar lwyfannau'r oruwchystafell. Ambell fryn neu fynydd, neu afon, neu gerdd neu gân, yn atgoffa am ffrindiau ac anwyliaid sydd wedi croesi'r llen, yn llawer, llawer rhy ifanc... Mae 'na wastad rywbeth ymysg yr atgofion sy'n fy atgoffa fi o Mam, a dwi'n teimlo'r dagrau'n cronni – ar ben fy hun ar y mynydd, ynghanol nunlla. Y lle gorau i gael pwl o hiraeth a'r lle gorau i gofio.

Peth arall sydd wastad yn ddiddorol ydi gweld mynyddoedd eraill, yn y dyffryn nesaf, neu ymhell ar y gorwel. Ti'n gallu rhoi bys arnyn nhw a'u henwi nhw i gyd a chofio'r daith i ben pob un, y golygfeydd a phrofiadau, cwrdd â hwn-a-hon ar gefnen bellennig, gweld lle mae afonydd yn tarddu. Gall darnau o fynydd fy atgoffa o lefydd ble fues i'n byw, fel mae Llyn Arran yn cario atgofion o fyw mewn fflat wrth Bont yr Arran, un o sawl lle fues i'n aros ynddynt pan ro'n i'n byw yn Nolgellau am ddwy flynedd ar droad y 1990au. Mae gan fynydd y gallu i dy gysylltu di efo ti dy hun. Dy roi di yn dy le ym mhatrwm dy fyd.

A hyn hefyd! Gweld llefydd mae teulu i mi yn byw, neu'n tarddu ohonynt. Teulu Nain ochr fy nhad, o Ardudwy (Harlech, gan fwyaf) o le y daeth hi i Gwm Prysor a phriodi Taid, a chwaer fawr fy nhaid yn symud i Ardudwy i weithio a phriodi a magu teulu yno. Gweld Llyn Cynwch a Moel Offrwm yn fy atgoffa bod Magi, chwaer arall i Taid, wedi gwreiddio yn Llanfachreth. Teulu Taid ochr fy mam, wedyn, wedi crwydro i, ac o, Lanuwchllyn, Llangwm, Cwm Main, Dinas Mawddwy, Brithdir, Rhydymain a Dolgellau a channoedd o lefydd eraill. Nain ochr

Mam, o Felin y Wig, a'i thad, Johny Roberts y porthmon, yn symud y teulu i gyd i Ruthun. Cefndryd a chyfyrdryd fy nhad hefyd yn llu yn Llanuwchllyn a Blaen Lliw, ers i gefndryd fy nhaid fynd yno dros Fwlch y Bi o Gwm Prysor, i fwrw gwreiddiau. Gwreiddiau! Mae gen i deulu bron ymhob rhan o'r wlad, a gwreiddiau ymhob rhan o Feirionnydd. Tra Mor Tra Meirion drwyddi draw! Dim ond o ben mynydd all rhywun weld i le mae'r gwreiddiau'n cyrraedd, wedi lledaenu drwy'r tir fel myseliwm ffwng. A sôn am ffwng, mae gan ffwng fwy mewn cyffredin efo bodau dynol nag efo planhigion, yn rhannu mwy o enynnau efo ni nag y maen nhw efo planhigion. Hynny ydi, mae 'na dipyn o fadarch ymhob un ohonon ni. *Oui, je suis un petit champignon.*

O Fynydd Moel mae cefnen hir y Gader yn nadreddu fel cefn draig anferth wrth godi'n raddol at gopa Pen y Gadair, sydd i'w weld yn amlwg ar ben ei graig a'i glogfeini. Mae Llyn y Gadair islaw wrth droed ei glogwyn gogledd-orllewinol, yng nghôl pedol Pen y Gadair a'r Cyfrwy. Islaw Llyn y Gadair mae Llyn Gafr a rhwng y ddau daw Llwybr Madyn o Lyn Gwernan i ddringo llethr sgri uchel clogwyn gogleddol Pen y Gadair. Yma ar y copa, mae'r golygfeydd yn grwn a gwirioneddol ogoneddus. Islaw tua'r gorllewin mae Llynnau Cregennan, ardal hudolus yn llawn hanes a hedd ar yr ucheldir rhwng Dyffryn Mawddach a llwyfandir Tyrrau Mawr. Mae'r Ffordd Ddu, yr hen ffordd hynafol rhwng Dolgellau a Llanegryn, yn mynd heibio'r llynnau, gan gadw at yr ucheldir a'r bylchau mynyddig, cul ar y ffordd. Miloedd o flynyddoedd yn ôl roedd pobol yn defnyddio'r ffordd hon pan nad oedd hi'n ddim ond llwybr. Mae enghreifftiau lu o garneddi claddu yn cael eu codi wrth ymyl hen lwybrau masnach pwysig fel hyn, ac mae ardal Cregennan yn dew ohonyn nhw. Tua dwy filltir o Gregennan ar y Ffordd Ddu, cyn mynd drwy'r bwlch rhwng mynyddoedd Trawsfynydd a Phen y Garn, mae carnedd fawr Bedd y Brenin, o dan ochr dde'r ffordd. Y dyddiau hyn mae coedwig o'i chwmpas hi, ond mae'r garnedd mewn llannerch a llwybrau yn mynd ati. Er iddi gael ei hysbeilio a bod cynnwys y cistiau claddu oddi tani wedi eu lladrata, mae'n werth mynd i'w gweld hi. Mae'n debyg bod rhywun amlwg iawn

Cyfrwy o Ben y Gadair

wedi ei gladdu ym Medd y Brenin. Roedd Cregennan yn lle sanctaidd i hen bobl yr Oes Efydd. Mae'r ardal yn frith o garneddi claddu crwn a'r hen bobl wedi dewis y lle hwn i gladdu llwch eu pobol amlwg. Mae meini hirion yng Nghregennan hefyd, a llawer mwy yn dilyn hen ffordd arall hyd at Lwyngwril i'r gorllewin, fel petaen nhw'n dangos y ffordd i'r tir claddu, neu dir y meirw. I'r gogledd o lannau Cregennan mae Pared y Cefn Hir lle mae olion hen fryngaer fechan o'r Oes Haearn. Ychydig tua'r gorllewin o Gregennan mae ffordd fach yn disgyn tua phentref Arthog. Yno, ar waelod yr allt ar lawr y dyffryn, mae Llys Bradwen, sef olion o gyfnod Rhufeinig neu ganoloesol cynnar. Yn ôl traddodiad, dyma Lys Ednowain ap Bradwen, oedd yn arglwydd ar ran o Feirionnydd yn y 12fed ganrif.

Mae'r golygfeydd yn dibynnu ar y tywydd wrth gwrs, ond mae'r daith yn un werth chweil boed hi'n law neu hindda. Os am le sych i fwyta brechdan, cewch gysgodi yn y cwt o dan gopa Pen y Gadair. Mae 'na ddrws, a ffenest fach neu ddwy, felly does dim defaid yn dod i mewn i faeddu'r lle ond byddwch yn barod i weld ambell i lygoden fach yn chwilio am friwsion. Dwn i'm sut y daethon nhw yno. Efallai mewn gleidar? Dwi'n gweld y rheini yn aml ar y topiau ac felly oedd hi'r diwrnod hwnnw ar y Gader. Roedd hi'n ddiwrnod sych a chlir, er bod ambell i gwmwl isel yn mwytho'r copaon bob hyn a hyn. Ond digon braf a chlir i ryw beilot dewr basio sawl gwaith yn ei gleidar, wrth droi mewn cylch eang dros ddyffryn Mawddach – er difyrrwch i'r ddwy gigfran oedd yn gwylio o'r graig gerllaw. Doedd y gleidar ddim llawer uwch na fi wrth reidio'r gwyntoedd thermal. Codais fy llaw ar y peilot rhag ofn ei fod o'n ty ngweld i, cyn sylweddoli nad oedd ganddo law yn rhydd i'w chodi, gan fod rhaid rheoli'r lifars. A na, welis i ddim llygod yn parasiwtio o'r gleidar.

I'r gorllewin o Ben y Gadair, yn gwyro fymryn tua'r gogledd mae'r Cyfrwy. Tydi'r Cyfrwy ddim yn cael ei gyfri'n fynydd ar wahân, a rheolau amlygrwydd topograffegol sydd i gyfri am hynny. Y llygad yw'r gwir fesur o amlygrwydd mynydd, ond gan ei fod o'n fater goddrychol crëwyd mesuriadau safonol 'pellter a chwymp-ac-esgyniad' i farnu ar y mater trwy gyfrwng rhesymeg lem, oer mathemateg. Mae'n debyg fod y Cyfrwy yn methu ar un o'r mesuriadau, ac er ei fod o'n fynydd amlwg iawn – digon amlwg i gael ei enwi ar ôl ei siâp – mae'n debyg y gellid dadlau mai braich o Ben y Gadair ydi'r Cyfrwy. Ond wedi dweud hynny, er na chaiff ei gyfri'n fynydd ar wahân, ac felly ddim yn y Cant Uchaf (er ei fod yn 2,661 troedfedd o uchder), mae'r Cyfrwy *yn* cael ei gyfri fel copa ar wahân yn rhestr mynyddoedd dros 2,000 troedfedd y Nuttalls – rhestr sy'n cynnwys pob un o'r Cant Uchaf! Mae'r amryfusedd hwn yn un dyrys ac yn codi ei ben bob hyn a hyn.

I'r gorllewin o'r Cyfrwy mae Bwlch Gwredydd. Yn y bwlch hwn mae'r Llwybr Pilin Pwn (llwybr i fulod gario llwythi ar eu cefnau) yn cyrraedd y llwyfandir uwchben y silff o dir i'r de o Gregennan. Tyrrau Mawr ydi enw'r mynydd a'r llwyfandir hwn sydd ar osgo, yn disgyn yn raddol tua'r de. Mae ei wyneb gogleddol yn serth bron fel dibyn, ac yn disgyn dros 400 metr i'r tir gwastad ar lannau Llynnoedd Cregennan, fel wal anferth sy'n estyn am tua milltir uwchlaw'r Ffordd Ddu. Mae'n fy atgoffa fi i raddau o'r wal yn *Game of Thrones* – heb y rhew a'r *White Walkers*. Roedd mulod yn dilyn Llwybr Pilin Pwn o Ty'n Nant, heb fod ymhell o Lyn Gwernan, ac yn dringo at Fwlch Gwredydd cyn bwrw mlaen i lawr i Lanfihangel y Pennant a Dyffryn Dysynni efo'u llwythi. Mae'r llwybr hwn hefyd yn un cynhanesyddol. Heb fod ymhell o'r bwlch mae Carnedd Lwyd, yn agos i ymyl Tyrrau Mawr ac yn agos i fwlch a llwybr pwysig. Mae mwy nag un gladdfa oddi fewn i'r garnedd fawr hon.

I'r de o Ben y Gadair mae copa Craig Cwm Amarch a'i gopa ar ben y graig uchaf ymysg creigiau clogwyni Llyn Cau. Mae'r clogwyni'n amgylchynu'r llyn ar dair ochr y cwm – y cwm rhewlifol clasurol. Mae'r llyn yn 50 metr o ddwfn ac yn denu deifwyr scwba. Un tro aeth deifwr i drafferthion, gan ddioddef o'r *bends*, a bu rhaid i Dîm Achub Mynydd ddod i'w achub o. Tydi'r *bends* ddim yn gyflwr meddygol mae rhywun yn disgwyl ei weld 1,600 troedfedd uwchlaw'r môr!

Pan es i'n ôl at y fan fach ddu'r diwrnod hwnnw roedd y gwylwyr awyrennau yn dal i eistedd yn eu llecynnau personol yn tynnu lluniau o'r awyrennau. Ro'n i, fodd bynnag, yn hapus i weld gleidar.

MYNYDD MOEL, PEN Y GADAIR, CRAIG CWM AMARCH

- **Mynydd**: Craig Cwm Amarch, 2595tr / 791m (39); Pen y Gadair, 2930tr / 893m (18); Mynydd Moel, 2831tr / 863m (23)

- **Map**: OL 23: CG 711121, CG 711130, CG 728137

- **Pwynt dechrau**: Maes parcio Dôl Idris, Minffordd, 6.5 milltir / 10.5 km i'r de o Ddolgellau, CG 732115.

- **Pellter**: 5 milltir / 8 km
- **Amser**: 3-5 awr
- **Ymdrech**: Caled, ond yn well ar y ffordd i lawr.

Taith: O ben pellaf y maes parcio dilynwch yr arwyddion sy'n dweud 'Cader Idris'. Wedi croesi Nant y Gadair mae Llwybr Minffordd yn troi i'r dde ac yn dringo'n serth ar ochr orllewinol y nant. *Pan ddowch allan o'r coed, mi welwch lwybr a phont droed yn croesi'r nant ar y dde – ar*

Craig Cwm Amarch a Llyn Cau

Mynydd Moel o Gau Graig, ac olion cwt crwn

Cefn Cader Idris o Mynydd Moel. Craig Cwm Amarch ar y chwith

y llwybr hwnnw y byddwch yn dychwelyd. Wedi dod allan o'r goedwig, daliwch i ddilyn Llwybr Minffordd sydd bellach yn llwybr llydan braf wrth godi'n raddol tuag at Lyn Cau. Wrth ddod i olwg Llyn Cau mae'r llwybr yn codi i'r chwith i ymuno â chefnen sy'n arwain at greigiau deheuol y cwm. Mae'r llwybr yn dilyn ymyl y creigiau deheuol, a phan mae'r llwybr newydd droi i'r gogledd-orllewin mi welwch garnedd i ddynodi pwynt uchaf Craig Cwm Amarch, ymysg y creigiau.

Ewch yn eich blaen i'r gogledd-gogledd-orllewin gan ddilyn y llwybr sy'n canlyn ymyl y creigiau wrth groesi Craig Cau. Ar ôl pasio Craig Cau mae'r llwybr yn gwyro oddi wrth y creigiau, cyn troi'r gogledd-ddwyrain i ddringo'r gefnen fer, garegog ac eithaf serth at gopa Pen y Gadair. O'r copa hwn mi welwch gopa Mynydd Moel â'i garnedd a lloches, filltir i ffwrdd ar hyd cefnen lydan y Gader, tua'r dwyrain-gogledd-ddwyrain. Byddwch yn croesi ffens ychydig lathenni cyn cyrraedd copa Mynydd Moel.

O gopa Mynydd Moel ewch yn ôl at y ffens (i'r gorllewin) i ddechrau, yna dilynwch y ffens hon tua'r de-ddwyrain i lawr y llechwedd. Mae llwybr ar ddwy ochr y ffens, ac mae digon o gamfeydd i groesi. Ar ôl llai na hanner milltir o laswellt byddwch yn dod at dir grugog. Daliwch i ddilyn y ffens ar i lawr i'r de-de-ddwyrain. Pan fydd hen wal yn mynd am y chwith, cadwch i ddilyn y llwybr a'r ffens. Cyn hir, mae'r llwybr yn troi 90 gradd tua'r gorllewin. Gadewch y ffens a dilyn y llwybr i'r gorllewin. Mewn dim bydd y llwybr yn mynd trwy hen wal wedi chwalu gan wyro tua'r de-orllewin. Cadwch i'r un cyfeiriad a dilyn ymyl y goedwig a chroesi'r bont droed a welsoch ar y ffordd i fyny. O fan hyn, aiff Llwybr Minffordd â chi i lawr drwy'r coed i'r maes parcio.

WAUN OER A MAESGLASE

- **Mynydd**: Waun Oer, 2198tr / 670m (96); Maesglase, 2211tr / 674m (92)
- **Map**: OL23: CG 786148, CG 822151
- **Pwynt dechrau**: Maes parcio ar Fwlch yr Oerddrws (CG 802170), tua 5 milltir (8 km) o Ddolgellau, ar yr A470.
- **Pellter**: 8.5 milltir / 13.6 km
- **Amser**: 4-7 awr
- **Ymdrech**: Cymedrol.

Copa Waun Oer

Taith: Dyma le arall lle mae gwylwyr awyrennau yn frith rhwng y maes parcio a hanner ffordd i fyny Craig y Bwlch. Ewch dros y gamfa o'r maes parcio a dilyn llwybr tua'r de, sy'n cychwyn ar hyd ochr orllewinol y ffens, ac yn dringo Graig y Bwlch (tua'r de-orllewin) hyd nes cyrraedd cefnen laswelltog uwchben y creigiau. Ar y gefnen mae'r llwybr yn cyrraedd ffens a bydd y llwybr a'r ffens yn cydredeg tua'r de-orllewin yr holl ffordd i gopa gwastad Cribin Fawr, gan fynd heibio hen chwarel lechi Gloddfa Gwanas (sy'n werth busnesu ymysg y tyllau a'r adfeilion) ar y ffordd. *Ar ôl pasio copa Cribin Fawr mae llwybr yn troi i'r chwith/de-ddwyrain i fynd at Faesglase. Cofiwch hyn, gan y byddwch angen dilyn y llwybr hwn ar y ffordd yn ôl o Waun Oer.* Ar gopa Cribin Fawr ewch dros ddwy gamfa sy'n agos at ei gilydd, a dilyn ochr ogleddol y ffens, i gyfeiriad Waun Oer i'r de-orllewin. Dilynwch y ffens i lawr i'r bwlch, ble mae'r goedwig i'r de yn cyrraedd at y ffens a lle mae ffens arall yn croesi ein ffens ni yn y bwlch. Croeswch y ffens honno, a dal i ddilyn ein ffens ni tua'r gorllewin-de-orllewin, gan ddringo i fyny o'r bwlch a dilyn ffens gogleddol y goedwig. Mi welwch gopa Waun Oer â'i garnedd gron, daclus ac amlwg.

O'r copa, ewch yn ôl drwy'r bwlch a chodi at gopa Cribin Fawr, lle byddwch yn troi i'r dde *i'r llwybr tuag at Faesglase*. Bydd y llwybr hwn yn mynd i gyfeiriad y de-ddwyrain, nes cyrraedd Craig Portas, ble bydd y llwybr yn dilyn ymyl y llethrau cyn troi i'r dwyrain, yna'r gogledd-ddwyrain wrth godi efo'r ffens rhwng llethrau'r cwm a'r goedwigaeth. Cadwch i fynd ar ôl i'r goedwig orffen, gan ddilyn y ffens i ben Maesglase. Mae'r ffens yn troi i'r gogledd at gopa 670m, ond ewch ymlaen i'r gogledd am 200 llath at Graig Rhiw Erch

Maesglase mewn cysgod

sydd yn 676m ar ôl ail-fesuriad diweddar. Gan gadw at ochr dde (ddeheuol) y ffens, i osgoi cwymp Craig Rhiw Erch, cerddwch am chwarter milltir i'r dwyrain at y Maen Du, sydd ers blynyddoedd wedi cael ei dderbyn fel gwir gopa Maesglase, sef 674m ar y map. Mae'r amryfusedd yn dal i achosi problemau, felly ewch at y ddau gopa – Craig Rhiw Erch *a* Maen Du (y naill efo chydig o gerrig, a'r llall efo polyn ffens a tair neu bedair carreg) – i wneud yn siŵr eich bod wedi sefyll ar y pwynt uchaf. I ddychwelyd, cerddwch ar y gwastad i'r gorllewin-de-orllewin, gan gadw ar ochr chwith y ffens, yna dilyn y ffens hir i lawr at fwlch Craig Portas. Croeswch y graig a throi i'r dde i ddilyn y llwybr dros Gribyn Fawr, ac i lawr at y maes parcio ym Mwlch yr Oerddrws.

Copa Maesglase

TARREN Y GESAIL

- **Mynydd**: Tarren y Gesail, 2188tr / 667m (99)

- **Map**: OL 23: CG 710059

- **Pwynt dechrau**: Abergynolwyn, tua 7 milltir / 11.2 km i'r gogledd-ddwyrain o Dywyn, ar y B4405, CG 678069. Maes parcio'r pentref.

- **Pellter**: 6 milltir / 9.6 km
- **Amser**: 3-5 awr
- **Ymdrech**: Cymhedrol galed, serth, darnau erchyll o wlyb a mwdlyd. Mae gwartheg felly PEIDIWCH â mynd â chŵn efo chi. Mae gwartheg yn ymosod ar gŵn ac mi allwch chi gael eich lladd.

Copa Tarren y Gesail

Taith: O'r maes parcio, dilynwch y ffordd darmac uwchben Nant Gwernol i'r de-ddwyrain. Mewn tua milltir (1.6 km) o ddringo mae'r ffordd darmac yn dod i ben, ac mae'r ffordd yn fforchio'n ddwy. Ewch efo'r lôn laswelltog i lawr i'r dde. Wrth fynd am hen chwarel lechi Bryn Eglwys, mae'r lôn yn troi yn llwybr cul. Mae'r llwybr hwn yn troi i'r de ac yn mynd heibio twll mawr y chwarel, sydd ar y chwith yn y coed. Mae'r llwybr yn gallu bod yn wlyb yn fan hyn. Pan welwch arwydd Llwybr Cyhoeddus a chamfa trowch i'r chwith a dringo trwy'r goedwig. Cyn hir bydd y llwybr yn troi i'r dde, i gyfeiriad y de-ddwyrain, gan adael y goedwig a mynd islaw tomennydd wast llechi sydd ar y chwith, ac yn dilyn ffens coedwig arall ar y dde, tua'r de-ddwyrain, yna dilyn ffens ddeheuol coedwig a dorrwyd, ar y dde y tro hwn, tua'r de-ddwyrain i ddechrau, yna i'r dwyrain. Dilynwch ffens y blanhigfa at le mae'r ffens yn troi i'r gogledd (i'r chwith) i ddringo'r holl ffordd i ben y mynydd – gwnewch chithau'r un peth. Wrth gyrraedd pen y mynydd, trowch i'r dde a dringo'r gefnen sy'n mynd i'r gogledd-ddwyrain. Bydd y gefnen yn lefelu wrth fynd am y dwyrain, tuag at y piler triongli, lle mae dwy ffens yn cwrdd. Mae'r pwynt uchaf ar ochr arall y ffens, ychydig lathenni i'r dwyrain. Ewch yn ôl yr un ffordd ag yr aethoch i fyny. Es i am ar lwybr tarw drwy'r blanhigfa ar fy ffordd i lawr, a tydw i ddim yn ei argymell!

Gymry Gwynedd mae'r Carneddau yn llawer mwy na mynyddoedd, llawer mwy na chael dringo i'r uchelfannau i fwynhau'r golygfeydd. I Wyneddwyr mae perthynas sy'n llawer dyfnach na hyn efo'r Carneddau – y gadwyn o gopaon llydan, uchel sy'n estyn am filltiroedd gan amgylchynu calon Gwynedd fel mur gwarchodol. Yn enwedig ymysg trigolion ardal Dyffryn Ogwen, ble mae'r Carneddau bron â chyrraedd at eu gerddi, yn gymdogion ar ochr arall y ffens. Ac yn fwy fyth ymysg y ffermwyr sy'n byw a gweithio ar y Carneddau, eu defaid yn eu cynefin yn pori'r llethrau a rhannu'r porfeydd efo merlod mynydd gwyllt Cymreig y Carneddau. Mae'r berthynas rhwng y ffermwyr a'r mynyddoedd yr un mor symbiotig ag ydi'r berthynas rhwng y merlod a'r mynyddoedd. Yn un â'r glaw a'r gwynt a'r haul.

Mae 'na gysylltiad ysbrydol rhwng Cymry Gwynedd a'r Carneddau. Mae'r Carneddau yn rhan ohonon ni a ninnau'n rhan ohonyn nhw. Unwaith rydan ni ar y Carneddau mae ein curiadau'n cyd-guro â rhythmau'r ddaear o dan ein traed. Mae'n camau ni'n dilyn ein calonnau a'r rhythmau'n cyflymu wrth gyrraedd y llwyfannau uchel, i gerdded ar greigiau garw uwchben clogwyni uchel, llym a llamu fel llumanau ar y gwynt, parch ymhob cam a naid – parch i'r mynydd, i'r Carneddau a'r carneddi claddu sydd i'w cael ar y rhan fwyaf o'r copaon. Carneddi amlwg i'w gweld o bell, a godwyd gan ein cyndeidiau bedair mil o flynyddoedd yn ôl. Fe'u codwyd dros gistiau lle'r oedd llwch cyrff eu pobl amlwg yn gorwedd, ac wedi eu codi efo cerrig y mynydd ei hun – y sawl a gladdwyd yn un â'r mynydd wrth i'r mynydd ei dderbyn yn ôl i'r ddaear, yn y llefydd sanctaidd hyn. Llefydd hudol oedd mynyddoedd, yn agosach i'r awyr wrth ddal i fod yn rhan o'r ddaear, lle'r oedd nentydd ac afonydd yn tarddu, lle'r oedd eryrod a duwiau ac ehedydd, ond hefyd yn llefydd ble'r oedd niwl a chymylau du yn casglu, chwyrnu taranau a mellt a glaw a gwynt a bleiddiaid. Ac mae'r hen, hen atgof hwnnw o fod â pharchedig ofn greddfol yn dal i fod yn ein mêr hyd heddiw. Pobl y mynydd ydan ni o hyd. Yr un bobl â'n cyndeidiau. Yr un hen bobl a'u diwylliant a gododd y carneddi hyn yr holl ganrifoedd pell yn ôl. Ac mae'r holl hanes hwn yn rhan ohonon ni.

Mae'r Carneddau yn rhan o'n hunaniaeth, yn rhan o'n Cymreictod.

Rydan ni'n ymwybodol o gadernid y Carneddau, cadernid Gwynedd. Yn ymwybodol o'u rhan yn ein hamddiffyn, yn rhan o'n gwrthsafiad, yn ein gwaredu rhag difodiant gan luoedd grymus Lloegr. Rydan ni'n ymwybodol o gadarnleoedd Owain Gwynedd, Llywelyn Fawr (Tywysog Aberffraw ac Arglwydd Eryri, a Thywysog Gwynedd), a Llywelyn ap Gruffudd ein Llyw Olaf, a fu, yn eu tro, yn uno Cymru o'u canolfan yng Ngwynedd, gan ddefnyddio'r Carneddau fel mur i warchod tiroedd pori calon Gwynedd yn Llŷn, Arfon a Môn, ac fel lle diogel i godi llysoedd a lluestau, lle oedd llwybrau uchel yn rhedeg trwy'r bylchau rhwng y copaon yn eu galluogi i fasnachu ac ymosod ar y gelyn, a lle i guddio yng nghymoedd uchel y mynyddoedd triw. Heb y Carneddau byddai byddinoedd Lloegr wedi sgubo trwy Wynedd heb drafferth a'n dinistrio. Heb y Carneddau, fyddai dim Gwynedd. Heb Wynedd, fyddai dim Cymru. Rydym yn ymwybodol o hyn. Mae'r hanes yn rhan ohonon ni.

Mae'r Carneddau yn rhan o'n hunaniaeth, yn rhan o'n Cymreictod.

Ar y Carneddau mae enwau'r mynyddoedd yn cario enwau'n tywysogion. Mae Carnedd Llywelyn wedi ei enwi ar ôl un ai Llywelyn ap Gruffudd ein Llyw Olaf neu Lywelyn Fawr ei daid. Does neb yn gwybod yn iawn. Cafodd Carnedd Dafydd ei enw ar ôl un ai Dafydd ap Gruffudd, brawd Llywelyn ap Gruffudd ein Llyw Olaf, neu Dafydd ap Llywelyn, Tywysog Aberffraw ac Arglwydd Eryri, a Thywysog Cymru 1240-46, a mab Llywelyn Fawr ac ewyrth i'r brodyr Llywelyn ap Gruffudd a Dafydd ap Gruffudd. Does neb yn siŵr pa Ddafydd sydd ar Garnedd Dafydd chwaith, felly. Ond be sy'n bwysig ydi bod enwau'n tywysogion yn fyw o hyd ym mynyddoedd y Carneddau. Mae hyd yn oed enw Yr Elen wedi ei gysylltu ag Elinor (Eleanor de Montfort), gwraig Llywelyn ap Gruffudd a fu farw ar enedigaeth ei unig blentyn, Gwenllian. Yr Elain, sef enw ar ewig fenywaidd, ac weithiau ar wraig ifanc, oedd enw gwreiddiol Yr Elen, medd rhai. Mae'r ffaith bod yr enw wedi datblygu i'r Elen yn dangos bod hanes

Merlod ar Ben yr Helgi Du

Llywelyn yn gryf yn yr ardal ers dros saith can mlynedd. Mae'r enwau hyn wedi'n hatgoffa o'n hanes drwy gydol y canrifoedd, ac mae'r ymwybyddiaeth o bwysigrwydd yr hanes tyngedfennol hwnnw hefyd yn fyw o hyd. Mae o'n rhan o'n bywydau, yn rhan o'n bod, yn rhedeg yn y gwaed. Mae'r Carneddau yn un â'r hanes ac mae'r hanes yn rhan ohonon ni...

Mae elfen arall i'r ymwybyddiaeth yma o'n hanes hefyd. Cof dwfn y tu mewn i ni, cof cyfunol yn yr isymwybod sy'n teimlo poen a gwarth trasiedi olaf Gwynedd y Tywysogion ac annibyniaeth Cymru. Mae o'n hanes trist o drallod, brad, colled a chwymp sydd wedi aros yng nghof y Carneddau a chof a hunaniaeth Gwynedd a Chymry Gwynedd. Pan ddaeth y rhyfel cyntaf rhwng Llywelyn ap Gruffudd ac Edward I i ben yn 1277, bu rhaid i Lywelyn ildio a derbyn consesiynau caled. Roedd y rhain yn cynnwys colli ei diroedd i gyd heblaw am galon Gwynedd, sef y tiroedd i'r gorllewin o Ddyffryn Conwy. Er iddo gael cadw'r teitl Tywysog Cymru, doedd arglwyddi eraill Cymru a fu'n rhoi gwrogaeth i Lywelyn, ddim i gydnabod Llywelyn fel eu harglwydd. Yn ogystal, byddai'r teitl Tywysog Cymru yn cael ei ddileu ar ôl marwolaeth Llywelyn, yn hytrach na chael ei etifeddu.

Ffynnon Llugwy o Fwlch Eryl Farchog

Ond yn ystod y Pasg ym mis Mawrth 1282, taniodd Dafydd ap Gruffudd, brawd Llywelyn, y ffiws a fyddai'n gweld Cymru'n ffrwydro i ryfel unwaith eto. Roedd Dafydd wedi derbyn tiroedd gan y Brenin ar ôl 1277 am ei ran yn y rhyfel yn erbyn ei frawd, ond roedd o'n teimlo nad oedd wedi cael ei wobrwyo'n deilwng. Wrth gwrs, roedd o'n ymwybodol fod y teitl Tywysog Cymru yn mynd i farw efo Llywelyn, a'r unig obaith oedd ganddo i ennill y teitl oedd trwy ymladd amdano. Ar Sul y Blodau, 21ain o Fawrth 1283, ymosododd ar gastell Penarlâg i ddechrau, gan ladd y garsiwn. Lledodd y gwrthryfel drwy'r gogledd-ddwyrain a doedd gan Lywelyn ddim dewis ond ymuno â'r rhyfel. Mewn blwyddyn gwbl drasig i Lywelyn, bu farw ei wraig Eleanor (Elen) wrth roi genedigaeth i'w ferch, Gwenllian, ym mis Mehefin. Lladdwyd Llywelyn yn Rhagfyr 1282, ac fel olynydd ei frawd, gwnaed Dafydd yn Dywysog Cymru gan ei ddilynwyr. Erbyn Ionawr 1283 roedd Edward wedi amgylchynu cadarnle'r Gymru annibynnol efo'i fyddinoedd. Gweithredu o gastell Dolwyddelan oedd Dafydd, gyda chefnogaeth rhai o aelodau o linachau brenhinol Powys Fadog a Deheubarth. Ond heb ddigon o ddynion nac adnoddau, allai o ddim amddiffyn y bylchau i gadw Dolwyddelan yn ddiogel. Symudodd i Gastell y Bere, yn Nyffryn Dysynni yn ne Meirionnydd. Erbyn mis Ebrill roedd Castell y Bere dan warchae gan 3,000 o filwyr Edward. Ar y 25ain o Ebrill ildiodd y garsiwn bach o dan Cynfrig ap Madog, ond llwyddodd Dafydd i ddianc i gastell Dolbadarn. Ym mis Mai bu rhaid iddo ddianc eto, a hynny i'r Carneddau, uwchben y cartref brenhinol yn Abergwyngregyn. Ond bradychwyd lleoliad Dafydd gan Einion Esgob Bangor a Gronw ab Dafydd, ac ar y 22ain o Fehefin, yn oer ac yn llwgu, cafodd ei ddal yn Nanhysglain – lluest neu loches gyfrinachol ynghanol cors ger Bera Mawr.

Cefn Ysgolion Duon

Anafwyd Dafydd yn ddrwg yn y sgarmes, ac fe'i cipiwyd i Ruddlan o flaen y Brenin. Ar yr un pryd cipiwyd ei fab Owain ap Dafydd a fu'n ymladd efo fo, a mab arall, ei ferch Gwladys a chwech o ferched anghyfreithlon Dafydd, yn ogystal â gwraig Dafydd, Elizabeth, a'u nith fechan chwe mis oed, Gwenllian merch Llywelyn ei frawd. Chwe diwrnod wedyn daliwyd Llywelyn ap Dafydd, mab hynaf Dafydd a'r olaf o ddisgynyddion Tywysogion Cymru. Aethpwyd â Dafydd o Ruddlan i Gaer, ac yna i'r Amwythig. Dyfeisiodd Edward I drosedd newydd, sef 'uchel frad yn erbyn y Brenin' – y tro cyntaf i unrhyw un gael ei gyhuddo o'r drosedd – a gorchmynnodd y Brenin fod Dafydd i farw yn araf ac mewn poen uffernol. Penderfynodd mai Dafydd fyddai'r person amlwg cyntaf, o dras frenhinol, i gael ei ddedfrydu i ddienyddiad trwy lusgo, crogi a diberfeddu. Doedd y weithred ddim ond wedi cael ei defnyddio ddwywaith cyn hynny, ond dim ond i ddau farchog o dras gyffredin, yn gynharach yn y ganrif. Os ydych chi'n meddwl fod enw'r weithred yn ddigon erchyll, ystyriwch y manylion hyn; yn gyntaf, ei lusgo yn sownd i gynffon ceffyl drwy'r strydoedd, yna ei grogi hyd at bron â marw (hynny ydi, dim ond ei dynnu i fyny ar y rhaff yn hytrach na'i ollwng er mwyn torri ei war), yna ei dynnu i lawr a'i glymu ar ei gefn a'i sbaddu, yna agor ei fol a thynnu ei berfeddau a stumog ac organau eraill allan, yna llosgi ei berfeddau a stumog mewn tân – yn aml tra bo'r organau yn dal wedi eu cysylltu i'r corff, ac yn aml tra bo'r truan yn dal yn ymwybodol. Yna, torri ei gorff yn ddarnau, fel arfer yn bedwar darn er mwyn eu gyrru i bob pen o'r deyrnas fel rhybudd i unrhyw un arall oedd am gyflawni uchel frad yn erbyn y brenin. Yn olaf, torri ei ben a'i roi ar bicell ar Bont Llundain. Fel hyn y bu farw Dafydd ap Gruffudd, Tywysog Cymru. Fel hyn y bu farw annibyniaeth Cymru. Talwyd ugain swllt i Geoffrey of Shrewsbury am gyflawni'r weithred.

Carcharwyd Owain a Llywelyn, meibion Dafydd yng ngharchar Bryste, dan amodau creulon. Bu farw Llywelyn yno yn 1287 neu 1278, mewn amgylchiadau amheus, ac mae sôn am Owain yn dal i fod yn gaeth yn 1325. Gyrrwyd Gwladys ferch Dafydd, a'i chyfnither Gwenllian, merch fach deng mis oed Llywelyn ap Gruffudd ac Eleanor de Montfort, i leiandai yn swydd Lincoln. Gwladys i Sixhills, ble bu farw yn 1336, a Gwenllian i Sempringham, ble bu fyw heb wybod pwy oedd hi na'i theulu. Bu farw hithau yn 1337.

Mae'r cof am yr hanes yn dal yno yn y Carneddau ac ymysg pobl Gwynedd, er gwaetha diffyg addysg hanes Cymru yn yr ysgolion. Yn y flwyddyn 2009 ailenwyd Carnedd Uchaf (rhwng Foel Grach a Foel Fras) yn Garnedd Gwenllian – yn agos at Garneddau ei thad a'i hewyrth, ac Yr Elen ei mam. Gwelodd y Carneddau ganrifoedd o ymladd i amddiffyn annibyniaeth Gwynedd a Chymru. Ond mi welson nhw'r cwbl yn chwalu mewn un cwymp marwol, hefyd. Ac mae'r rhan ganolog a chwaraeodd y Carneddau yn yr hanes yn ennyn parch sanctaidd gan bobol calon Gwynedd. Y Carneddau ydi'n coron ni o hyd.

Mae'r Carneddau yn rhan o'n hunaniaeth, yn rhan o'n Cymreictod, ac yn rhan o'n cof.

LLWYTMOR

Llwytmor, Penmon ac Ynys Seiriol o ben Foel Fras

Y Llwyd Mawr oedd enw'r mynydd hwn yn wreiddiol yn ôl rhestr yn y *North Wales Gazette* yn 1808. Tri deg mlynedd wedyn, roedd map OS 1838 yn ei alw fo'n Llwydmor. Erbyn heddiw mae'r mapiau yn ei alw'n Llwytmor. Mae'r iaith Gymraeg yn caledu sain y llythyren 'd' i 't' wrth ynganu dau air fel un – Coed Mawr (Coetmor) a Llwyd Mawr (Llwytmor). Dwn i ddim pam fod hyn yn digwydd. Efallai am ein bod ni'n bobl sy'n siarad yn sydyn? Wel, heblaw am bobl Maldwyn neu Ben Llŷn, hwyrach! Y Llwyd Mawr oedd ei enw gwreiddiol, wrth reswm, ac mae o'n enw perffaith iddo achos ei fod o *yn* fynydd llwyd – cerrig llwydion yn garped dros ei gopa a'i lethrau. Dwi'm yn siŵr be mae pobl yn ei ddefnyddio heddiw, mae'r ddau yn ddigon naturiol i fy nghlust i. Dwi'n dweud Llwytmor oherwydd mod i wedi gweld yr enw ar y map. Dyna un broblem efo mapiau. Os ydyn nhw'n anghywir, maen nhw'n aros yn anghywir. Ond mae Llwytmor, Llwydmor neu y Llwyd Mawr yn gan mil gwaith gwell na 'Quitmurr' neu 'Klitmore'.

- **Mynydd**: Llwytmor, 2785tr / 849m (25)
- **Map**: OL 17: CG 689692
- **Pwynt dechrau**: Bont Newydd, chydig i'r de-ddwyrain o Abergwyngregyn, CG 663720. Mae digon o le i geir.
- **Pellter**: 6 milltir / 9.6 km
- **Amser**: 3-5 awr
- **Ymdrech**: Cymedrol.

Taith: Cerddwch drwy'r gât wrth y bont a dilyn yr afon at bont droed. Croeswch y bont droed a throi i'r dde ar hyd llwybr llydan sy'n arwain at Rhaeadr Fawr. Ar ôl pasio o dan wifrau'r peilons, cyn cyrraedd bwthyn Nant (CG 666713), mi welwch chi lwybr arall i'r chwith yn arwain i'r goedwig. Cerddwch ar y llwybr hwn drwy'r goedwig, wedyn croesi'r marian caregog i'r chwith o Rhaeadr Fawr, tuag at y creigiau uwchben y rhaeadr. Dilynwch Afon Goch at gorlan ddefaid (sydd i'w gweld ar y map), a throi i'r dwyrain a dringo llethrau glaswelltog i gyfeiriad gwastadedd (Llwytmor Bach ar y map) o dan Llwytmor.

Trowch i'r de-ddwyrain wedyn i gyrraedd y copa. Mae carnedd fach i nodi'r pwynt uchaf, ond nid yw'r garnedd ar y map ac mae copa Llwytmor yn gerrig a chreigiau i gyd! Ond mae'r rhif 849m ar y map, felly dewiswch y garnedd agosaf i hwnnw! O'r copa ewch i lawr tua'r gorllewin, gan osgoi'r creigiau, ac yn ôl at Afon Goch, a'i dilyn i'r llwybr heibio Rhaeadr Fawr.

Amrywiad: Gellir cyrraedd Llwytmor o Lanllechid yn yr un daith at Drosgl, Bera Bach a Bera Mawr, trwy gerdded mewn siâp pedol – ar yr un uchder, mwy neu lai – i Lwytmor o un ai Bera Bach neu Bera Mawr (gan ddweud 'helo' wrth yr Aryg wrth basio). Neu mi allwch ymweld â Charnedd Gwenllian a Foel Fras ar yr un pryd. Maen nhw'n ddigon agos. Dewiswch chi. Mae'r cwbl ar yr un map OL 17.

BERA BACH, BERA MAWR, DROSGL

Ateb i gwestiwn mwya'r byd
Yw'r hyn a geisiaf nawr;
Paham, a sut, bod Bera Bach
Yn fwy na Bera Mawr?

Bera Bach

Yndi wir, mae hwn yn un o ddirgelion mwya'r byd. Neu, mi oedd o, tan i mi gael yr ateb. Tydi o ddim yn ateb gwyddonol, fodd bynnag. Ond mae o *yn* gneud sens. Wel, sens unigryw pobl hynod Dyffryn Ogwen, efallai. Mae Bera Mawr yn 2,605 troedfedd (794 metr) uwchlaw'r môr, tra bo Bera Bach yn 2,648 troedfedd (807 metr) uwchlaw'r môr. Yr ateb ges i pan rois i'r pennill hwn i fyny ar Facebook rai blynyddoedd yn ôl (ymysg llu o atebion gwamal a chymryd y pús gan fy ffrindiau anwadal) oedd am fod Bera Bach yn llawer mwy amlwg a thrawiadol na Bera Mawr. Reit... OK... Felly, rhywun wedi 'cymryd' ei fod o'n uwch, yn hytrach na'i fesur o? 'Na', daeth yr ateb eto. 'Am fod Bera Bach yn *edrych* yn uwch, neu'n edrych yn *well*, na Bera Mawr.'

Iawn, felly. Ond, os dudwch wrtha i fod gan Glyder Fach fwy o gymeriad (mae ganddi Gastell y Gwynt, mwy o bentyrrau o gerrig, y Grib Bigog a'r 'cantilever' bondigrybwyll) oni ddylid ei galw yn Glyder Fawr yn hytrach na Glyder Fach, er bod Glyder Fawr bum metr yn dalach na Glyder Fach? Neu, dychmygwch ddynion neu ferched pwysig yr Arolwg Ordnans yn mynd am y Rhinogydd i wneud eu mesuriadau a phenderfynu bod gan y Rhinog Fach fwy o *'charm, and a better view to the south due to the spectacular bwlch and Llyn Hywel'*, ac felly yn ei galw hi yn Rhinog Fawr, er bod y Rhinog Fawr wyth metr yn uwch.

Ydi'r cwestiwn hwn ynglŷn â'r Beraon neu'r Berâu yn bwysig? Nacdi. Ydi'r ateb yn bwysig? Nacdi. Fi sy'n gwamalu, wrth gwrs, yn tynnu coes fy ffrindiau a theulu sy'n byw yn y fro dirion hon. Ond mae eglurhad fy ffrindiau *yn* fater difrifol o ddigri.

O ran yr enw 'bera', mae'n debyg nad 'bera' yn golygu barcud neu fwncath sydd yma (nac, o bosib, yng Nghraig y Bera, Nantlle, chwaith). Hen air Indo-Ewropeaidd sydd wedi goroesi trwy'r Gelteg ac i'r Gymraeg ydi 'bera' (lluosog – beraon, berâu). Ei ystyr gwreiddiol oedd uchel, mynydd, ond yn y Gymraeg ei ystyr ydi tas, pentwr, mwdwl, neu byramid, tŵr, pinacl creigiog – unrhyw beth â ffurf pigog. Dyna ydi ystyr beraon, neu ferâu, y Carneddau. A dyna pam fod Bera Bach yn uwch na Bera Mawr, ynde? Cyfeirio at ddau 'bentwr' neu binaclau

Bera Mawr

Ar ben Drosgl

- **Mynydd**: Bera Mawr, 2605tr / 794m (38); Bera Bach, 2648tr / 807m (33); Drosgl, 2487tr / 758m (49)
- **Map**: OL 17: CG 675683, CG 672677, CG 664680
- **Pwynt dechrau**: Pentref Rachub rhwng Llanllechid a Bethesda. Parcio ynghanol y pentref neu ymhen uchaf y Stryd Fawr, sy'n rhedeg ai i fyny o ganol y pentref i'r gogledd-ddwyrain, CG 628680.
- **Pellter**: 7 milltir / 11.2 km
- **Amser**: 3-5 awr
- **Ymdrech**: Cymhedrol.

pigog mae'r enwau, nid at ddau fynydd (tydyn nhw ddim yn edrych fel mynyddoedd chwaith, a bod yn onest), ac mae pinaclau pigog Bera Bach yn fwy na rhai Bera Mawr. Felly dyna ateb y pos yn fy mhennill, sy'n swnio fel pos ynddo'i hun: mae bera Bera Bach yn fwy na bera Bera Mawr. Dwi'n ei gadael hi'n fa'na. Dwi eisoes wedi chwalu fy mhen fy hun.

O ran Drosgl, mae o'n enw cyffredin iawn ar fynyddoedd, cymoedd a bylchau drwy Gymru benbaladr; Drosgl, y Drysgol, Dyrysgol, Trosgl, Trwsgl, Trysgol, ac i gyd yn golygu'r un fath â'r enw cyfoes 'trwsgl' sef blêr, di-lun, rhywun neu rywbeth trafferthus, mynydd blêr, anodd ei groesi, llwybr, cwm efo cerrig a llwybr lletchwith. Mae *drys-* yn dod o drysu, a dyrys. Ac mae copa Drosgl yn garped o gerrig lletchwith i gyd.

Taith: O ben uchaf Stryd Fawr Rachub, dilynwch y llwybr sy'n mynd rownd ochr ogleddol Moel Faban i gyfeiriad nant Ffos Rhufeiniaid. Cyn cyrraedd y nant mae llwybr aneglur yn mynd tua'r gogledd-ddwyrain cyn dilyn ochr dwyrain Llefn, ac heibio ochr ddwyreiniol Gyrn, i gyrraedd llwybr cyhoeddus llydan sy'n mynd tua'r de-ddwyrain i gyfeiriad Drosgl. Bydd y llwybr yn rowndio ochr ddwyreiniol Drosgl, ond gadewch y llwybr a dringo llethr gorllewinol y mynydd. Mae'r copa yn gerrig i gyd, ac mae hen garnedd gladdu Oes Efydd yno hefyd, i'r gogledd o'r pwynt uchaf.

Mae Bera Bach hanner milltir i'r dwyrain o gopa Drosgl, ac mae llwybr llydan a chlir rhwng y ddau. I ddringo i bwynt uchaf Bera Bach ewch at ei greigiau o'r dwyrain. Mae Bera Mawr a'i greigiau trawiadol tua chwarter milltir i'r gogledd-orllewin o Bera Bach. Dringwch y creigiau i'r pwynt uchaf o'r gogledd. Mae o'n ddigon hawdd. O'r Bera Mawr, ewch yn ôl ar y llwybr cyhoeddus amlwg heibio Drosgl, yna heibio Gyrn a Llefn ar y llwybr annelwig ond digon hawdd, a heibio Moel Faban, ac i lawr i Rachub.

Mae modd dringo i ben y Berâu a'r Drosgl o Bont Newydd a'r Rhaeadr Fawr. Dilynwch daith Llwytmor.

FOEL GRACH, CARNEDD GWENLLIAN, FOEL FRAS, DRUM, CARNEDD Y DDELW

Parciais y fan fach ddu yn y maes parcio, hanner milltir i'r gogledd-ddwyrain o ben gogleddol Llyn Eigiau, yn edrych ymlaen at daith nad oeddwn wedi'i cherdded o'r blaen. Roedd hi'n ddiwrnod braf a phoeth. Ar ôl dilyn y ffordd gerrig i'r gogledd-orllewin o'r lle parcio roedd y ffordd yn troi i'r gogledd wrth gorlannau defaid, ac yn dechrau codi. Cyn hir roedd hi'n troi i'r gorllewin i groesi'r bwlch rhwng Clogwyn yr Eryr a Cherrig Cochion. Y peth cyntaf i mi weld oedd rhes o feini hirion, yn croesi'r ffordd ar linell letraws. Ar y dde i'r ffordd roedd maen dwy droedfedd, ac ar y chwith maen chwe throedfedd, a thu ôl i hwnnw roedd maen chwe throedfedd arall wedi disgyn. Tua 60 llath i ffwrdd roedd maen hir arall, tua phedair troedfedd o daldra. Mae Coflein yn dweud eu bod nhw 'o bosib yn gynhanesyddol', ond does dim sicrwydd ac mae angen archwilio'r safle i gael cadarnhad. Yr ansicrwydd sydd i gyfri am absenoldeb y safle ar y map. Daeth yr ail ryfeddod i'r golwg pan gyrhaeddais y bwlch. Criw bach o ferlod gwyllt y Carneddau – tri ohonyn nhw'n pori'r gwair ynghanol y ffordd, dwy ferlen frithlas, a merlyn gwyn. Roedd hwnnw'n ddigon hapus i mi dynnu llun ohono, tan yr es i'n rhy agos, ac y penderfynodd nad oedd o'n licio'r *paparazzi* wedi'r cwbl.

Ar ôl croesi'r bwlch roedd y ffordd yn troi i'r de-orllewin gan ddilyn ochr ddeheuol y cwm, sef llechwedd hir Cefn Tal Llyn Eigiau. Islaw ar y dde mae Llyn Dulyn â chlogwyni gwaelod Foel Grach a Foel Fras yn ei warchod, ble y tarodd sawl awyren y creigiau yn ystod ymarferion adeg yr Ail Ryfel Byd. I'r de o Lyn Dulyn mae llyn Melynllyn, ac wrth ei ymyl mae hen chwarel Melynllyn, a fu'n cynhyrchu ychydig o lechi i ddechrau cyn canolbwyntio ar gynhyrchu hogfeini. Ar ôl busnesu dipyn ymysg adfeilion y chwarel, a'r lefelau uwchlaw, dringais y llethr serth i'r de-orllewin, i ymuno â chefnen lydan, uchel, a llwybr yn ei dilyn yr holl ffordd at gopa Foel Grach. O'r gefnen hon gellir edrych i lawr i'r dde at Lyn Melynllyn a gweld y gwŷdd melynwyrdd sy'n tyfu ar wely'r llyn, gan roi iddo ei enw. Duw a'n helpo os collwn ni'r hen enwau disgrifiadol hyn. Dychmygwch o'n cael ei ailenwi yn Lake Custard neu Dandylion Lake. Ar yr ochr chwith i'r gefnen mae Carnedd Llywelyn yn deyrn ar yr ucheldir a'r cymoedd o amgylch.

Ar gopa Foel Grach

Gan gadw'n glir o greigiau Craig Fawr, sy'n codi o lannau gorllewin Melynllyn, cyrhaeddais gopa Foel Grach, sydd â'i bwynt uchaf yn gorwedd ar y ffin rhwng Gwynedd a Chonwy. Ar y copa, hefyd, mae... ia, carnedd gladdu! O dan y copa, i'r dwyrain, yng nghysgod y creigiau mae cwt lloches, gyda drws a tho arno. Lloches argyfwng ydi o a chaniateir cysgodi ynddo mewn tywydd peryglus.

Wrth gerdded y gefnen lydan rhwng Foel Grach a Charnedd Gwenllian a draw dros Foel Fras, yn dilyn y ffin o gopa i gopa, cwrddais â thrydydd criw o ferlod y dydd, ac mi dynnais lun o ebol bach yn

Carnedd Gwenllian

carlamu tuag at ei deulu â llethr llym yr Elen y tu ôl iddo. Llun sy'n cynrychioli rhyddid di-ben-draw'r merlod gwyllt, ac ysbryd y Carneddau, i'r dim. Roedd y golygfeydd yn ysgubol i bob cyfeiriad, Pen yr Helgi Du a Phen Llithrig y Wrach, Moel Siabod, y Glyderau, y Garn a'r Wyddfa, Ynys Môn, Penmon ac Ynys Seiriol, Aberconwy a'r castell, a Phen y Gogarth a'r melinau gwynt allan yn y môr. Daeth sŵn fel cacwn mawr yn mwmian ei fodlonrwydd yn yr awyr uwch fy mhen; rhywun mewn paragleider pŵerog, yn eistedd â'i gefn yn erbyn yr injan, yn hapus ei fyd, ac mi basiodd hofrenydd coch a gwyn y Tîm Achub Mynyddoedd sawl gwaith ar ymarfer. Er fy mod i yno ar y mynydd ar ben fy hun, roedd 'na wastad rywun yno yn rhywle – os nad ar y llawr, i fyny yn y nen!

Mae copa Foel Fras a'i biler triongli ynghanol maes cerrig mawr. Unwaith eto roeddwn i'n sefyll ar y ffin rhwng Gwynedd a Chonwy, ac mi fyddwn yn ei dilyn am bron i ddwy filltir arall wrth ganlyn

Copa Foel Fras

y gefnen o Foel Fras, dros y Drum ac at Garnedd y Ddelw yn y gogledd. Ond yn gyntaf, penderfynais wneud *detour* bach draw i ben Llwytmor, sydd lai na milltir o gopa Foel Fras, tua'r gogledd-orllewin. Ro'n i wedi cerdded 200 llath i lawr o gopa Foel Fras pan sylweddolais fy mod wedi gadael fy nghamera ar ben wal y ffin, ar ben Foel Fras. Bu rhaid i mi frasgamu yn fy ôl i'w nôl o, a chychwyn eto. Ar ôl gadael Llwytmor cerddais i'r de-ddwyrain, i basio uwchlaw creigiau llethr gogleddol Foel Fras, i'r de o Bant y Mynach, ac ymuno â'r gefnen unwaith eto. Draw tua'r gogledd-orllewin roedd Penmon ac Ynys Seiriol, ac islaw i mi roedd Llyn Anafon, a rhwng y llyn a Llwytmor a Foel Fras roedd tri chriw mawr o ferlod yn pori yn yr haul. A dyma pryd y gwelais y ffenomen 'llinellau duon' am y tro cyntaf. Dwi eisoes wedi egluro be ydyn nhw ym mhennod Bannau Brycheiniog y llyfr hwn. Ond wir i chi, pan welais i nhw gyntaf, a thynnu eu lluniau, ro'n i'n wir feddwl fy mod i'n dyst i ryw arbrawf gan y llu awyr – neu *aliens*!

Copa'r Drum oedd nesaf, lle mae carnedd gladdu Oes Efydd drawiadol, Carnedd Penyborth Goch, sydd yn 60 troedfedd ar draws (wrth gynnwys y llwyfan gwrb) ac yn sefyll ar gopa'r mynydd, ble y gwelir hi o bell. Yn anffodus, gwnaed lle i loches ar ffurf pedol ynghanol y garnedd. Ymlaen â mi ar hyd y grib eto, ac mewn hanner milltir dda roeddwn ar gopa Carnedd y Ddelw, ble mae carnedd gladdu anferth sy'n mesur 60 troedfedd ar draws (ac olion rhai llai, o bosib). Yn y canol (ble mae lloches bellach!) mae olion y gist gladdu, ac yn ôl y sôn roedd y capfaen (caead y gist) i'w weld ar ddechrau'r ganrif hon. Cafodd y garnedd ei henw oherwydd i rywun ganfod delw o aur, pum modfedd o faint, yn y gist rhywbryd yn y ddeunawfed ganrif. Does neb yn gwybod i le'r aeth hi.

Weithiau, pan dwi ar gopa mynydd, dwi'n licio canu ar dop fy llais. Bloeddio, a bod yn onest. Gall fod yn unrhyw gân dwi'n ei licio, o reggae i gân werin, neu be bynnag ddaw i fy mhen, boed Gymraeg neu Saesneg. A dyna ro'n i'n ei wneud wrth eistedd yn y lloches yng Ngharnedd y Ddelw, yn canu un o'r caneuon cyntaf i mi chwarae ar y gitâr, 30 mlynedd yn ôl (am mai dim ond dau gord oedd iddi) – cân eithaf anghyffredin o feddwl yn lle'r oeddwn i. 'Jambalaya (On the Bayou)' o'n i'n ganu, a hynny ar y Carneddau, nid ar lyn mewn cors yn Louisiana.

Goodbye Joe, me gotta go, me oh my oh,
Me gotta go pole the pirogue down the bayou,
My Yvonne, the sweetest one, me oh my oh,
Son of a gun, we'll have big fun on the bayou.

Ro'n i'n dal i ganu wrth godi ar fy nhraed a chamu o'r garnedd, pan welais i ddyn oedd ar fin eistedd lawr ger y ffens ar ôl cyrraedd o gyfeiriad Bwlch y Ddeufaen. Ddwedodd o ddim byd am y canu, ond roedd yr olwg ar ei wyneb o'n siarad cyfrolau. Be ddiawl oedd rhywun yn ei wneud yn eistedd mewn carnedd gladdu Oes Efydd, ar fynydd anghysbell yng ngogledd Cymru, yn morio canu cân gan Hank Williams sy'n sôn am bryd o fwyd cajun-creole a phwsio cwch efo ffon drwy gorsydd Louisiana efo Joe ac Yvonne. Ond dyna ni. Debyg ei fod o'n dal i sôn am y peth wrth ei ffrindiau. 'Guess what's the strangest thing I found in a cairn?'

Ar ôl troi'n ôl at gopa'r Drum a Charnedd Penyborth Goch, troais tua'r de-ddwyrain a dal i fynd nes fy mod i i'r de o Ben y Castell. Roedd yna ferlod yma eto, yn gorwedd yn yr haul, a llwynog yn croesi'r llethrau gan ddilyn ei oglau, a chudyll coch yn hedfan yn ei unfan wrth lygadu'r gwair am ei swper. O Ben y Castell roedd rhaid troi am y de (i lawr y llethr) er mwyn cwrdd ag Afon Ddu a'i dilyn hi tuag at y cymer efo Afon Dulyn. Ond mi ffwndrais braidd a throi i'r de yn rhy fuan a chyn cyrraedd yr afon cefais fy hun i fyny at fy nghanol mewn brwyn a ffosydd a phyllau mawr. Llwyddais i gyrraedd Afon Dulyn a Maeneira yn y diwedd, a chael hyd i'r ffordd yn ôl heibio'r corlannau defaid ac at y fan fach ddu yn y maes parcio.

Mynydd: Foel Grach, 3202tr / 976m (8); Carnedd Gwenllian, 3038tr / 926m (12); Foel Fras, 3091tr / 942m (11); Drum, 2526tr / 770m (45); Carnedd y Ddelw, 2257tr / 688m (82)

Map: OL 17: CG 689659, CG 687669, CG 696682, CG 708696, CG 708705

Pwynt dechrau: Cwm Eigiau, dair milltir i'r de-orllewin o Dal-y-Bont, Dyffryn Conwy. Mae lle parcio hanner milltir i'r gogledd-ddwyrain o ben gogleddol Llyn Eigiau, CG 732663.

Pellter: 11 milltir / 17.6 km
Amser: 4-8 awr
Ymdrech: Cymedrol, ond hawdd unwaith y cyrhaeddwch y topiau.

Taith: O'r lle parcio, dilynwch y ffordd gerrig i'r gogledd-orllewin. Mewn llai na hanner milltir mae'r ffordd yn troi i'r gogledd, heibio i gorlannau defaid, a dechrau codi. Ar ôl chydig bydd y ffordd yn troi i'r gorllewin i groesi'r bwlch rhwng Clogwyn yr Eryr a Cherrig Cochion. Ar ôl llai na hanner milltir mae'r ffordd yn troi tua'r de-orllewin, i ganlyn ochr ddeheuol y cwm, sef llethrau Cefn Tal Llyn Eigiau. Cyn cyrraedd Llyn Melynllyn mae hen chwarel Melynllyn. Ewch heibio i'r chwith i'r chwarel a dringwch y llethr o'ch blaen i gyfeiriad y de-orllewin, er mwyn cyrraedd llwybr y gefen fydd yn mynd â chi i'r gogledd-orllewin at gopa Foel Grach. Pan gyrhaeddwch y gefen dilynwch y llwybr at gopa Foel Grach, sydd â'i bwynt uchaf ar y ffin rhwng Gwynedd a Chonwy.

O Foel Grach, dilynwch y llwybr amlwg (a'r ffin sirol) ar hyd y gefen lydan sy'n mynd tua'r gogledd at Garnedd Gwenllian, yna ymlaen at Foel Fras i'r gogledd-ddwyrain. Mae'r copa ynghanol maes cerrig, ac mae piler triongli yn nodi'r pwynt uchaf, a'r ffin sirol. Gadewch Foel Fras tua'r gogledd-ddwyrain, gan ddilyn wal gerrig sy'n dynodi'r ffin, a chanlyn y gefen sy'n gwyro tua'r gogledd. Ar ôl pasio Bwlch y Gwryd mi ddewch at y Drum a Charnedd Penyborth Goch ar ei gopa. O'r

O garnedd i garnedd: Drum a Foel Fras o Garnedd y Ddelw

Drum, ewch ymlaen tua'r gogledd ar hyd y gefnen, a dod at Garnedd y Ddelw, lle mae carnedd gladdu fawr.

O Garnedd y Ddelw, ewch yn ôl tua'r de, ac wrth gyrraedd y Drum, trowch i'r chwith, sef i'r de-ddwyrain, a dilynwch y gefnen gan ganlyn y ffens dros Foel Lwyd, hyd nes cyrraedd islaw Pen y Castell. Trowch i'r de ac i lawr y llethrau i ddilyn Afon Ddu tua'r de-ddwyrain. Mi ddowch at bont droed dros yr afon, ac mi welwch argae bychan, a bydd Afon Ddu yn ymuno ag Afon Dulyn. Dilynwch y llwybr i'r de-ddwyrain tuag at Faeneira. Ym Maeneira mae'r llwybr yn troi tua'r de, ac yn mynd â chi at y corlannau defaid, lle mae'r ffordd yn troi tua'r dwyrain i ddilyn y ffordd gerrig tuag at y lle parcio.

YR ELEN, CARNEDD LLYWELYN, CARNEDD DAFYDD, PEN YR OLE WEN

Yr Elen

- **Mynydd**: Yr Elen, 3156tr / 962m (9); Carnedd Llywelyn, 3491tr / 1064m (3); Carnedd Dafydd, 3412tr / 1044m (4); Pen yr Ole Wen, 3209tr / 978m (7)

- **Map**: OL 17: CG 674651, CG 684644, CG 663630, CG 656619

- **Pwynt dechrau**: I'r de-ddwyrain o Gerlan lle mae'r ffordd fach yn dod i ben yn y coed, ar ôl pont dros Afon Llafar, ychydig cyn iddi redeg i mewn i Afon Caseg, ger ffordd i'r chwith at fferm Gwaun y Gwiail. Mae lle i gar wrth y bont CG 637660. *Mae afonydd y Carneddau yn beryglus ar lif, felly os ydych am groesi Afon Llafar neu Afon Caseg, er enghraifft, pan maen nhw mewn llif, anghofiwch hi.*

- **Pellter**: 8 milltir / 12.8 km
- **Amser**: 4-6 awr
- **Ymdrech**: Cymedrol i galed.

Taith: Cerddwch i'r de-ddwyrain ac o fewn ychydig funudau mi ddowch allan o'r coed, i ddilyn glan ddeheuol Afon Llafar, heibio'r gwaith dŵr a sawl corlan ddefaid yn y caeau glas. Daliwch i ddilyn y llwybr efo'r afon, tua'r de-ddwyrain. Cyn hir bydd y tir ar ochr ogleddol yr afon yn troi yn dir mynydd gwyllt, a bydd y wal gerrig olaf yn cyrraedd at yr afon wrth ymyl corlan ddefaid ar lannau gogleddol yr afon. Mi fydd sawl cyfle i groesi'r afon o hyn allan. Daliwch i gerdded ar y lan ddeheuol. Cyn hir mi welwch rwydwaith mawr o gorlannau defaid ar lan ddeheuol yr afon, yna hen argae ar yr ochr draw, ac yna dwy gored (*weir*) yn yr afon. Cyn hir bydd y llwybr yn pasio dwy gorlan fach ar y chwith, un yn hirgrwn a'r llall yn sgwâr. Mewn ychydig o lathenni eto, mi welwch lwybr yn gadael glan ogleddol yr afon, a mynd am y gogledd. Croeswch yr afon a dilyn y llwybr hwn am ryw chwarter milltir, cyn gadael y llwybr, a throi i'r dwyrain-gogledd-ddwyrain dros Braich y Brysgyll, ac ymuno â chefnen Yr Elen ac esgyn dros Foel Ganol. Daliwch i esgyn y gefnen, sy'n serth mewn darnau, nes cyrraedd gopa Yr Elen.

Carnedd Llywelyn a Craig yr Ysfa o Pen yr Helgi Du

Mynydd hardd iawn ydi'r Elen. Mae wynebau ei glogwyni dwyreiniol a gogleddol yn cyfuno â chlogwyni gorllewinol Carnedd Llywelyn i ffurfio pedol, lle mae Cwm Caseg a llyn Ffynnon Caseg yn gorwedd yn ei chôl islaw. Cwm rhewlifol ydi Cwm Caseg, ac o Ffynnon Caseg mae Afon Caseg yn tarddu. O'r copa creigiog croeswch y grib sy'n mynd tua'r de-dwyrain, er mwyn dringo'r llethrau caregog tuag at gopa Carnedd Llywelyn, sydd lai na milltir o gopa'r Elen. Mae carnedd gladdu yn ymyl copa Carnedd Llywelyn, ac o ben y mynydd mi welwch chi lyn bychan Ffynnon Llyffant, yn llechu islaw clogwyni dwyreiniol a gogleddol Carnedd Llywelyn. Yn ôl y sôn hwn yw'r llyn uchaf yng Nghymru, yn gorwedd 820m uwchlaw'r môr, ac ohono mae Afon Eigiau yn tarddu. Daeth awyren i lawr yno yn 1957 a lladd y ddau beilot, ac mae darnau o'r awyren o gwmpas y lle o hyd. Dim ond un o lawer iawn o ddamweiniau awyrennau a ddigwyddodd ar y Carneddau. Mae'r olygfa i lawr Cwm Pen Llafar yn drawiadol iawn wrth i'r afon ddolennu'r holl ffordd i lawr y cwm, rhwng amryw gorlannau defaid. Tua'r de-ddwyrain mae Pen yr Helgi Du a Phen Llithrig y Wrach yn ddramatig dros ben.

O Garnedd Llywelyn, dilynwch y grib tua'r de at Fwlch Cyfrwy Drum lle mae'r grib yn gwyro'n raddol tua'r gorllewin wrth groesi Cefn Ysgolion Duon a'i glogwyn dychrynllyd – yr enwog Ysgolion Duon. Mae copa Carnedd Dafydd o'ch blaen i'r gorllewin. Mae dwy garnedd gladdu Oes Efydd ger y copa, un i'r gogledd-orllewin a'r llall i'r de-orllewin o'r

Carnedd Dafydd o Garnedd Llywelyn

pwynt uchaf. Mae'r golygfeydd yn fendigedig – Tryfan a'r Glyderau yn codi tu ôl i Ben yr Ole Wen, Cwm Lloer ar y chwith tua'r de, a chwm Nant y Benglog yn ei ogoniant i'r de, yn arwain Afon Llugwy tuag at Gapel Curig. I'r dwyrain hefyd mae Bwlch Eryl Farchog a Phen yr Helgi Du yn gwarchod Ffynnon Llugwy.

Ewch o Garnedd Dafydd gan ddilyn y gefnen tua'r de-orllewin, gan basio carnedd gladdu Oes Efydd ar Garnedd Fach, lle mae'r llwybr yn gwyro tua'r de wrth anelu am Fwlch yr Ole Wen. Mae pwynt uchaf Pen yr Ole Wen, ychydig i'r dwyrain o'r bwlch ac uwchlaw clogwyni deheuol Cwm Lloer. Gyda llaw, ystyr yr enw Pen yr Ole Wen ydi 'pen yr oleddf wen'. Ystyr y gair 'goleddf' ydi rhiw, allt, llethr, ac o'i ben o mae gogoniant y Glyderau oll yn banorama o'ch blaen.

I fynd yn ôl am gyffiniau Gerlan, ewch yn ôl at Fwlch yr Ole Wen, a dilyn cefnen Braich Tŷ Du i ddechrau, cyn anelu at islaw Foelgraig, a dilyn y gefnen am filltir tua'r gogledd, a dilyn Afon Cenllusg at y Gwaith Dŵr ac Afon Llafar, ac yn ôl at y lle parcio.

PEN YR OLE WEN, CARNEDD DAFYDD, CARNEDD LLYWELYN

(TAITH WAHANOL)

- **Mynydd**: Pen yr Ole Wen, 3209tr / 978m (7); Carnedd Dafydd, 3412tr / 1044m (4); Carnedd Llywelyn, 3491tr / 1064m (3)
- **Map**: OL 17: CG 656619, CG 663630, CG 684644
- **Pwynt dechrau**: Glan Dena. Ar yr A5 ychydig i'r dwyrain o Lyn Ogwen mae llain parcio hir ar ochr ddeheuol y ffordd, CG 668605. Gyferbyn â phen gorllewinol y llain mae coedwig fach lle mae Afon Denau yn llifo tuag at Lyn Ogwen. Mae ffordd fach yn mynd drwy'r coed i'r gogledd.
- **Pellter**: 9 milltir / 14.5 km
- **Amser**: 4-8 awr
- **Ymdrech**: Cymedrol/Anodd.

Taith: Cerddwch drwy'r coed i'r gogledd. Bron wrth gyrraedd ffermdy Tal y Llyn Ogwen mae arwydd yn eich cyfeirio at y dde a dilynwch wal at gamfa. Croeswch y gamfa a throi i'r dde (gogledd) a dringo'r llwybr serth sy'n dilyn Afon Lloer. Cyn hir bydd y llwybr yn croesi'r afon i ganlyn ei hochr orllewinol. Gwnewch chithau'r un peth. Ychydig dros chwarter milltir wedi croesi Afon Lloer mi ddowch at gamfa arall, o dan gefnen ddwyreiniol Pen yr Ole Wen. Cyn hir mi fydd yr afon yn troi i'r gorllewin, i gyfeiriad Bryn Mawr a Ffynnon Lloer. Wrth y tro yn yr afon mae'r tir yn lefelu ac yn cadw'n dynn at yr afon (CG 666619). Yn fan hyn, cerddwch dros y codiad tir i'r chwith a chroesi'r gwastadedd i gyfeiriad cefnen ddwyreiniol Pen yr Ole Wen. Does dim llwybr amlwg i ddechrau, ond mi fydd yn gwella. Ewch i fyny trwy greigiau'r gefnen lle mae llwybr i'w weld yma ac acw, ac mi gewch gip o Ffynnon Lloer i lawr i'r dde i chi bob yn hyn a hyn ond PEIDIWCH â mentro at wyneb clogwyn gogleddol Pen yr Ole Wen/clogwyn deheuol Cwm Lloer! Cadwch at greigiau'r gefnen ddwyreiniol, hyd nes cyrraedd y copa gwastad a charegog. Cewch olygfeydd i'ch gwefreiddio, ac mae Cwm Lloer a Ffynnon Lloer islaw i'r gogledd yn hudolus iawn.

Mae Meleri fy chwaer ieuengaf wedi setlo yn yr ardal, yn Llanllechid, efo Meirion ei gŵr a'u plant, ac maen nhw wedi galw un ferch (y plentyn canol) yn Lloer Prysor, sef Lloer ar ôl Cwm a Ffynnon Lloer, a Prysor ar ôl Cwm Prysor, ble magwyd ni fel teulu ym mhlwy Trawsfynydd. A dyna wreiddiau'r teulu'n ymestyn eto!

Ar Ben yr Ole Wen, dilynwch ymyl clogwyn Cwm Lloer a mynd am y gogledd cyn troi i'r gogledd-ddwyrain i ddringo'r grib i gopa Carnedd Dafydd. O Garnedd Dafydd, dilynwch y llwybr ar hyd ymyl y clogwyni tua'r dwyrain, yna dechrau gwyro tua'r gogledd-ddwyrain uwchben Ysgolion Duon, yna dilyn yr ymyl at Fwlch Cyfrwy Drum, lle bydd y llwybr yn gwyro i'r gogledd. Cerddwch i fyny i ben Carnedd Llywelyn.

Wedi cyrraedd Carnedd Llywelyn, mi allwch ddewis piciad i ben Yr Elen, sydd â'i gopa ond milltir o Garnedd Llywelyn. Neu mi gewch droi yn ôl o Garnedd Llywelyn a mynd yn ôl i lawr yr un ffordd ag y daethoch i fyny, neu droi i lawr i'r chwith o Ros Bodesi tua'r de ac ymuno efo Afon Lloer yn lle mae hi'n troi, a'i dilyn i'r de'r holl ffordd i fferm Tal y Llyn Ogwen.

Craig yr Ysfa, Bwlch Eryl Farchog

Niwl yn codi dros Carnedd Llywelyn

*Amrywiad Bwlch Eryl Farchog: O gopa Carnedd Llywelyn, dilynwch gefnen ddwyreiniol y mynydd, a chanlyn y grib rhwng Cwm Eigiau ar y chwith a Phen y Waun Wen ar y dde, i gyfeiriad y de-ddwyrain. Cyn hir byddwch yn disgyn crib lai llydan, ond mwy serth, sef Craig yr Ysfa (ble mae dringwyr yn dringo gwyneb gogleddol y graig o ochr Cwm Eigiau) a bydd y llwybr yn disgyn dros ben y graig i lawr i grib Bwlch Eryl Farchog uwchlaw Ffynnon Llugwy (sydd ar y dde).
*RHYBUDD: *Gall dringo lawr at Fwlch Eryl Farchog o Graig yr Ysfa fod yn beryglus i gerddwyr amhrofiadol, oherwydd bod y graig yn rhy serth i allu gweld pa lwybr ydi'r ffordd iawn i'w dilyn.*

Pan ddewch i lawr i'r bwlch mae gennych ddewis – dringo o'r bwlch i Ben yr Helgi Du neu droi i'r dde oddi ar y bwlch a dilyn llwybr serth iawn tua'r de, yna heibio pen gogledd-ddwyrain llyn Ffynnon Llugwy. Pan gerddais i'r daith hon, bu rhaid i mi gymryd yr ail ddewis hwn gan fod amser wedi fy nghuro, gan fod rhaid i mi nôl y mab ieuengaf o'r ysgol yn Stiniog. Wedi pasio pen y llyn cadwch i fynd tua'r de gan ddilyn llwybr rhwng glannau dwyreiniol y llyn a chlogwyni tywyll Pen yr Helgi Du yr holl ffordd heibio'r argae, yna dilyn y ffordd darmac yr holl ffordd at briffordd yr A5. Trowch i'r dde (i gyfeiriad Llyn Ogwen) a cherdded gyda'r ffordd am filltir go dda tua'r gorllewin, hyd nes cyrraedd Glan Denau. Gobeithio na fydd rhaid i chi frysio fel y bu rhaid i mi wneud – hanner rhedeg, hanner cerdded yr holl ffordd o Ffynnon Llugwy at Glan Dena! Mi gyrhaeddais yr ysgol ar amser. Ond roedd hi'n agos!

*Amrywiad Afon Lloer a Rhos Bodesi: Os ydi'n well gennych gadw Pen yr Ole Wen at ddiwrnod arall, ac am ymweld â Charnedd Dafydd a Charnedd Llywelyn yn unig (neu ddim ond un ohonynt), croeswch Afon Lloer yn y lle mae hi'n troi i'r gorllewin tuag at Bryn Mawr a Ffynnon Lloer (CG 666619). Ewch yn eich blaen i'r gogledd gan ddilyn nant fechan. Cyn hir bydd y nant yn gwyro i'r gogledd-ddwyrain wrth ddringo. Cyn hir wedyn bydd rhaid i chi droi i'r gogledd a dringo'r borfa fawr welltog, rhwng creigiau deheuol Carnedd Dafydd ar y chwith a cherrig Creigiau Malwod ar y dde, nes cyrraedd Rhos Bodesi a Chefn Ysgolion Duon. Cewch ddewis mynd i'r chwith at Dafydd, neu i'r dde at Llywelyn, a cewch biciad i ben yr Elen os liciwch chi.

PEN YR HELGI DU A PEN LLITHRIG Y WRACH

Dyma ddau fynydd sy'n rhan o'r gwarchodlu dwyreiniol sy'n sefyll fel muriau cadarn yn amddiffyn calon Gwynedd. Mae gan y ddau fynydd enwau hynod a difyr hefyd, enwau sydd ymhlith rhai o'r enwau mynyddoedd mwyaf lliwgar a diddorol yng Nghymru. Mae yna glwstwr o enwau lliwgar iawn yn yr ardal hon, fel Bwlch Eryl Farchog, Bwlch y Tri Marchog, Craig y Tri Marchog, Craig yr Ysfa, Craig yr Heliwr ac Adwyon Owen, a phob un yn amlwg yn cario stori am ryw ddigwyddiad yn hanes yr ardal. Tybed oes rhywun yn gwybod?

Cerdded y Braich fyddwch chi i fynd at gopa Pen yr Helgi Du a bydd criwiau o ferlod gwyllt y Carneddau yn cadw cwmni i chi. Mae ardal Tal y Braich yn frith o hen garneddau claddu, ac mae cylch claddu, cist a maen hir ar lannau dwyreiniol Afon Bedol, i'r gogledd o fferm Tal y Braich Uchaf. Mae carnedd gladdu Oes Efydd ar gopa Pen Llithrig y Wrach, un a fu ar un adeg yn naw metr ar draws. Mae ei holion, ei hymylon a'i sylfaen ganol yno o hyd, ond dim ond pentwr blêr o gerrig, tua phedwar metr o led, sydd i'w weld o'r garnedd ei hun.

- **Mynydd**: Pen yr Helgi Du, 2733tr / 833m (26); Pen Llithrig y Wrach, 2592tr / 790m (40)

- **Map**: OL 17: CG 698630, CG 716623

- **Pwynt dechrau**: Mynedfa fferm a gwersyll campio Gwern Gof Isaf ar yr A5, tua 3 milltir (4.8 km) i'r gogledd-orllewin o Gapel Curig, CG 685603. Mae lle parcio bychan wrth fynedfa'r fferm, sydd ar y chwith os ydych yn teithio o gyfeiriad Capel Curig. Codir tâl am barcio.

- **Pellter**: 7 milltir / 11.2 km

- **Amser**: 3-6 awr
- **Ymdrech**: Hawdd ar i fyny, caled wedyn.

Taith: O'r lle parcio trowch i'r dde i gerdded ar ochr yr A5 i gyfeiriad Capel Curig a'r dwyrain (mae llwybrau ar bob ochr i'r ffordd). Mewn chwarter cilomedr byddwch yn pasio mynedfa ffordd darmac Ffynnon Llugwy ar y chwith (gogledd), ac ar ôl chwarter cilomedr eto mi welwch fynedfa arall ar y chwith – ffordd fferm sydd hefyd yn Llwybr March (*Bridle Path*). Ewch ar y ffordd hon, sy'n codi tua'r dwyrain, gan groesi nant fechan yn o fuan. Ar ôl hanner cilomedr o'r ffordd fawr, bydd y ffordd yn croesi nant fach arall ac mi welwch ddarn bach o dir gwastad ar ochr chwith y ffordd, lle mae tractors yn dod â byrnau silwair i fwydo defaid. Yn union ar ôl pasio'r darn gwastad, gadewch y ffordd a dilyn llwybr annelwig sy'n dringo dros y gweundir i'r gogledd-ddwyrain tuag at gamfa sy'n croesi wal gerrig. Ar ôl croesi'r gamfa dilynwch y llwybr ar yr un cyfeiriad, gan anelu at bont dros y ddyfrffos (camlas fechan) sy'n cario dŵr i Lyn Cowlyd yn y dwyrain. Ar ôl croesi'r bont dilynwch gefnen hir Pen yr Helgi Du (sef Y Braich) tua'r gogledd yr holl ffordd at y copa, sydd uwchben y llwybr serth sy'n arwain i lawr i Fwlch Eryl Farchog ar y chwith. Mae carnedd fechan yn dynodi'r pwynt uchaf.

O gopa Pen yr Helgi Du ewch tua'r dwyrain-de-ddwyrain, gan basio uwchben llethrau y Lasallt, ac i lawr i Fwlch y Tri Marchog, a dringo llethrau gogledd-orllewinol Pen Llithrig y Wrach i gyfeiriad y dwyrain, a throi i'r chwith (de) i gerdded ar draws y copa at y pwynt uchaf, ble mae hen garnedd gladdu uwchben creigiau Llyn Cowlyd. Yr ochr draw i'r llyn mae llethrau Creigiau Gleision yn codi o'r glannau. Gadewch y copa a mynd tua'r de, gan gadw'n weddol agos at ymyl y clogwyni llym sy'n disgyn i Lyn Cowlyd, yr holl ffordd i Fwlch Cowlyd, lle mae'r gamlas yn gollwng ei dŵr i'r llyn yn ei ben deheuol. Mi welwch ddwy

Pen yr Helgi Du o Fwlch Eryl Farchog

bont yn croesi'r gamlas cyn iddi droi yn afon.* Fodd bynnag, peidiwch â'u croesi, dilynwch y llwybr ar ochr ogleddol y gamlas, sy'n arwain i'r gorllewin. Cyn hir mi welwch bont arall yn croesi'r gamlas. Croeswch hi a dilyn y llwybr sy'n dal i fynd tua'r gorllewin, cyn troi tua'r de-orllewin i ddilyn Afon Bedol (a heibio i garnedd, cist a maen hir byr, sy'n cuddio mewn grug a gwair). Cyn hir mi ddowch at Bont y Bedol, sy'n hen bont droed wedi ei gwneud o lympiau o gerrig mawr a chrawia llechfaen. Croeswch y bont a dilyn y wal gerrig sy'n mynd i'r gorllewin, gan gadw i ochr ogleddol y wal. Byddwch yn pasio hen dŷ sydd wedi ei adnewyddu fel bwthyn. Cyn hir mi ddewch at gât ar y chwith. Ewch drwyddi a dilyn y llwybr i'r de-orllewin hyd nes cyrraedd at adeilad â tho crwn, a thŷ fferm arall. Dilynwch y ffordd sydd yn arwain tuag at yr A5, a'r maes parcio ble y dechreuodd y daith.

*Os ydych am biciad at gopa Creigiau Gleision, sydd yn cydorwedd â glannau dwyreiniol Llyn Cowlyd, croeswch unrhyw un o'r pontydd ym Mwlch Cowlyd ac esgyn Llethr Gwyn tua'r gogledd-ddwyrain hyd at y creigiau lle mae'r copa.

Ar gopa Pen Llithrig y Wrach

Pen Llithrig y Wrach o Greigiau Gleision

CREIGIAU GLEISION

- **Mynydd**: Creigiau Gleision, 2224tr / 678m (89)

- **Map**: OL 17: CG 729615

- **Pwynt dechrau**: Pentref Capel Curig, lle mae'r ffordd A4086 yn cwrdd â'r A5, CG 720582. Maes parcio ar yr hen ffordd i Gaergybi.

- **Pellter**: 7 milltir / 11.2 km
- **Amser**: 3-6 awr
- **Ymdrech**: Cymedrol.

Taith: Gadewch y maes parcio a chroesi'r A5. Ychydig i'r chwith o'r eglwys mae llwybr yn dringo dros gae tua'r dwyrain. Peidiwch â dilyn y llwybrau llai sy'n mynd at y creigiau ar y chwith lle mae dringwyr yn ymarfer. Mae'r llwybr yn mynd drwy goedwig, wedyn yn mynd heibio Clogwyn Mawr a'i glogwyni amlwg ar y chwith. Wedi pasio Clogwyn Mawr, tua thri chwarter milltir o'r ffordd fawr, mae'r llwybr yn troi i'r gogledd-ddwyrain a chroesi nant fach, Nant y Geuallt, CG 732582. Mae'r llwybr yn fforchio yn fan hyn, ond ewch i'r chwith gan gadw i'r gogledd-ddwyrain. Mae'r llwybr yn dilyn y nant i gwm llydan, ac mae'r llwybr yn mynd yn fras tua'r gogledd, gyda'r Crimpiau ar y chwith i chi. Mae'r llwybr yn codi yn araf tuag at y bwlch uwchlaw Llyn Crafnant. Yn y bwlch mae'r llwybr yn fforchio. Cadwch i'r llwybr ar y chwith a bydd rhaid gadael y llwybr hwn bron yn syth, a dilyn llwybr arall i'r chwith, sy'n anelu tua'r de-orllewin i ddechrau cyn troi i'r gorllewin a dringo llethr serth i ben Crimpiau. O ben Crimpiau mi welwch Lyn Crafnant yn y cwm i'r gogledd-ddwyrain, ac mae Creigiau Gleision i'w weld yn y gogledd, yn coroni'r Llethr Gwyn. O'r Crimpiau mae'r llwybr yn anelu am ochr orllewinol Craig Wen, ond wrth nesu at Graig Wen gallwch ddewis i adael y prif lwybr a dringo llwybr arall dros y creigiau i ben Craig Wen, ac ailymuno â'r prif lwybr lle mae'n croesi bwlch gwlyb â'r enw addas Bwlch Mignog, cyn parhau i ddringo hyd nes cyrraedd at ddarn o dir gwastad yn union o dan gopa Creigiau Gleision. O'r lle gwastad, dringwch y llwybr trwy greigiau tua'r copa, ac at garnedd fach y pwynt uchaf, lle mae golygfeydd gogoneddus ar bob cwr, a golygfa drawiadol clogwyn Pen Llithrig y Wrach yn plymio yr holl ffordd o'r copa i Lyn Cowlyd. Os ydych yn bwriadu dringo Nuttalls Cymru, ewch draw at ben copa arall, llai, Creigiau Gleision, sydd hanner milltir ar hyd y grib tua'r gogledd-ddwyrain. Am ryw reswm penderfynwyd fod gan Greigiau Gleision ddau gopa. Ond dyna ni...

Ar y ffordd yn ôl, dewiswch lwybr gwahanol os hoffwch. Gadewch garnedd copa Creigiau Gleision a dychwelyd i'r darn o dir gwastad. Oddi yno ewch i lawr Llethr Gwyn gan anelu yn fras tuag at Fwlch Cowlyd (pen deheuol y llyn) tua'r de-orllewin. Mae grug a gwair trwchus ar y Llethr Gwyn ond mae llwybrau annelwig i'w canlyn. Wrth ddod i lawr y llethr mi welwch gamlas dde-ddwyreiniol sy'n cario dŵr i'r llyn o gyfeiriad gwaelodion Craig Wen. Llai na chwarter milltir o le mae'r gamlas yn ymuno â chamlas y gorllewin yn ymyl y llyn, mi welwch bont yn croesi'r gamlas dde-ddwyreiniol lle mae llwybr hefyd yn croesi. Croeswch y bont a dilynwch y llwybr hawdd sy'n arwain tua'r de am filltir, gan basio uwchben fferm Tal-y-Waun, cyn cyrraedd priffordd yr A5. Cerddwch ar hyd y ffordd am hanner milltir i gyrraedd y maes parcio yng Nghapel Curig.

Llyn Cowlyd, a Creigiau Gleision ar y dde

GLYDERAU

Mae'r Glyderau yn gorwedd rhwng Nant Ffrancon, Dyffryn Ogwen a Llanberis, a rhwng Nant y Benglog, Pen y Gwryd a Bwlch Llanberis, ac mae'r mynyddoedd ymysg y rhai mwyaf trawiadol a phoblogaidd ar ynysoedd Prydain. Maen nhw'n denu miloedd o bobl bob blwyddyn, yn gerddwyr, dringwyr, sgramblwyr a ffotograffwyr, yn ogystal â theuluoedd sy'n heidio i dawelwch hardd Cwm Idwal a'i lyn braf. A phwy all beidio cael ei swyno gan y fath harddwch ysgubol â geir gan fynyddoedd creigiog syfrdanol fel Tryfan, y ddwy Glyder a'r Garn, a'u clogwyni, cribau a chymoedd uchel, eu dringfeydd a'u llwybrau serth, y llynnau swil, a'r golygfeydd o'r uchelfannau. Copa'r Garn ydi'r lle brafiaf i weld y Glyderau i gyd. I'r de mae Tryfan a'r ddwy Glyder, a thu ôl iddynt mae Gallt yr Ogof a'r Foel Goch. I'r gogledd mae moelydd urddasol y Glyderau yn dilyn ymyl gorllewinol Nant Ffrancon – Foel Goch (arall), Mynydd Perfedd, Carnedd y Filiast, ac Elidir Fawr yn gorwedd ychydig i'r gorllewin iddyn nhw. I'r gorllewin gwelir yr Wyddfa a'i chriw gogleddol, Crib

Merlod y Carneddau, Llyn Ogwen a Tryfan

Goch, Moel Cynghorion a Moel Eilio. I'r dwyrain mae Pen yr Ole Wen a'r Carneddau, ac islaw'r Garn mae Cwm Idwal a'i lyn hudolus yn gorwedd yng nghôl pedol y mynyddoedd mawr. Heb anghofio'r Garn ei hun, sy'n fynydd trawiadol ac urddasol ar yr un pryd. Mae'r Garn wastad yn gwneud i chi aros ar ei gopa am o leiaf hanner awr. Mae'r Garn yn licio cwmni. Ac mae cigfran yn dod draw am grystyn, bob tro.

Mae'r ddwy Glyder, y Fawr a'r Fach, sydd wedi rhoi eu henw i weddill y criw, yn ddau lwmp anferthol o graig gyda chlogwyni uchel, cribau llym, hafnau serth a simneiau llawn sgri. Mae eu copaon, a'r gefnen lydan sy'n cysylltu'r ddau fynydd, yn garped o gerrig, brigiadau o greigiau mawr pigog a thomenni o feini mawr. Un o'r brigiadau pigog, sy'n edrych fel cleddyfau anferth wedi eu gosod i bwyntio tua'r awyr, neu grafangau draig sy'n trio torri allan o ogof, ydi copa Glyder Fawr. Ac ar ben un o'r tomennydd meini mawr, sy'n edrych fel bod cawr wedi bod yn eu hel nhw at ei gilydd, mae copa Glyder Fach.

Y tomenni o greigiau mawr hyn, neu'r mynyddoedd eu hunain, a roddodd i'r Glyderau eu henwau. Daw 'glyder', 'y glyder' a 'glyderau' o'r gair Cymraeg gwreiddiol 'cludair' (lluosog, 'cludeiriau') sy'n golygu tomen o gerrig neu goed wedi eu 'cludo' (cario, symud, hel) at ei gilydd. *Y Gludair Fawr* a'r *Gludair Fach*, a'r *Gludeiriau* ydi'r ffurfiau gwreiddiol.

Nodwedd greigiog y mae'r ddwy Glyder yn eu rhannu ydi Castell y Gwynt, sy'n sefyll rhwng y ddau fynydd, ger Bwlch y Ddwy Glyder. Hwn ydi brawd mawr brigiadau pigog Glyder Fawr, yn fersiwn enfawr o'r orsedd a wnaed o gannoedd o gleddyfau yn *Game of Thrones*. Mae dringo drosto yn lot o hwyl, yn enwedig o'r ochr orllewinol. Mae o mor boblogaidd mae'n syndod nad ydi'r Saeson wedi bathu enw Saesneg yn ei le. Ond mae 'Castell y Gwynt' yn cael llonydd yn gyffredinol ac wedi goroesi'n wyrthiol. Mae'n bosib bod y ffaith fod yr enw ar y mapiau yn ei amddiffyn rhag cael ei hawlio a'i fedyddio efo rhywbeth fel Hedgehog Rock neu rywbeth tebyg. Ar y cyfan mae ffotograffwyr yn parchu a defnyddio'r enwau Cymraeg yn eu capsiynau, ac yn eu gweld nhw'n gaffaeliad i'r lluniau, yn rhan o hud a stori'r olygfa. Serch hynny, mae yna rai 'cyfieithiadau' erchyll ar y we, enghreifftiau sy'n ddigon i droi eich stumog, ac yn rhybudd i ni gadw'n llygaid ar y bêl. Mae 'Castle of the Winds' wedi codi ei ben sawl gwaith, a'r un gwaetha erioed imi weld, ar Flickr, oedd 'Castle Brimstone'! Bu bron i mi chwydu.

Mae dringwyr yn heidio at y Glyderau, lle mae rhai o'r dringfeydd gorau yn y wlad. Gyda'r dringwyr daw amryw enwau diarth am wahanol greigiau, clogwyni a hafnau. Aros yn y byd dringo mae'r termau hyn gan amlaf, ond mae enghreifftiau fel 'Sinister Gully' (un o'r hafnau ar lwybr sgrialu y Grib Bigog – 'Bristly Ridge') wedi glynu efo cerddwyr, nid dringwyr yn unig. Roedd newid enwau i'r Saesneg yn arferiad cyffredin yn yr oes Fictoraidd, a hynny ar draws y byd, ac mae'r arfer ar dwf eto heddiw. Poblogeiddiwyd 'Idwal Slabs' yn lle Rhiwiau Caws yn y cyfnod hwnnw, ac yn ddiweddar rhoddwyd yr enw 'Gribin Facet' ar Glogwyn y Tarw – y ddwy enghraifft uchod yng Nghwm Idwal, ddegawdau rhwng ei gilydd. Byddai pethau ychydig yn haws i'w derbyn petai'r enwau diarth 'ma yn aros oddi mewn i derminoleg y maes dringo, nid allan yn y gwyllt yn sgiwio toponymeg yr ardal a dinistrio'n hetifeddiaeth gynhenid. Y broblem fawr ydi bod yr Arolwg Ordnans wedi dechrau rhoi'r enwau diangen yma ar y mapiau. Mae 'Cwm Cneifion / The Nameless Cwm' yn dal i fod ar y mapiau diweddaraf, ac mae 'Gribin Facet' bellach ar y map, er bod enw Clogwyn y Tarw arno ers degawdau. Mae 'Milestone Buttress' a 'The Mushroom Garden' ar y mapiau bellach hefyd, a phwy a ŵyr faint mwy. Mae'n swnio fel nonsans llwyr i mi fod enwau cynhenid yn cael eu disodli gan eirfa fympwyol cylchoedd y clwb dringo. Cyn hir bydd yr enwau'n cael eu defnyddio'n gyffredinol gan y boblogaeth – a thrigolion Eryri yn eu mysg.

Doedd ailenwi enwau Cymraeg gan y Fictoriaid yn ddim ond ambell i gwymp cerrig o'i gymharu â'r *avalanche* fyddwn ni'n ei wynebu cyn hir. Tydi adennill ambell i enw ddim yn mynd i achub yr holl enwau sy'n diflannu o flaen ein llygaid. Mae rhaid cael deddfwriaeth o leiaf. O'n tirwedd i'n tai, mae'n hanes a'n hetifeddiaeth yn diflannu. Heddiw, rydan ni'n colli ddoe ac yfory. Bydd colli'n enwau lleoedd yn dileu hoel ein traed.

TRYFAN

Y tro cyntaf i mi ddringo Tryfan oedd yng ngwanwyn 1993, efo Gruff fy ffrind, a Sioned, merch yr o'n i'n ei chanlyn ar y pryd. Do'n i ddim yn heini o gwbl yr adeg honno, ond roedd Gruff yn hen law ar fynydda ac yn ffit fel sgwarnog. Mynnodd ein bod yn mynd i fyny gwyneb gorllewinol Tryfan – llwybr serth efo tipyn o sgramblo, os dwi'n cofio'n iawn, oedd yn cyrraedd pen Tryfan i'r chwith o'r copa a'r ddau faen a elwir yn Adda ac Efa. Trwy gydol y ddringfa, roedd fy mêt yn fflio mynd ymhell o fy mlaen, ac yn stopio bob yn hyn a hyn i dynnu fy nghoes am fy mod i mor araf. Mi gyrhaeddais y copa yn laddar o chwys ac yn chwythu fel injan trên, lle'r oedd Gruff yn eistedd ar y creigiau yn chwerthin, ac yn dal i dynnu arna i. Ac roedd Sioned yno hefyd, wedi cyrraedd o fy mlaen, a hynny yn rhoi mwy o fwlets i Gruff danio ata i. Cyn hir dyma fo'n fy herio i neidio Adda ac Efa. Roeddwn yn gyfarwydd â'r ddau faen yma ers pan o'n i'n blentyn bach, gan fod fy modryb Meg wastad yn eu dangos i ni, yn sefyll fel dau berson ar ben y mynydd, wrth yrru heibio ar yr A5. Hi ddwedodd wrthyn ni mai Adda ac Efa oedd eu henwau, a bod pobl yn mynd i fyny yno i neidio o un maen i'r llall er mwyn cael bendith y mynydd gan Tryfan. Felly mi dderbyniais her fy ffrind. Mae Adda ac Efa yn glamp o bethau, tua 3 metr o uchder â bwlch o 1.2 metr rhwng y ddau, a'r gamp fwyaf oedd dringo i ben y maen cyntaf – y maen gogleddol (mae gen i lun i gofio). Mae 'na ddywediad yn does, peidiwch ag edrych i lawr, ond mi gymrais gip bach i'r chwith i weld y gwymp farwol islaw, a sylwi bod rhyw lathen dda o 'dir diogel' rhwng y meini ac ymyl y gwymp, ond os byddai rhywun yn rowlio ar ôl methu'r naid byddai'n dominó arnyn nhw. Heb oedi, mi neidiais. Dwi'n chwe troedfedd o daldra, ac i fod yn onest doedd y naid ddim yn broblem o gwbl – mater o roi sgip yn fy mrasgam – felly mi neidiais eilwaith, yn ôl i'r maen cyntaf. Aeth Sioned wedyn a neidio heb unrhyw ofn nac oedi, ond efo mwy o ymdrech yn ei naid gan ei bod hi'n fyrrach na fi o gryn dipyn. A dyma dro Gruff...

Wel, wel, sôn am chwerthin. Wna i ddim rhannu'r manylion efo chi. Ond rhowch hi fel hyn, daeth awr fawr y dial, a mi gefais fy nghyfle i dalu'r pwyth yn ôl am yr holl dynnu coes ar y ffordd i fyny. Ac o mor felys oedd cael pryfocio Gruff am weddill y dydd, os nad gweddill y blynyddoedd a basiodd ers hynny.

O Fwlch Tryfan fydda i'n dringo Tryfan gan amlaf, fel arfer ar ddiwedd taith dros Glyder Fawr a Glyder Fach, heibio Twll Du, neu ar ddiwedd daith y bedol sy'n dechrau efo'r Garn. Wrth ddod i lawr o Glyder Fach i Fwlch Tryfan mae Tryfan i weld fel llafn bwyell a'i fin tua'r awyr, ac yn fy atgoffa o siâp cefn Stegosaurus, ac yn debycach fyth i'r deinosor hwnnw wrth edrych ar Tryfan o'r dwyrain. A dweud y gwir, mae Tryfan yn fynydd hynod drawiadol o unrhyw gyfeiriad. Llafn o graig yn hollti'r awyr.

Yr un mor ddramatig ydi ei enw, a disgrifiadol iawn. Rhagddodiad sy'n grymuso, cryfhau, cynyddu, neu ddwysáu ystyr enw ydi'r elfen *try-*. Yn yr achos yma mae o'n cryfhau'r enw *ban*, sef mynydd neu big (*peak*), gan roi i ni *Try* a *fan* (dan dreiglad meddal); Tryfan, sef y mynydd/pig uchel iawn, neu gadarn iawn, serth iawn. Neu 'uffar o fynydd mawr!' i chi a fi. Mae'r elfen, neu air, *try-*, yn mynd yn ôl o leiaf i'r Galo-Frythoneg oedd yn cael ei siarad ym Mhrydain cyn dyfodiad y Rhufeiniaid. Mae *try-* yn digwydd yn enw'r Trinovantes, llwyth pwerus oedd â'u prifddinas yn Camulodunum (Colchester) erbyn canol y ganrif gyntaf CC, ac yn cryfhau'r enw *novio*, sef 'newydd' (ynganwyd 'v' fel 'w'). Mae'r *novantes* yn golygu 'y rhai newydd' (fel enw llwyth y Novantae yng ngogledd Lloegr ar yr un pryd), ond trwy roi *try-* o flaen 'novantes', cryfhawyd yr enw i olygu rhywbeth fel 'y bobl newydd iawn' (mudo i Brydain o Gâl yn lled-ddiweddar wnaethon nhw), neu bod 'newydd' yn derm trosiadol am bobl greadigol, arloesol, heini, llawn egni, chwim, sydyn, parod a blaengar.

Tryfan, wrth ddod lawr i Fwlch Tryfan o Glyder Fach

Niwl y Glyderau

Dywedir bod Bedwyr, un o farchogion Arthur, wedi ei gladdu dan greigiau Tryfan. Ond yn fwy rhyfeddol na hynny ydi'r ffaith fod Tryfan wedi crebachu mewn uchder ac wedi tyfu yn ei ôl! Wir i chi. Ond nid hudoliaeth na daeargryn achosodd hyn, ond yn hytrach dynion a'u mapiau a'u mesuriadau. Hyd at ganol yr 1980au, roedd uchder Tryfan yn 3010tr / 917.5m. Ond yng nghanol yr 1980au bu archwiliad newydd pryd y mesurwyd Tryfan fel 3002tr / 915m. Arhosodd pethau felly hyd at 2010, pryd aed ati i gynnal archwiliad newydd gyda help llond sach o dechnoleg newydd, a mesurwyd uchder Tryfan yn 3010tr / 917.5m – yn union fel y bu am flynyddoedd lawer hyd at ganol yr 1980au!

Mynydd: Tryfan, 3010tr / 918m (15)

Map: OL 17: CG 664594

Pwynt dechrau: Yr A5 wrth ymyl Bwthyn Ogwen, Canolfan Partneriaeth Ogwen, a Hostel YHA Bwthyn Idwal, ym mhen gorllewinol Llyn Ogwen, CG 650603. Mae maes parcio yno, a chodir tâl. Neu, os ydych yn gynnar yn y dydd, parciwch ar y lleiniau parcio ar ochrau'r A5 ar ochr ddeheuol Llyn Ogwen.

Pellter: 3 milltir / 5 km
Amser 2-4 awr
Ymdrech: Caled, ond ddim trwy'r adeg.

Taith: O'r maes parcio dilynwch y llwybr cerrig a osodwyd i atal erydiad, i'r de-ddwyrain i gyfeiriad Tryfan. Pan fo'r llwybr yn troi i'r dde (de-orllewin) i gyfeiriad Llyn Idwal, peidiwch â throi efo'r llwybr, ond ewch yn syth yn eich blaen ar hyd llwybr cerrig arall sy'n anelu i'r de-ddwyrain am raeadrau Nant Bochlwyd a Bwlch Tryfan. Ar ôl dringo ochr orllewinol y rhaeadrau, ewch heibio pen gogledd-ddwyrain Llyn Bochlwyd a dilyn y llwybr ar ochr ddwyreiniol y llyn yr holl ffordd at Fwlch Tryfan (lle mae wal gerrig a chamfa). Yn y bwlch trowch i'r chwith i ddringo creigiau Tryfan i gyfeiriad y gogledd i ddechrau, cyn troi i gyfeiriad y gogledd-ddwyrain. Mi welwch greigiau uchel o'ch blaen, sef copa deheuol eithaf Tryfan. Rhaid i chi osgoi'r rhain trwy fynd rownd i'r chwith. Dringwch dros y meini mawr sy'n arwain at gopa Tryfan, lle mae Adda ac Efa yn aros amdanoch. I ddychwelyd, ewch yn ôl yr un ffordd.

Tryfan o'r bwlch rhwng Y Foel Goch a Gallt yr Ogof

GLYDER FACH

- **Mynydd**: Glyder Fach, 3261tr / 994m (6)
- **Map**: OL 17: CG 657583
- **Pwynt dechrau**: Yr A5 wrth ymyl Bwthyn Ogwen, Canolfan Partneriaeth Ogwen, a Hostel YHA Bwthyn Idwal, ym mhen gorllewinol Llyn Ogwen, CG 650603. Mae maes parcio yno, a chodir tâl. Neu, os ydych yn gynnar yn y dydd, parciwch ar y lleiniau parcio ar ochrau'r A5 ar ochr ddeheuol Llyn Ogwen.
- **Pellter**: 3.5 milltir / 5.6 km
- **Amser**: 2-4 awr
- **Ymdrech**: Caled ond byr.

Taith: O'r maes parcio dilynwch y llwybr cerrig a osodwyd i atal erydiad, i'r de-ddwyrain i gyfeiriad Bwlch Tryfan (rhwng Tryfan a Glyder Fach). Pan fo'r llwybr yn troi i'r dde (de-orllewin) i gyfeiriad Llyn Idwal, peidiwch â throi efo'r llwybr, ond ewch yn syth yn eich blaen ar hyd llwybr cerrig arall i'r de-ddwyrain sy'n anelu am raeadrau Nant Bochlwyd a Bwlch Tryfan tu hwnt. Ewch heibio rhaeadrau Nant Bochlwyd ar yr ochr orllewinol a mynd heibio pen gogledd-ddwyrain Llyn Bochlwyd, a cherdded ar ochr ddwyreiniol y llyn a dringo i Fwlch Tryfan, lle mae wal a chamfa. Ar y bwlch, mae'r Grib Bigog ar y dde, ac mae rhai yn dewis crafangu i fyny un o ddwy hafn i gyrraedd y grib, cyn cerdded, sgramblo a dringo ychydig ar ei hyd i ben Glyder Fach. Ond gwell gan y rhan fwyaf o gerddwyr esgyn y simna sgri serth ar y chwith i'r Grib Bigog. Ewch dros y gamfa i ochr ddwyreiniol y wal a throi i'r dde, ac anelu am y sgri serth sydd hefyd yn arwain yn syth i ben Glyder Fach. Mae'r llwybrau sy'n dringo drwy'r sgri wedi erydu yn ofnadwy o ddrwg, felly rhaid cymryd gofal rhag llithro a chadw golwg rhag ofn i gerrig gael eu disodli gan gerddwyr uwch eich pen, a gyrru carreg i rowlio a bownsio a hedfan i'ch cyfeiriad. Mae copa Glyder Fach yn eang a gwastad, ac yn gerrig i gyd. Pentwr anferth o glogfeini enfawr ydi'r pwynt uchaf.

O'r copa, ewch yn eich blaen tua'r de-orllewin ac osgoi Castell y Gwynt trwy ei rowndio ar yr ochr chwith. Dilynwch ymyl y creigiau gan groesi Bwlch y Ddwy Glyder a mynd i'r gogledd-orllewin at y lle mae braich hir cefnen y Gribin ar y dde, yn estyn tua'r gogledd i gyfeiriad ochr gorllewin Llyn Bochlwyd. Ewch ar y Gribin, sydd yn greigiog i ddechrau cyn troi yn laswelltog ac yn hawdd i'w cherdded. Pan fyddwch gyferbyn â glannau gogleddol Llyn Bochlwyd mae'r llwybr yn cyrraedd llwybr sy'n rhedeg rhwng Llyn Bochlwyd a Llyn Idwal. Fyny i chi wedyn – gallwch droi i'r dde (dwyrain) at Lyn Bochlwyd, neu droi i'r chwith (gorllewin) dros fwlch i'r de o Glogwyn y Tarw, ac i lawr at lannau dwyreiniol Llyn Idwal, a throi i'r dde (gogledd) ar lannau'r llyn. Ar ôl pasio'r llyn, ewch i'r gogledd-ddwyrain gan ddilyn y llwybr cerrig, a fydd yn troi i'r gogledd-orllewin wrth fynd nôl i'r maes parcio.

Bwlch y Ddwy Glyder a Castell y Gwynt

GLYDER FAWR A GLYDER FACH

- **Mynydd**: Glyder Fawr, 3278tr / 1001m (5)
- **Map**: OL 17: CG 642580
- **Pwynt dechrau**: Yr A5 wrth ymyl Bwthyn Ogwen, Canolfan Partneriaeth Ogwen, a Hostel YHA Bwthyn Idwal, ym mhen gorllewinol Llyn Ogwen, CG 650603. Mae maes parcio yno, a chodir tâl. Neu, os ydych yn gynnar yn y dydd, parciwch ar y lleiniau parcio ar ochrau'r A5 ar ochr ddeheuol Llyn Ogwen.
- **Pellter**: 4.5 milltir / 7.2 km
- **Amser**: 3-5 awr
- **Ymdrech**: Cymedrol i galed.

Taith: O'r maes parcio dilynwch y llwybr cerrig a osodwyd i atal erydiad, i'r de-ddwyrain i gyfeiriad Tryfan. Ymhen ychydig mae'r llwybr yn troi i'r dde tuag at y gogledd-orllewin, i gyfeiriad Llyn Idwal.

Pan gyrhaeddwch y llyn dilynwch y llwybr i'r chwith sy'n dilyn ei lannau dwyreiniol. Dilynwch y llwybr da yma i ben draw'r llyn, heibio'r Rhiwiau Caws cyn mynd i fyny'r llethr gan anelu at y creigiau, a'r llwybr caled, serth trwy'r creigiau i gyfeiriad y Twll Du. Wrth waelod Twll Du, trowch i'r chwith i ddal i ddilyn y llwybr creigiog, gan ganlyn gwaelod y clogwyni ar y dde. Bydd y llwybr yn troi i'r dde efo gwaelod y graig, i hafn lydan sy'n codi'n eithaf serth i gyfeiriad Llyn Cŵn. Ar waelod yr hafn mae wal gerrig wedi'i godi ar ei draws gyda chamfa ar ei ochr dde, i rwystro cerddwyr rhag dilyn yr ochr arall i'r hafn, lle mae clogwyn enbyd anweladwy. Croeswch y gamfa a dringwch yr hafn fydd yn eich arwain yn syth at Lyn Cŵn.

Yn union cyn cyrraedd Llyn Cŵn, trowch i'r chwith i ddringo llwybr serth sy'n igam-ogamu tua'r de, yna'r de-ddwyrain, hyd nes cyrraedd copa Glyder Fawr. Wedi cerdded dros faes o gerrig mawr, gwelir fod dau glwstwr o frigiadau pigog mawr yn ymddangos yr un maint. Yr un ar y dde ydi'r pwynt uchaf. O'r copa ewch yn eich blaen tua'r dwyrain nes byddwch uwchben blaen Cwm Cneifion. Wrth ddilyn llwybr ymyl y clogwyni, mi ddewch yn syth at Y Gribin – y gefnen sy'n mynd i lawr tua'r gogledd i gyfeiriad ochr orllewinol Llyn Bochlwyd. Os ydych am fynd i lawr yn fan hyn, dilynwch y Gribin, gan ddefnyddio taith Glyder Fach uchod. Ond does fawr ddim pwynt gwneud hyn, felly yn hytrach, ewch i'r de-ddwyrain wrth groesi Bwlch y Ddwy Glyder a rowndio Castell y Gwynt ar ei ochr dde, cyn dilyn y llwybr i'r gogledd-ddwyrain at gopa Glyder Fach, lle mae pwynt uchaf y Glyder Fach ar ben tomen o feini enfawr. O ben Glyder Fach, dilynwch y simne sgri i lawr i'r gogledd-ddwyrain at Fwlch Tryfan. O'r bwlch, trowch i'r chwith a dilyn y llwybr i'r gogledd-orllewin at Lyn Bochlyd, lle'r ewch chi heibio pen gogledd-ddwyrain y llyn, a dilyn ochr orllewinol rhaeadrau Nant Bochlwyd, a dilyn y llwybr cerrig yr holl ffordd i'r gogledd-orllewin, ac i'r maes parcio.

Glyderau a Cwm Idwal o gopa'r Garn

Glyder Fawr

Glyder Fach a'r Gribin, a'r Grib Bigog yn plymio i Fwlch Tryfan

Y GARN

Y Garn ydi mynydd mwyaf y Glyderau, a'r un mwyaf canolog. Mae o'n estyn o Foel Goch yn y gogledd hyd at Glyder Fawr yn y de, ac mae ei lethr eang de-orllewinol yn disgyn yn raddol yr holl ffordd i Gwastadnant a Nant Peris yn Nyffryn Peris. Ond ei wyneb gogledd-ddwyreiniol, sy'n greigiau a chlogwyni i gyd, â'i gefnennau amlwg, sydd fwyaf cyfarwydd i'r miloedd ddaw i'w ddringo o gyfeiriad Dyffryn Ogwen.

Mae cefnennau'r Garn yn gwarchod tri chwm rhewlifol. Y mwyaf gogleddol ydi Cwm Cywion, wedyn Cwm Clyd sy'n gorwedd yn union islaw copa'r Garn, gyda llyn bach swil Llyn Clyd – a mân lyn bach wrth ei ymyl – yn gorwedd yng nghoflaid breichiau'r cefnennau. Y trydydd cwm ydi Cwm Idwal, sydd rai cannoedd o droedfeddi islaw Cwm Clyd, ond yn llawer, llawer mwy o faint. Braich hir ddeheuol y Garn sy'n creu mur o greigiau uchel gorllewin y cwm, gan wneud iddo gael ei ddisgrifio fel amffitheatr. Castell y Geifr ydi enw'r gefnen rhwng Cwm Clyd a Chwm Idwal, gyda'i llawr gwastad, a chreigiau serth ar y naill ochr. Islaw Castell y Geifr, yng Nghwm Idwal mae llechwedd Clogwyn y Geifr, sy'n codi o'r llyn tuag at draed y creigiau, ac mae geifr y Glyderau i'w gweld yno'n aml. Uwchben Clogwyn y Geifr mae Cneifion Duon, ac ychydig i'r de-ddwyrain mae'r Twll Du, yr hafn uchel, tywyll yn y clogwyni. Rhoddwyd yr enw 'Devil's Kitchen' iddo gan ddringwyr o Saeson (y Fictoriaid, o bosib). Mae dringwyr yn licio rhoi enwau sy'n swnio fel teitlau ffilmiau *action* Hollywood, hyd yn oed cyn i ffilmiau gael eu geni! Meddwl bod 'Devil's Kitchen' yn swnio'n egseiting maen nhw, ac yn beryglus. Ond mae Twll Du yn llawer mwy cyffrous a dychrynllyd na 'Devil's Kitchen'. Os ti'n disgyn i dwll mawr du, ti un ai'n taro'r graig sawl gwaith cyn hitio'r llawr a byrstio, neu farw'n araf ar ôl torri pob asgwrn yn dy gorff tra bod llwynogod yn dy fwyta a chigfrain yn mynd â dy lygaid. Dyna be fysa ffilm o'r enw

Cymylau isel dros y Garn a'r Glyderau

Twll Du – trychineb, a neb yn llwyddo i fyw. Be ydi 'Devil's Kitchen'? Rhaglen goginio ar y teledu, lle mae'r Diafol yn rhoi pizza yn y popty, a chwarae Candy Crush ar ei ffôn tra mae o'n aros iddi gwcio.

Mae Cwm Clyd a Chwm Idwal ar siâp clasurol cwm rhewlifol, sef pedol. Roedd rhewlif Cwm Clyd yn llifo i rewlif Cwm Idwal, a hwnnw'n llifo i rewlif anferth Nant Ffrancon, gan adael twll neu bant ar lawr y ddau gwm lle bu'r rhewlifau'n crafu'r gwaelod am filenia, gan lenwi â dŵr wrth i'r rhew gilio. Does dim wedi newid, heblaw bod y rhew wedi mynd. Y nentydd a'r afonydd sy'n llifo o gwm i gwm ac i lawr i'r dyffryn ac ymlaen i'r môr erbyn heddiw.

Lle hynod ac unigryw ydi Cwm Idwal, lle mae planhigion a mwsog prin yn ffynnu. Cwm Idwal ydi'r lle mwyaf deheuol ym Mhrydain lle mae'r llwyn mwsogl (*moss campion*), a rhai rhywogaethau Arctig ac Alpaidd eraill, yn tyfu. Ymysg y rhywogaethau eraill sy'n byw yno mae lili'r Wyddfa, sydd ond yn tyfu ar yr Wyddfa a rhai o'r mynyddoedd cyfagos, a heboglys Eryri sydd ond yn tyfu yng Nghwm Idwal a nunlle arall yn y byd.

Mae dringwyr yn heidio i Gwm Idwal a'r cyffiniau. Y mwyaf poblogaidd o ddringfeydd Cwm Idwal ydi'r Rhiwiau Caws, lle daw dringwyr profiadol a dysgwyr fel ei gilydd i hyfforddi ac i fwynhau. Yn y gaeaf daw rhai yma efo'u crampons a'u bwyeill rhew i ddringo'r Twll Du pan fydd dŵr y nant sy'n disgyn dros waliau'r Twll yn troi'n rhew trwchus.

Mynydd: Y Garn, 3107tr / 947m (10)

Map: OL 17: CG 631596

Pwynt dechrau: Yr A5 wrth ymyl Bwthyn Ogwen a Chanolfan Partneriaeth Ogwen, a Hostel YHA Bwthyn Idwal, ym mhen gorllewinol Llyn Ogwen, CG 650603. Mae maes parcio yma, a chodir tâl. Neu, os ydych yn gynnar yn y dydd, parciwch ar y lleiniau parcio ar ochrau'r A5 ar ochr ddeheuol Llyn Ogwen.

Pellter: 4.5 milltir / 7.2 km

Amser: 3-5 awr

Ymdrech: Cymedrol galed, serth a caregog.

Taith: O'r maes parcio dilynwch y llwybr cerrig a osodwyd i atal erydiad, i'r de-ddwyrain. Ymhen ychydig mae'r llwybr yn troi i'r dde tuag at y gogledd-orllewin, i gyfeiriad Llyn Idwal. Wrth y llyn trowch i'r dde a chroesi'r bont droed dros y nant sy'n llifo o'r llyn at Afon Ogwen. Dilynwch y llwybr sy'n canlyn glannau gogleddol y llyn. Fel mae glan y llyn yn dechrau troi tua'r chwith mae'r llwybr yn gwahanu. Peidiwch â dilyn llwybr y llyn, ond ewch yn syth yn eich blaen ar y llwybr sy'n codi tua'r gorllewin dros dir glaswelltog, ac yn anelu at gefnen ogledd-orllewin Y Garn. Wedi mynd trwy gât mewn wal gerrig byddwch yn dringo'r gefnen sy'n troi fwyfwy i'r de wrth ddringo darn serth sy'n dod â chi i ymyl Cwm Clyd a'i ddau lyn bach. Daliwch i fynd efo'r gefnen yr holl ffordd i ysgwydd ogleddol y Garn. Trowch i'r chwith a dringo i'r copa creigiog, lle mae lloches. O'r copa, ewch i lawr y llwybr i'r de-de-ddwyrain tuag at Llyn y Cŵn, sydd ar y gwastad wrth droed llwybr llethr Glyder Fawr (Esgair Felen). Os oes gennych awydd gael cip o'r Twll Du, trowch i'r chwith cyn cyrraedd y llyn a dilyn nant fechan sy'n llifo o'r llyn tua'r gogledd-ddwyrain, rhwng bwlch yn y creigiau. Bydd y nant yn disgyn fel rhaeadr i'r Twll Du. COFIWCH nad oes ffordd i lawr y Twll Du i gerddwyr. Trowch at Llyn y Cŵn a dilyn ei lan ogleddol, lle mae'r llwybr yn troi i'r chwith (gogledd-ddwyrain) wrth anelu tuag at y creigiau uwchlaw blaen Cwm Idwal. Mae'r gwastad yn culhau, ac yn eich sianelu at le caregog, ac mae'r llwybr yn mynd ar i lawr rhwng creigiau. Cadwch i'r chwith i ddilyn y graig – ar y llwybr amlwg – nes cyrraedd wal gerrig sydd wedi ei chodi ar draws yr hafn gyda chamfa ar y chwith er mwyn cadw cerddwyr i ffwrdd o'r clogwyn anweladwy sydd yn syth ymlaen ar yr ochr dde. Croeswch y gamfa ar yr ochr chwith a dal i gadw at y chwith efo'r graig. Mae grisiau ar y llwybr rŵan, a'r llwybr yn glynu at y clogwyn ar y chwith wrth fynd ar i lawr yn serth, ac yn eich arwain drwy'r creigiau at droed y Twll Du, cyn troi i'r dde (gogledd) yna'r gogledd-ddwyrain wrth fynd ar i lawr ar y llwybr creigiog. Mi welwch y ddau lwybr sy'n dilyn dwy ochr Llyn Idwal. Aiff y dde â chi heibio Rhiwiau Caws, a'r chwith â chi islaw Clogwyn y Geifr ac i ganlyn ochr chwith y llyn. Ar ôl cyrraedd pen gogleddol y llyn, dilynwch y llwybr sy'n mynd yn ôl at y maes parcio.

ELIDIR FAWR, MYNYDD PERFEDD, CARNEDD Y FILIAST, FOEL GOCH

Yn ôl traddodiad enwyd Elidir Fawr ar ôl Elidir Mwynfawr (y 'cawr mwyn'). Tywysog neu bendefig o'r Hen Ogledd yn y 6ed ganrif oedd Elidir Mwynfawr ap Gwrwst. Yn Nhrioedd Ynys Prydain roedd yn berchen ar farch o'r enw 'Du y Moroedd', ac roedd Elidir a'i wraig Eurgain ferch Maelgwn Gwynedd – y Santes a roddod ei henw i Laneurgain – ymhlith y 'saith a hanner' o bobl oedd ar gefn y ceffyl pan nofiodd o Benllech Elidir yn yr Hen Ogledd (teyrnasoedd Brythonig gogledd Lloegr a de'r Alban) i Benllech Elidir ar Ynys Môn (Benllech heddiw, efallai).

Yn *Llyfr Du'r Waun*, dywedir i Elidir gael ei ladd yn 'Aber Meuhedud' yn Arfon, ac i nifer o Wŷr y Gogledd, yn cynnwys rhai oedd yn gefndryd i Elidir, megis Clydno Eidyn, Nudd Hael ap Senyllt, Mordaf Hael fab Seruan a Rhydderch Hael ap Tudwal Tudclud, arwain byddin i Arfon

Elidir Fawr

i ddial. Mae'r stori lawn yn dipyn o saga arwrol a thrasig ac yn hynod ddiddorol. Ond mae'n debyg bod camgofnodi wedi digwydd o ran rhai o'r enwau uchod, gan nad oedd y tri cefnder Hael yn fyw yng nghanol y 6ed ganrif, ond canrif gyfan cyn hynny. Mi oedd cefnder i Elidir yn fyw ar y pryd, a'i enw oedd Rhydderch Hen (nid Hael). Ond, mae'n fwy tebygol nad oedd cofnodydd yr hanes gwreiddiol wedi enwi neb, dim ond cofnodi mai 'Gwŷr o'r Gogledd' ddaeth i ddial lladd Elidir, a bod cofnodwyr diweddarach wedi taflu rhai o enwau enwog yr Hen Ogledd i mewn i'r pot, er mwyn gwneud stori dda yn stori well.

Mae'n bosib bod Elidir Fawr yn dod o enw cynharach. 'Mynydd Elydr' medd Myrddin Fardd yn 1910, sef 'mynydd presaidd' – elydr yw lliw pres (*brass*), efydd, copr neu aur, ac o bosib lliw gorllewinol y mynydd yng ngolau machlud haul. Yn 1928 mae J. Lloyd-Jones yn cynnig *elit*, sy'n dod o'r Hen Wyddeleg ac yn golygu 'elain', sef ewig, carw ifanc benywaidd. Waeth be bynnag, wrth i hen eiriau ddiflannu roedd pobl yn mabwysiadu ystyron cyfoes i'r hen enwau. Trodd yr *Elydr* Fawr (ac *Elydr* Fach) yn *Elidir*, ac wrth geisio cael ystyr i Elidir Fawr cysylltwyd y mynydd ag Elidir Mwynfawr. A be di'r ots os nad dyma oedd yr enw cywir yn wreiddiol. O leiaf mae o'n cofio darn o hen hanes ein cyndeidiau, er gwaetha'r holl amryfusedd, ac yn dangos bod ein cof cyn hyned â'n hanes.

Be wnâi Elidir Mwynfawr o'r datblygiadau mawr fu tu mewn 'ei fynydd'? Mae cynllun hydro-drydanol pwmpio-a-storio Gorsaf Bŵer Dinorwig yn unigryw gan fod yr holl orsaf y tu mewn i fynydd Elidir Fawr. Costiodd y contract £425 miliwn dros y 10 mlynedd o waith – y cynllun peirianyddol mwyaf erioed ym Mhrydain ar y pryd. Agorodd yr orsaf yn 1984, ac o fewn dwy flynedd roedd hi wedi talu amdani ei hun. Mae'r dŵr yn cael ei storio yng nghronfa Llyn Marchlyn Mawr, 636 metr (2,087 tr) uwchlaw'r môr, y tu ôl i gopa Elidir Fawr. Pan fo galw am drydan ychwanegol i'r Grid Cenedlaethol mae'r dŵr yn cael ei ollwng drwy'r pibellau sydd tu mewn y mynydd a thrwy dyrbeins a jenerators gan greu 1.7GW o drydan mewn 16 eiliad, cyn llifo allan i Lyn Peris sydd tua 100m (330tr) uwchlaw'r môr, cyn cael ei bwmpio'n ôl i fyny i'r llyn ar adegau tawel.

Moel Eilio, Foel Goch, Elidir Fawr, Mynydd Perfedd, Carnedd y Filiast, o Ben yr Ole Wen

Yn lle amharu ar harddwch naturiol yr ardal, adeiladwyd yr orsaf bŵer yn ddwfn y tu mewn i'r mynydd. Bu rhaid cludo 12 miliwn tunnell o graig allan o grombil y mynydd, gan greu twneli oedd ddigon llydan i ddwy lori allu pasio heb drafferth, a cheudwll anferth 51 metr (167tr) o uchder a 180 metr (590tr) o hir a 23 metr (75tr) o led. Mae gan yr orsaf bron i ddeg milltir o dwneli, miliwn o dunelli o goncrit, 200,000 tunnell o sment a 4,500 tunnell o ddur.

Ar gopa Mynydd Perfedd, uwchben Llyn Marchlyn Mawr, cefais gwmni dwy golomen ddof. Mae'n debyg eu bod nhw'n gorffwys ar eu taith, fel oeddwn innau. Tybed oedden nhw'n arfer gorffwys ar y llecyn yma? Roedden nhw i'w gweld yn edrych tua'r llyn a'r argae, fel taen nhw'n mwynhau'r olygfa. Ai fan hyn oedd eu 'Lle i enaid gael llonydd' nhw?

I'r dwyrain o gopa Carnedd y Filiast mae clogwyn hynod Cwm Graianog, oedd unwaith yn rhan o wely'r môr, cyn cael ei godi a'i diltio gan weithgaredd folcanig. Ar wyneb y graig mae patrymau tywod ar wely'r môr (tebyg i dywod ar y traeth ar ôl i'r llanw fynd allan). Wrth adael Carnedd y Filiast, ro'n i braidd yn siomedig nad oedd carnedd gladdu yno. Wedi'r cwbl, roedd yr enw'n cyfeirio at garnedd. Efallai bod ei holion yno yn rhywle, ymysg y cerrig.

O gopa Foel Goch mae'r olygfa orau o Nant Ffrancon. O fan hyn mae rhywun yn gweld y dyffryn yn ei hyd a'i led. Yn disgyn yn serth o gopa Foel Goch i'r gogledd-ddwyrain mae esgair (*spur*) o'r enw Yr Esgair. Mae hi'n un o'r sgrambliau Gradd 3 anoddaf yn y wlad, llawn rhwystrau annisgwyl a darnau peryglus, a'r bwgan mwyaf ydi cerrig yn rhydd, a thir gwlyb a rhydd efo clogwyni llym ar y naill ochr. Mae'r rhan fwyaf o'r ychydig sy'n mentro'r Esgair yn gwneud hynny yn y gaeaf, pan mae'r mynydd wedi rhewi'n gorn, a rhew yn cadw'r creigiau'n sownd a'r tir yn galed. Mi ddwedodd y dringwr ac awdur y teithlyfrau y mae pawb yn dal i droi atynt, Steve Ashton, yn ei lyfr, *Scrambles in Snowdonia*, am yr Esgair, 'A thoroughly nasty scramble... only those experienced in dangerous terrain should consider an ascent, and even they would be wise not to bother... Yr Esgair is a heap of tot and nasty with it. Stay away. Far, far away.' Mae ei deithlyfrau'n llawn perlau o hiwmor cynnil fel hyn wrth ddisgrifio'i anturiaethau. Mae ei gyn-wraig, y Gymraes annwyl a hyfryd Shan, yn byw yng Nghapel Curig. Cwrddais â Steve Ashton ym mhriodas ei ferch Sara â Gai Toms, ac roedd ei araith yn y neithior fel rwtîn stand-yp. Dyma un o fy hoff ddywediadau o'i lyfrau, *'As I wore a motorbike helmet and mostly climbed chimneys I spent much of the time suspended by my head.'*

Mynydd: Elidir Fawr, 3031tr / 924m (14); Mynydd Perfedd, 2667tr / 813m (31); Carnedd y Filiast, 2697tr / 821m (30); Foel Goch, 2726tr / 831m (27)

Map: OL 17: CG 612613, CG 623619, CG 620628, CG 629612

Pwynt dechrau: Pentref Nant Peris, i'r de-ddwyrain o Lanberis ar yr A4086, ar waelod Bwlch Llanberis, hanner milltir o ben de-ddwyreiniol Llyn Peris. Mae maes parcio mawr, CG 606584.

Pellter: 7-8 milltir / 11.2-12.8 km

Amser: 4-8 awr

Ymdrech: Caled. Pen i lawr a daliwch ati. Fydd o werth o.

Taith: Mae capel ar ochr ogleddol y ffordd fawr yn Nant Peris. Trowch i'r ffordd ar y dde i'r capel. Bydd y ffordd yn dilyn Afon Gafr tua'r gogledd-ddwyrain am ychydig, cyn troi i'r chwith a chodi'n araf i adael y dyffryn i gyfeiriad y gogledd, gan basio rhai tai unigol ar y ffordd. Cyn hir mi ddewch at wal gerrig a gât sy'n croesi'r ffordd cyn cyrraedd buarth fferm Fron. Mae llwybr yn mynd i'r dde i ganlyn ochr ddwyreiniol y wal, ond peidiwch â dilyn hwnnw. Yn hytrach, ewch drwy'r gât a throi i'r dde i ddilyn llwybr arall sy'n canlyn ochr gorllewin y wal, i gyfeiriad y gogledd-ddwyrain. Mewn ychydig bydd y llwybr yn croesi camfa dros wal gerrig, a chyn dim byddwch yn croesi camfa arall i gyrraedd tir agored y mynydd. Dilynwch y llwybr i'r gogledd tuag at Afon Dudodyn. Dilynwch yr afon, sy'n crymanu tua'r dwyrain. Pan welwch bont droed dros yr afon (CG 609596) croeswch hi, a dilyn y llwybr i'r gogledd i fyny ffridd serth hyd nes dod at wal a chamfa arall. O fan hyn mae'r llwybr yn codi i'r gogledd. Dilynwch o yr holl ffordd i gopa Elidir Fawr. Mae lloches yno.

Elidir Fawr, Foel Goch, Mynydd Perfedd, Carnedd y Filiast o gopa'r Garn

O gopa Elidir Fawr dilynwch y gefnen fain i'r dwyrain-gogledd-ddwyrain at Fwlch y Marchlyn, a dringo i'r gogledd-ddwyrain i ben Mynydd Perfedd, sydd â charnedd lloches ar ei gopa. Ewch i'r gogledd wedyn i fynd i gopa Carnedd y Filiast, sydd ond hanner milltir i ffwrdd. Wedi croesi wal gerrig rydych chi ar ben Carnedd y Filiast. Mae carnedd yn nodi'r pwynt uchaf. Mae'r golygfeydd yn wefreiddiol, nid yn unig y mynyddoedd o'ch amgylch, ond llyn Marchlyn Mawr sy'n gorwedd rhwng Elidir Fawr a Mynydd Perfedd, gyda'i argae a'r ffordd sy'n mynd drosto cyn diflannu trwy dwnnel i mewn i'r mynydd, fel cuddfan dihiryn ffilm James Bond. Mae hefyd olygfeydd gwych o Draeth Lafan ac Ynys Môn, Caernarfon, Bethesda a Chwarel Penrhyn a'i thwll mawr, Mynydd Llandygai a chae pêl-droed y clwb, ac ar ddiwrnod clir mi welwch Fynyddoedd Wicklow, ac Ynys Manaw.

Ewch yn ôl tua'r de, ac i lawr o Fynydd Perfedd i'r de-ddwyrain, dros Fwlch y Brecan a throi i'r de wrth ddringo'r llethr serth i gopa Foel Goch, lle mae'r olygfa orau o Nant Ffrancon, o Fethesda i Lyn Ogwen a thu hwnt.

I fynd yn ôl i Nant Peris, gallwch ddilyn y llwybr i'r gogledd yn ôl am Fwlch y Brecan a throi i'r llwybr i'r gorllewin i ymuno â llwybr sy'n gadael Bwlch y Marchlyn am i lawr i'r de-de-ddwyrain at flaen Cwm Dudodyn a glannau gogleddol Afon Dudodyn. *NEU*, i arbed amser, ewch o gopa Foel Goch yn syth am y gorllewin a cerdded i lawr y llethr i flaen Cwm Dudodyn, a chroesi at ochr ogleddol Afon Dudodyn. Mae'r llwybr hwn yn dilyn yr afon ar waelod llethr Elidir Fawr. Dilynwch y llwybr a'r afon hyd nes dod at y bont droed a groesoch ar y ffordd i fyny. Croeswch hi ac ewch yn ôl ar y llwybr at y ffordd, a'i dilyn i'r ffordd fawr a'r lle parcio.

Y FOEL GOCH A GALLT YR OGOF

Dyma ddau fynydd mwyaf de-ddwyreiniol y Glyderau. Dau fynydd hollol wahanol i'w gilydd. Gallt yr Ogof yn greigiog a chlogwyni o'i amgylch a'r Foel Goch yn fynydd glaswelltog. Mae'r Foel Goch wedi cadw'r fannod 'Y', tra bo'r rhan fwyaf o'r moelion cochion wedi ei cholli, ond yn cadw'r ffurf dreigliedig 'Foel Goch'.

Mae'r Foel Goch yma yn un o dri mynydd gyda'r un enw o fewn ychydig filltiroedd i'w gilydd (os nad mwy) – enw cyffredin iawn ar fynyddoedd yng Nghymru, fel mae Foel Ddu. Dylai rhywun gyfri sawl enghraifft o'r ddau enw sydd yng Nghymru. Mi fysa'n ddifyr gweld pa un fyddai ar ben y rhestr. Mae'n gwneud i mi feddwl am y rhestr o holl enwau tafarnau trwy Brydain, ac mai Llew Coch sydd ar ben y tabl a'r Llew Du yn ail. O ran Foel Goch a Foel Ddu, fyswn i'm yn betio ar y naill na'r llall.

Mae 'na ogof ar un o glogwyni Gallt yr Ogof, rhywle ar y clogwyni gogledd-ddwyreiniol, dwi'n meddwl. Dwn i ddim sut gefais i'r wybodaeth (o'r we, mwy na thebyg) ond roedd o'n ddigon i wneud i mi fynd i chwilio. Ond weles i ddim ogof. Mae clogwyni'r mynydd yn rhy serth i allu gweld dros ei ochrau, ac yn sicr yn rhy beryglus i chwilio'n iawn.

Mynydd: Y Foel Goch, 2641tr / 805m (34); Gallt yr Ogof, 2503tr / 763m (47)

Map: OL 17: CG 678582, CG 685586

Pwynt dechrau: Pentref Capel Curig, lle mae'r ffordd A4086 yn cwrdd â'r A5, CG 720582. Maes parcio ar yr hen ffordd i Gaergybi. Codir tâl.

Pellter: 6-7 milltir / 9.6-11.2 km
Amser: 3-6 awr
Ymdrech: Cymedrol.

Taith: O'r maes parcio, dilynwch yr hen ffordd i Gaergybi tua'r gogledd. Daw'r tarmac i ben o flaen tŷ ar y chwith. Ewch drwy'r gât a throi i'r chwith gan ddilyn y ffens. Pan fydd y ffens yn troi i'r chwith i fynd heibio'r tŷ, mae dau lwybr – un yn dilyn y ffens a'r llall ychydig yn uwch i fyny. Dilynwch y llwybr uwch, sy'n dringo'n raddol i ben Cefn y Capel, lle mae'r tir yn wlyb mewn mannau, a'r llwybr yn mynd i'r gorllewin. Ymhen tua milltir a hanner byddwch yn dechrau dringo llethrau glaswelltog serth i gyfeiriad Gallt yr Ogof, ond bydd y llwybr yn troi i gyfeiriad Y Foel Goch cyn cyrraedd creigiau Gallt yr Ogof. Unwaith y byddwch ar y bwlch rhwng y ddau fynydd, lle mae llyn bach (nad yw ar y map) gyda Tryfan o'ch blaen, trowch i'r chwith a dilyn llwybr tua'r de-orllewin, sy'n dringo'r holl ffordd i gopa'r Foel Goch, ble mae carnedd copa – a criw o eifr gwyllt y Glyderau pan ro'n i yno.

O'r copa, ewch yn ôl yr un ffordd, a phasio'r llyn bach ar y bwlch, cyn dringo creigiau Gallt yr Ogof (i'r dwyrain). Y copa cyntaf y dewch chi ato ydi'r pwynt uchaf ac mae carnedd yno i'w nodi. I fynd yn ôl i lawr, ewch yn ôl i'r bwlch a throi i'r llwybr hawdd ac amlwg y daethoch i fyny arno.

Yn y bwlch rhwng Gallt yr Ogof a'r Foel Goch

Mynydd uchaf y Moelwynion ydi Moel Siabod, sy'n sefyll ym mhen gogleddol tiriogaeth teulu'r Moelwynion, rhwng Dyffryn Mymbyr a phentrefi Dolwyddelan a Chapel Curig. Ond mae calon y teulu wedi ymgasglu fel pedol o amgylch blaen cwm Ffestiniog, lle saif tref Blaenau Ffestiniog a phentrefi Tanygrisiau a Llan Ffestiniog heddiw, gyda'r prif fynyddoedd yn sefyll i'r gorllewin o blwy Ffestiniog. Y mwyaf amlwg ac adnabyddus ydi'r Moelwyn Mawr a'r Moelwyn Bach, sydd â lle canolog yn y rhes o gopaon yn y tirlun trawiadol sydd i'w weld yn amlwg o'r de a'r dwyrain. I'r gogledd o'r ddau Foelwyn, ar ochr orllewinol Cwm Croesor mae'r Cnicht, sydd yn adnabyddus am ei siâp pyramidaidd, tebyg i Matterhorn yr Alpau, o gyfeiriad y môr. I'r gogledd-ddwyrain o'r Moelwyn Mawr mae Allt Fawr yn teyrnasu dros rai o chwareli mwyaf Blaenau Ffestiniog, ac i'r gorllewin o'r Allt mae Moel Druman yn codi uwchlaw Llyn Conglog, a'r Ysgafell Wen yn estyn tua'r gogledd y tu ôl iddi.

Moelwynion ardal Ffestiniog ydi fy ngoruwchystafell, a chopa'r Moelwyn Mawr ydi fy 'lle i enaid gael llonydd'. Mae'r Moelwynion yn wyllt ac anial, ac mae hynny'n rhan greiddiol o'u harddwch hudolus sy'n eich lapio mewn blanced o rosydd a phlu'r gweunydd. Mae'r mynydd-dir hwn yn llawn o lecynnau cyfrin a golygfeydd na welir ar unrhyw gerdyn post na gwefannau mynydda, a dwi'n eu 'nabod nhw i gyd fel cefn fy llaw. Does dim prysurdeb fel sydd ar fynyddoedd mawr Eryri, dim ond hedd diddarfod yr unigeddau, ac adar yr ucheldiroedd.

I ben y Moelwyn fydda i'n denig – o'r gwaith a dwndwr byd – y lle gorau i fynd i wneud dim byd, dim hyd yn oed i feddwl. Fydda i'n eistedd weithiau am ryw awran, yn gwneud dim byd ond edmygu'r tirwedd sydd fel cwysi o dir yn ymestyn at gaeau breuddwydion. Dwi'n licio enwi pob copa, cefen a chwm drosodd a throsodd yn fy mhen, a'r bryniau, afonydd a llynnoedd, a phopeth o'u cwmpas. Dwi wir yn gweld fy mro yn troi yn wlad, a fy lle yn yr hen fyd 'ma. Gweld Meirionnydd bron i gyd, ac yn gweld lle gefais fy magu a lle dwi'n byw heddiw, a lle magwyd fy mhlant. Ac wrth eistedd ar y Moelwyn, mae gwybod hynny'n ddigon.

Daw sgrechian arallfydol y brain goesgoch ar yr awel. Mae cerddwyr ar y ffordd i'r copa. Mi ddôn nhw bob hyn a hyn. Ond gan amlaf dim ond fi a'r pâr o gigfrain sy'n nythu ers blynyddoedd ar graig cefnen orllewinol y Moelwyn Mawr, sydd yno. Mae'r adar clyfar hyn yn adnabod gwynebau, ac mi ddôn heibio uwch fy mhen a rhoi 'clwc-clwc' dwfn, gan dipio'r adain wrth wneud. Mae ganddyn nhw 33 o alwadau, a phob un yn gallu cael eu defnyddio yn unigol neu mewn cyfres amrywiol, yn dibynnu ar y cyd-destun. Gall eu crawcian newid pitsh i olygu ystyr gwahanol, eto yn dibynnu ar y cyd-destun (rhybudd, cega, cysylltu). Ac mae gan nifer y crawciau mewn un 'neges', neu pa mor sydyn ydyn nhw, ystyr gwahanol hefyd. Yn ogystal â'r clwcian, maen nhw'n gwneud y synau hyn (yn union): sŵn fel pren yn taro rhythm ar goeden; sŵn crawcian fel yr offeryn taro *guiro* (llyffant pren); 'ping' sydd mor glir ac uchel, mae o'n gwneud i chi agor eich ffôn gan feddwl bod neges wedi cyrraedd; sŵn fel dropyn o ddŵr yn taro gwyneb pwll o ddŵr mewn ogof; sŵn 'rrrrrrr' ratl undonog gyda 12 curiad mewn eiliad, eto fel offeryn taro pren; sŵn clebran a chwerthin wrth hedfan mewn pâr, un yn clebran a'r llall yn ateb, ar draws ei gilydd; sgrech rhybudd; mewian; sŵn yr offeryn *cowbell*, a *cowbell* efo ratl ar ei ôl; 'cawian' pan mae'r rhai ifanc yn paru, a llawer mwy.

Simneiau o niwl yn codi rhwng y Moelwynion

Ar y Moelwyn

Mae dau ddeg pedwar llyn i'w gweld
yn sgleinio yng ngolau'r dydd,
ac eraill sydd yn swatio'n swil
mewn cymoedd cyfrin cudd.
Dwi'n edrych dros Eryri,
y Rhinogydd a Phen Llŷn,
does unlle gwell na'r Moelwyn Mawr
i weld fy ngwlad fy hun.

Llwyfan fy llumanau,
Lle mae'r gorwel yn grwn,
Ble dwi'n gweld fy mro yn troi yn wlad,
A fy lle yn y byd hwn.

Dwi'n gweld yr haul yn felyn
ar ysgwydd Moel yr Hydd,
a chysgodion y cymylau'n
carlamu dros ei rudd.
Dwi'n gweld y Cnicht a'r Wyddfa
fel gogoniant yn fy llaw,
ac os na welai'r Moelwyn Bach,
mae hi'n niwl neu'n bwrw glaw.

Mi af fyny yn yr eira
Neu wynt a glaw, neu hindda,
Pan fo poenau'r dydd yn fy erlyn
Dwi'n dianc i ben y Moelwyn.

Os af fyny drwy Gwmorthin,
chwarel Rhosydd, heibio'r felin,
neu drwy hen chwarel Wrysgan
neu Graigysgafn o fwlch Stwlan,
af heibio hen lefelau,
edmygedd yn fy ngwaed,
wrth feddwl am frawdoliaeth
yr agorydd dan fy nhraed.

Os dio'n gwisgo'i gap neu beidio,
Dwi'n siŵr o alw heibio,
'Di'm yn cymryd llawer mwy nag awr
I fynd i ben y Moelwyn Mawr.

Sŵn tonnau ar yr awyr,
daw'r gigfran ar ei hynt
gan glwcian ei chyfarchion
cyn plymio i nyddu'r gwynt;
a'r goesgoch hy' sy'n sgrechian
o furiau ei theyrnas hi;
y rhain sydd yn fy atgoffa
mai gwestai ydw i.

Mangre fy mreuddwydion
Rhwng y mawn a'r awyr lân,
Lle dwi'n gweld nad oes 'na nunlla'n bell
Fel hed y frân.

Af yno i wasgaru
pryderon diflas byd
i'r awel a'r Iwerydd,
dros y Flaenllym yn fflyd;
ac wedi cael eu gwared,
yn rhubanau ar y gwynt,
daw rhythm dirdynnol bywyd
i wneud i 'nghalon guro'n gynt.

Ac yng nghwmni'r hen frân goesgoch
A'r gigfran ddu
Mi arhosaf ar y Moelwyn
Efo'r awen fry.

Mae gennyf win i'w rannu
efo Gwyn ap Nudd a'i deulu,
wrth ddawnsio efo'r lleuad braf
er mwyn croesawu Hirddydd Haf.
A phan ddaw'r tân dros ymyl tir
i liwio'r wlad â'i fysedd hir,
i ddal y wawr ar Droad y Rhod,
y Moelwyn Mawr yw'r lle i fod.

Ac yng nghwmni'r goesgoch gegog
A'r gigfran ddu
Mi orweddaf ar y Moelwyn
Efo'r awen hy'.

I ben y Moelwyn Mawr fydda i'n mynd ar Droad y Rhod, i groesawu'r haul a dathlu heuldro'r haf, Alban Hefin. Cychwyn o'r tŷ toc wedi tri o'r gloch y bore, efo potel o win, i gael bod ar y copa mewn da bryd i ddal dechrau'r sioe am chwarter i bump. Pan fo'r awyr yn glir, neu heb ormod o gymylau, does dim angen tortsh i ddilyn y llwybrau i ben y Moelwyn. Y lleuad a gwawl y wawr sy'n goleuo'r awyr ac yn arwain y ffordd. Bydd y llwydwyll yn araf oleuo cyn i ewin yr haul ymddangos ar y gorwel, rhwng Allt Fawr a Moel Penamnen. Pêl o waed coch tanbaid fel lliw crys pêl-droed Cymru, yn codi dros erchwyn y byd. A chyn hir mae o'n troi yn oren dwfn, llachar fel tân. Mae'r awyr yn dechrau cnesu'n syth wrth i'r golau estyn dros fryniau a chefnau, rhwng cysgodion hafnau a chymoedd, ac wrth i'r haul godi'n uwch mae'r tir yn troi'n las fel lliw coed helyg. Wna i byth anghofio'r tro cyntaf i mi weld y lliwiau hyn ar y tir, y tro cyntaf i mi gael tywydd braf ar Hirddydd Haf. Y peth mwyaf hudolus a welais erioed ac un o brofiadau gorau fy mywyd. Roedd o fel bod mewn byd arall, planed ddiarth, fel bod rhywun wedi rhoi hud ar y wlad. Bron fel breuddwyd. Hollol wefreiddiol. Roedd fy ffrind Phil efo fi, ac mi gariodd o îsl, stôl blyg, cynfasau a phaent efo fo. Dwi'm yn siŵr gafodd o gyfla i baentio lluniau. Roedd yr hud o'n cwmpas wedi ein dwyn ni. Roeddan ni'n gegrwth a hollol syfrdan.

Mae sawl ffordd i ddringo i ben y Moelwyn Mawr, ond trwy Gwmorthin mae'r llwybr traddodiadol yn mynd. Mae'n werth profi naws arbennig Cwmorthin, y cwm cudd, anghysbell, a lle harddaf y plwy, lle mae teuluoedd yn mynd am dro, plant yn cyrchu at ddŵr y llyn, a sgotwrs yn pysgota fin nos. Pan nad oes gwynt yn rhuo i lawr y cwm mae'r llethrau uchel o'i amgylch yn ei gysgodi'n llwyr. Bryd hynny does dim byd yn symud, yr awel na'r llyn – na'r pysgod. Mae'r cwm mor dawel gellir clywed cacwn yn canu o ben pella'r cwm, heb sôn am glywed pobl yn siarad – a chlywed pob gair. Craig Wrysgan, Moel yr Hydd, Foel Ddu, Clogwyn Brith ac Allt Ceffylau (gwyneb deheuol Allt Fawr, sy'n codi bron yn unionsyth o lannau gogleddol Llyn Cwmorthin) sy'n creu'r tawelwch hwn. Mwynhau'r distawrwydd mae pobl y fro, a bod yn un ag o, a chael llonydd i hel meddyliau ac atgofion mewn heddwch. Rhywbeth tebyg i'r hyn mae pobl yn ei wneud wrth daro mewn i eglwys i fyfyrio mewn tawelwch.

Cwmorthin ac Allt Fawr o'r Moelwyn Mawr

Nid pawb oedd yn caru Cwmorthin, fodd bynnag, o gofio'r gwyntoedd miniog a'r glaw oedd yn chwythu drwy'r cwm yn aml. Yn ei englyn isod mae Ioan Brothen yn ategu teimladau ei gyd-chwarelwyr oedd yn gorfod gwynebu'r ddrycin wrth gerdded i'w gwaith. Mae Eben Fardd yn cydnabod bod tywydd Cwmorthin yn erchyll ar adegau, ond yn derbyn nad oes unlle gwell pan fo hi'n braf.

Cwmorthin
Isel bant yng nghesail byd – yw y cwm
  Ac oer le anhyfryd,
A chroenllom graig ddychrynllyd
Guddia haul rhagddo o hyd.

Ioan Brothen

Cwmorthin
Ymwrthod â Chwmorthin – a fynnwn
  Pan dan faner drycin
Ond yn yr haf dyner hin
Bro annwyl yw i'r brenin.

Eben Fardd

Mae cân hyfryd Mim Twm Llai (Gai Toms), 'Cwmorthin' wedi dal naws y cwm i'r dim, mewn ffordd mae pawb o'r ardal yn uniaethu ag o, gan gymysgu atgofion plentyndod efo myfyrio athronyddol am y byd a'i stŵr o'i gymharu â thawelwch syml bywyd go iawn. Mae'r geiriau yn gallu gyrru rhywun i ddagrau, fel mae barddoniaeth yn tueddu i wneud. Dyma ddyfynnu beth ohoni:

> Mae'n enw i wedi ei grafu
> Efo hoelan wedi rhydu
> Ar y lechan las.
> Mae yn llechan ti'n gallu eistedd ar
> Efo d'abwyd a dy enwair
> A'i thaflu hi i'r dŵr.
>
> A chwarae efo'r awel nes bydd rhywbeth yn tynnu
> Os does 'na'm byd yn tynnu, wel tynna hi mewn, a trio eto.
>
> Cewch chi alw fi yn rhamantydd
> Ond mae'n well gen i y nentydd
> Sy'n cosi'r llethrau.
> Mae o'n gwneud i ti sylweddoli
> Bod mwy i'r bywyd hwn
> Na Coca Cola.
>
> **Gai Toms**

Mae'r hen chwareli llechi sydd i'w gweld yn y ddau ben o'r cwm yn dawel erstalwm. Y fwyaf o'r rhain oedd chwarel Cwmorthin, oedd yn cael llechi o ochr ddeheuol cefnen Allt Fawr ac yn cyflogi 600 o weithwyr yn ei hanterth, tra bo chwarel Oakeley – chwarel fwyaf Stiniog – yn gweithio o ochr ogleddol Allt Fawr. Dechreuwyd tyllu am lechi yng Nghwmorthin tua 1810, ac erbyn 1896 roedd y chwarel yn gweithio fel menter gydweithredol. Ond ar ôl bron i ganrif o gecru ac achosion cyfreithiol rhwng y ddwy chwarel, prynwyd Cwmorthin gan Oakeley yn 1900, oedd wedi ei chysylltu efo gweithfeydd Cwmorthin o dan y ddaear ers degawdau. Roedd chwarel Cwmorthin yn cael ei galw 'y lladd-dy' oherwydd y niferoedd o ddamweiniau marwol. Rhwng 1875 a 1893, bu 21 o farwolaethau yn y chwarel, allan o weithlu o 550. Daeth y diwedd yn 1970, pan gaewyd chwarel yr Oakeley, y chwarel lechi danddaearol fwyaf yn y byd, gyda'i 50 milltir o reilffyrdd tanddaearol, a'i 26 llawr – a 1,500tr / 460m rhwng y llawr uchaf a'r isaf, oedd ymhell o dan lefel y môr – gan fynd â chwarel Cwmorthin efo hi.

Ar ochr arall y cwm i chwarel Cwmorthin roedd chwarel Wrysgan, oedd yn llawer llai, ond nid yn fach. Dechreuodd Wrysgan weithio yn yr 1830au, yn cael llechi o grombil Craig Wrysgan. Roedd tua 50-70 o ddynion yn gweithio yno, fel arfer, ond roedd y rhifoedd yn amrywio o gyfnod i gyfnod. Yn 1874, dim ond 30 oedd yn gweithio yno, ond yn 1897 roedd 100 o ddynion yno, 54 o dan ddaear – sef y meinars a'r creigwyr – a'r gweddill yn chwarelwyr y felin. Roedd mwy na 100 yn gweithio yno yn 1904, yn gweithio ar wyth llawr, a chynhyrchwyd 3,000 tunnell o lechi. Ond yn 1945-46 dim ond 11 dyn oedd yn gweithio yno, a dim ond 348 tunnell o lechi a gynhyrchwyd. Caewyd y chwarel yn 1946.

Draw ym mlaen y cwm, o dan Fwlch Cwmorthin, roedd chwarel Conglog. Menter fechan oedd hi, yn cael llechi o waelod Clogwyn Brith, a bu'n gweithio o 1854 tan 1910 yn unig, gan gyflogi tua dau ddwsin o ddynion. Serch hynny, mae ei hanes, fel Cwmorthin a Wrysgan yn anhygoel o ddiddorol. Fel y mae chwarel Rhosydd, y down ni ati yn y man.

Mae 'na adfeilion adeiladau ar hyd y cwm. Wrth gyrraedd i olwg y llyn o gyfeiriad Dolrhedyn mae adfeilion Cwmorthin Terrace, neu Tai'r Llyn fel y galwai pawb nhw. Perchnogion chwarel Cwmorthin adeiladodd nhw ar gyfer gweithwyr. Codwyd yr wyth tŷ cyntaf o gerrig mynydd a cherrig nadd yn yr 1860au, ac yn yr 1870au codwyd y pum tŷ arall (agosaf at yr afon a'r llyn) efo blociau llechi a phennau llifiau. Yn ogystal â gweithwyr yn aros yn y tai cynharaf yn ystod yr wythnos, roedd teuluoedd yn byw drwy'r flwyddyn yn y pum tŷ arall ac roedd un o'r tai yn gweithredu fel siop, gyda thrwydded i werthu tobaco. I'r gogledd-ddwyrain o Dai'r Llyn, ar ochr draw'r llyn mae olion Cwmorthin House neu Plas y Llyn i bobl leol. Codwyd y tŷ yn 1843 ar gyfer rheolwr y chwarel (sef yr Asiant) a'i deulu. Yn nes ymlaen bu teuluoedd lleol yn byw yn y tŷ oedd wedi ei rannu'n ddau.

Rhyw ganllath i'r gogledd-orllewin o Dai'r Llyn mae adfail Capel Tiberias, capel yr Annibynwyr, a godwyd yn 1866. Costiodd £100 i'w adeiladu! Hanner milltir i'r gogledd ar hyd y ffordd sy'n dilyn glannau deheuol y llyn, sef yr hen dramffordd o chwarel Conglog, mae adfail capel arall a fu'n wag ers blynyddoedd. Capel y Gorlan oedd ei enw mwyaf cyffredin, ond mae'n debyg mai Capel y Golan oedd ei enw gwreiddiol. Cafodd ei alw hefyd yn Gapel Cwmorthin, Capel Conglog, a hyd yn oed Capel Rhosydd. Mae Capel Bach hefyd yn cael ei ddefnyddio fel enw arno yn y fro. Yn nes ymlaen, ar hyd yr hen dramffordd, mae Stablau Rhosydd. Yn fan hyn roedd ceffylau chwarel Rhosydd yn cael eu cadw, gan fod chwarel Cwmorthin yn gwrthod gadael i Rhosydd osod tramffordd ar hyd llawr y cwm i fynd â'u llechi at Reilffordd Ffestiniog yn Nhanygrisiau, felly roedd rhaid defnyddio ceffylau i ddod â llechi i lawr o Rhosydd, heibio chwarel Conglog, ac ymlaen ar hyd llawr y cwm. Yn 1868 cafodd Conglog ganiatâd i osod tramffordd trwy Gwmorthin – ond chafodd Rhosydd fyth ganiatad i'w defnyddio.

Llai na chanllath o'r stablau, ar waelod y rhiw i Rhosydd, ger melin chwarel Conglog a'r hen bont gario dŵr, mae Tai Conglog, a elwid yn Rhosydd Terrace, ond Tanrallt i'r teuluoedd oedd yn byw yno. Ar ochr ogleddol Afon Gonglog o'r rhesdai a'r stablau, mae cragen Plas Cwmorthin, a godwyd yn 1860 fel cartref i reolwr (Asiant) chwarel Rhosydd. Bu'n gartref i dri gwahanol reolwr yn ei oes, hyd at 1932, ac yn niwedd yr 1930au symudodd y teulu Williams o Resdai Rhosydd i fyw yn un o stafelloedd y Plas, cyn gadael y cwm yn gyfan gwbwl yn 1948 – y bobl olaf i adael. Hyd heddiw mae trigolion y fro yn cyfeirio atynt fel teulu Conglog. Mae aelodau'r teulu yn byw ym Mlaenau Ffestiniog o hyd. Ro'n i'n Ysgol y Moelwyn ar yr un adeg â dau ohonyn nhw.

Mae adfeilion dau dyddyn wrth droed Allt y Ceffylau. Y mwyaf o'r ddau, a'r agosaf at y llyn, ydi Cwmorthin Uchaf. Hwn oedd cartref y 'Sion Jonesiaid' oedd yn enw'r mab cyntaf-anedig ymhob cenhedlaeth yn Sion a John, bob yn ail. Roedd hyn yn arfer cyffredin yng Nghymru ar ôl i'r Cymry orfod defnyddio'r dull Saesneg o enwi (gan golli'r 'ap'), sef rhoi cyfenw'r tad fel enw cyntaf mab hynaf pob cenhedlaeth (a dim ond i'r mab hynaf!) – arferiad sy'n ddigon i droi gwallt unrhyw gasglwr achau yn wyn. Mi rof enghraifft o deulu fy nhad i chi, William Rolant > Rolant Williams > William Rowlands > Rolant Williams ayb, hyd at fy hen daid, a enwyd yn William Rowland Williams (debyg bod ei dad o wedi penderfynu bod pethau'n mynd braidd yn gymhleth!). Ond er setlo ar gyfenw sefydlog (Williams) bu'r William a Rowland yn fyw am ddwy genhedlaeth arall; William Iorwerth Williams (Iorwerth, Ioro i bawb) oedd enw llawn fy nhaid, ac Edward Rowland Williams (Ned i bawb) ydi enw llawn fy nhad. Mae'n debyg mai dyna ddigwyddodd ar aelwyd Cwmorthin Uchaf, Sion Jones > John Sion > Sion Jones ayb, a chael y llysenw 'Sion Jonesiaid' gan bobl y fro. Dywedodd un Sion Jones, yn 1869, ychydig cyn iddo fawr yn 98 oed, bod ei dad yn honni bod y teulu wedi byw yng Nghwmorthin Uchaf ers wyth can mlynedd. Mae archeolegwyr lleol wedi dyddio pryd torrwyd y goeden dderw a ddefnyddiwyd fel lintal y lle tân yn hanner cyntaf yr 16eg ganrif. Mae posib i'r teulu fyw yno cyn hynny, wrth gwrs, mewn tŷ hŷn. Mae'n sicr bod gan y teulu gof hir, fodd bynnag, achos roedd y rhan fwyaf ohonynt yn byw yn agos iawn i'w cant oed. Mae'r tŷ yn wag ers 1930.

Mae pawb sy'n mynd i ben y Moelwyn Mawr ar y llwybr clasurol trwy Gwmorthin yn gorfod dringo Allt Rhosydd, heibio adeiladau chwarel Conglog, i ben Bwlch Cwmorthin lle mae hen chwarel lechi Rhosydd, oedd yn cyflogi 207 ar ei hanterth. Mi welwch rai o'i thomenni wast uwch eich pen, fel pyramidiau yn y nen. Cyn hir mi fyddwch ar safle llawr a cei y felin isaf, lle mae ceg lefel eithaf llydan (Lefel 9) yn mynd i grombil y mynydd, lle'r oedd agorydd tanddaearol ar sawl llawr, ac o le y gellir cerdded, a dringo chydig, a chroesi llyn tanddaearol gyda chwch a rhaff, a dod allan i'r awyr iach ymhen rhai oriau, yn chwarel Croesor, ar lethrau ochr ogleddol y Moelwyn Mawr yng Nghwm Croesor. Yr adfeilion amlycaf, a mwya cyfarwydd, ar safle felin isaf Rhosydd ydi'r ddwy res o farics, lle'r oedd gweithwyr o ardaloedd pellach yn aros yno yn ystod yr wythnos. Yn eu mysg oedd Ioan Brothen (o Lanfrothen, chwe milltir i ffwrdd), un o lu o feirdd oedd yn gweithio yn chwareli Stiniog. Mi sgwennodd o'r ddau englyn yma i'r barics – llefydd oedd yn enwog am eu diffyg glendid, ac am eu chwain:

> *Hunwn (a blin oedd hynny) – yn fy oer*
> *Anifyrraf lety,*
> *A theimlo brath amal bry'*
> *Ar waelod y budr wely.*
>
> *Celfi sydd ymhob cilfach – a budron*
> *Yw'r bedrwms, ac afiach;*
> *Ni cheir byth ar chwarae bach*
> *Batrwm o unlle butrach*
> **Ioan Brothen**

Rhaid dringo dwy hen inclên o lawr felin isaf chwarel Rhosydd er mwyn cyrraedd gwastad gwaelod y Moelwyn. Y tir hwn ydi'r rhosydd a roddodd ei enw i'r chwarel. Mae yna domenni ac adfeilion dwy felin arall, efail gof, olion lle'r oedd yr olwyni dŵr, dau neu dri cwt powdwr, hen gronfeydd dŵr gwag a lefelau. Yn ogystal â'r rhain mae dau dwll mawr 'open-cast' efo agorydd yn eu gwaelod sy'n arwain i loriau is, o dan ddaear. Yn yr 1830au y dechreuwyd gweithio Rhosydd, ond gan fod y safle mor bellennig ac uchel (1,850tr/560m) mewn tir mawnog rhwng dau fynydd, a'r diffyg ffordd hwylus i gario'r llechi gorffenedig o'r chwarel, bu'r gwaith yn araf i ddatblygu. Yn 1853 sylfaenwyd y Rhosydd Slate Company, a ddaeth yn gwmni cyfyngedig yn 1856, ac roedd yr angen am drafnidiaeth i'w cynnyrch yn broblem enfawr. Gwnaed y broblem yn waeth gan agwedd chwarel Cwmorthin, oedd yn berchen llawr Cwmorthin – lle'r oedd yr unig lwybr hwylus, a byrraf, i osod rêls i gario'r llechi o'r chwarel i Reilffordd Ffestiniog – ac yn gorfodi Rhosydd i ddefnyddio ceffylau a mulod i gario'u cynnyrch drwy'r cwm. Mae'n bosib mai Rhosydd greodd Llwybr Mul/Gaseg Wen rhwng Rhosydd a chwarel llechi Moelwyn (uwchben Llyn Stwlan ar glogwyn Craigysgafn) er mwyn defnyddio cadwyn o saith inclên y chwarel honno i gael eu llechi at y trên ger Tanygrisiau.

Cafwyd datrysiad i broblem trafnidiaeth Rhosydd yn 1864 pan agorwyd tramffordd Cwm Croesor i gario llechi o'r cwm, heibio pentref Croesor ac i lawr at Lanfrothen, yna ymlaen i Borthmadog. Cysylltwyd chwarel Croesor â'r dramffordd gydag inclên serth, 700tr/210m o hyd oedd yn disgyn dros lethr gogleddol Moelwyn Mawr i waelod blaen Cwm Croesor. Cysylltwyd Rhosydd â thramffordd Croesor hefyd, trwy adeiladu tramffordd hanner milltir o hyd, o lawr felin isaf Rhosydd, ar draws Bwlch Rhosydd – a gwyneb clogwyni serth blaen Cwm Croesor, gannoedd o droedfeddi uwchlaw llawr y cwm – ac adeiladu inclên 750tr/230m i lawr i flaen y cwm. Gyda rhan serthaf yr inclên ar oleddf o 1 i 0.97, hon oedd yr inclên fwyaf serth ym Mhrydain, ac un o'r inclêns cebl sengl hiraf yng Nghymru. Yn anffodus, bu'r prosiect peirianyddol enfawr hwn yn ormod o straen ariannol ar gwmni Rhosydd, ac yn 1873 aeth y cwmni i ddiddymiad gwirfoddol.

Yn 1874, sefydlwyd cwmni newydd, y New Rhosydd Slate Quarry Company Ltd, a llwyddwyd i brynu'r chwarel a'i hadnoddau mewn ocsiwn. Yn wahanol i'r perchnogion blaenorol, roedd y cyfarwyddwyr i gyd yn Gymry a thri chwarter y cyfranddalwyr yn dod o'r ardal leol. Ond yn 1900 bu cwymp anferth a ddinistriodd ardal fawr o weithfeydd tanddaearol y chwarel, a bu rhaid ailadeiladu rhwydwaith i ddod yn ôl at y 'llygad' (y wythïen lechi roeddyn nhw'n ei gweithio) unwaith eto. Yn anffodus daeth gwasgfa ar y farchnad lechi, a ddilynwyd gan y Rhyfel Mawr. Caewyd y chwarel dros gyfnod y rhyfel gan nad oedd y diwydiant llechi yn un hanfodol. Agorwyd hi eto yn 1919, ond roedd y cwmni mewn trafferthion, a phrynwyd y chwarel gan aelodau o deulu'r Colman – ia, y bobl mwstard – a gadwodd y chwarel i fynd tan 1930, cyn methu cael marchnad i'w llechi. Rhewyd y chwarel tan 1947, pryd y gwerthwyd hi. Ond methodd cynlluniau i ailagor y chwarel, a bu dynion sgrap yn dwyn y metelau, ac yn 1948 trowyd y pympiau i ffwrdd, a boddi lloriau isaf y chwarel i gyd – a dyna ddiwedd chwarel Rhosydd.

> **Chwarel Rhosydd**
> *Ymysg cysgodion llonydd y felin*
> *Ac adfeilion disbydd,*
> *Fin nos yn chwarel Rhosydd,*
> *Dan y sêr, ysbrydion sydd.*

MOELWYN MAWR, MOELWYN BACH

Mae arbenigwyr mewn penbleth ynghylch yr enw Moelwyn. Os mai ansoddair ydi'r '-wyn', dylai'r enw fod yn 'Moelwen' neu 'Moel Wen/Y Foel Wen', oherwydd mai enw benywaidd ydi 'moel', fel 'craig' a 'draenen' ayb, ac yn treiglo'r ail elfen; Moel Wen, Y Foel Wen, Foel Goch, Foel Ddu, Y Foel Fawr, Graig Wen, Draenen Wen, yn hytrach na'r gwrywaidd Cae Gwyn, Llyn Gwyn, Tŷ Gwyn, Cwmwl Gwyn ayb. Mae hyn yn peri i rai ddyfalu mai enw personol sydd yma sef rhywun o'r enw Gwyn. 'Moel Gwyn' a'r 'g' wedi ei cholli ar lafar gwlad, a'r acen wedi symud i'r sillaf cyntaf. Soniodd Bruce Griffiths yn *Pennau Llifiau, Pennau Cŵn* nad oes pennaeth neu arweinydd o'r enw Gwyn wedi bod yn hanes Cymru, ac fe hanner gynigiodd mai enw Gwyn ap Nudd, y ffigwr blaenllaw yn chwedloniaeth Cymru, sydd yma.

Fyswn i wrth fy modd petai hynny'n wir. Gwyn ap Nudd ydi Brenin Annwn, y Byd Arall, a brenin y Tylwyth Teg. Yn achau teulu'r hen dduwiau, mae Gwyn ap Nudd yn dduwdod, ac yn fab i Nudd (sef Nodens, duw iacháu, y môr, cŵn a hela, i'r Brythoniaid) ac yn ŵyr i Beli Mawr (Belenos). Tywysydd (*psychopomp*) oedd rôl Gwyn ap Nudd, yn tywys eneidiau rhyfelwyr Brythonig i Annwn, y Byd Arall. Dywedir ei fod o'n casglu'r eneidiau ar gar llusg a chŵn gwyn a chlustiau coch yn ei dynnu drwy'r awyr. Mae'n cael ei enwi fel aelod o osgordd Arthur a'i gyfri'n rhyfelwr ffyrnig oedd yn paentio'i wyneb yn ddu. Mae ganddo ran amlwg yn chwedl *Culhwch ac Olwen* yn y Mabinogi, yn ogystal â chwedlau eraill. Mae llawer mwy i ddweud am Gwyn ap Nudd, ond mi gaiff hynny aros am y tro.

Enw arall fu'n achosi penbleth ydi Llyn Stwlan, a Bwlch Stwlan – y llyn wedi ei enwi ar ôl y bwlch, mae'n debyg. Yn y trysor o lyfr, *Hanes Plwyf Ffestiniog o'r Cyfnod Boreuaf* gan G. J. Williams (Wrexham, 1882), mae'r awdur yn rhoi tri enw i'r llyn, Llyn Stwlan, Llyn Trwstyllog a Drws Elen. Ar fap 1836-41, enw'r llyn oedd Llyn Trwstyllon (gydag 'n'). Ond erbyn map 1921-22 roedd yr enw'n cael ei roi fel Llyn Stwlan. Felly mae Llyn Trwstyllon/Trwstyllog yn hŷn na Stwlan. O ran Bwlch Drws Elen, mae'n debyg ei fod o'n hŷn na'r enwau eraill, ond yn dal yn enw byw ar droad yr 20fed ganrif pan oedd y bardd a llenor, Glaslyn o Feddgelert, yn defnyddio'r enw yn ei ysgrifau.

Fodd bynnag, wrth gychwyn am y mynyddoedd yma byddwch yn dringo ffordd garegog i fyny am Gwmorthin. Cyn cyrraedd pen uchaf y rhiw, mae pwll dwfn yn yr afon, a rhaeadr a chreigiau o'i amgylch. Llyn Cŵn ydi hwn, lle mae plant yn plymio oddi ar y creigiau. Hwn ydi'r Llyn Cŵn mae Gai Toms yn cyfeirio ato yn y gân 'Tafarn yn Nolrhedyn' – '*Mae'r nytars i gyd yn neidio i Llyn Cŵn.*'

Wrth i chi gyrraedd pen y rhiw at y gwastad cyntaf, mi welwch ardd wedi ei hamgylchynu gan goed pin, ar ochr arall yr afon. Hon ydi gardd goffa chwarel Cwmorthin a adeiladwyd gan Robin Îf, (R. E. Jones) yn ei amser sbâr ar ôl ymddeol. Canolbwynt yr ardd ydi'r system trydan hydro, efo tyrbein olwyn pelton a achubodd o felin Cwmorthin. Robin adeiladodd y cwbl, fel prosiect DIY, gan greu argae a chronfa ddŵr i weithio'r system. Cwblhaodd hyn oll tua 1995/6. Tydi'r system ddim yn gweithio heddiw.

Graigysgafn a Moelwyn Bach o ben Moelwyn Mawr

- **Mynydd**: Moelwyn Mawr, 2526tr / 770m (44); Moelwyn Bach, 2329tr / 710m (70)
- **Map**: OL 18 & OL 17: CG 658449, CG 660437
- **Pwynt dechrau**: Dolrhedyn, Tanygrisiau. Maes parcio Cwmorthin / rhaeadr Pant y Friog, CG 683457.
- **Pellter**: 7 milltir / 11.2 km
- **Amser**: 3-5 awr
- **Ymdrech**: Cymedrol galed.

Taith: O'r maes parcio, ewch drwy'r gât i'r gogledd-orllewin a dringo'r ffordd garegog rhwng tomenni wast llechi ar y dde a'r afon ar y chwith. Ar y gwastad, bydd y llwybr yn fforchio. Ewch i'r chwith i ddilyn yr afon, a chodi ychydig i fynd heibio argae system hydro Dôl Wen, a dod at Lyn Cwmorthin. Trowch i'r chwith a chroesi'r afon dros bont droed, a dilyn y ffordd gerrig heibio i adfeilion Tai'r Llyn, mynd trwy gât mochyn, a dilyn y ffordd ar hyd glan y llyn. Pan fo'r llyn yn gorffen, daliwch i ganlyn y ffordd, gan basio hen Gapel Gorlan ar y chwith, yna cyrraedd adfeilion chwarel Conglog ar waelod rhiw serth Bwlch Cwmorthin. Ewch drwy'r gât mochyn a dringo'r llwybr sy'n troi i'r chwith i ddringo'r holl ffordd at chwarel Rhosydd, lle mae dau deras o dai barics yn dal i sefyll. I'r dde o'r barics, ac yn syth o'ch blaen wrth droed y mynydd tua'r de, mae ceg lefel (twnnel) yn mynd i mewn i'r mynydd. I'r dde o'r lefel mae'r hen inclên yn codi i'r llawr nesaf (tua'r de). Os ydi hi wedi bwrw glaw yn ddiweddar, bydd y dŵr sy'n llifo o'r lefel yn cyrraedd dros eich sgidiau. Os felly, cerddwch dros bwt o graig sydd i'r dde o'r inclên, heibio i gronfa ddŵr fach, ac ymuno â'r inclên mewn ychydig lathenni, lle mae hi'n sych. Dringwch yr inclên serth hon. Ar ben yr inclên, lle mae olion y cwt weindio (*drum house*), mae'r llwybr yn troi i'r chwith, ac yna yn ôl i'r dde, er mwyn dringo inclên serth arall eto. Ar ben hon mae hen gwt weindio arall, ac rydych yn edrych ar y Moelwyn Mawr yn syth o'ch blaen. O'ch blaen hefyd mae adfail hen efail y gof. Peidiwch â throi i'r chwith yn syth ar ôl gadael y cwt weindio, lle mae llwybr yn mynd rhwng tomenni llechi. Rydych angen cerdded tuag at efail y gof, a phan fyddwch hanner

Copa Moelwyn Bach

ffordd rhwng y cwt weindio a'r efail, dilynwch lwybr sy'n codi'n raddol i'r chwith (i'r de-ddwyrain). Bydd y llwybr hwn yn dilyn tomen sydd ar y chwith, ac mewn tua canllath byddwch yn pasio olion hen felin arall. Bydd y llwybr yn gwyro tua'r dde wrth ddilyn gwaelod tomen arall ar y chwith. O fewn dim byddwch yn gadael y domen, ac mi welwch ddarn o dir gwastad (ble'r oedd cronfa ddŵr yno unwaith), ac ar ben draw'r gwastad mi welwch gamfa sy'n croesi ffens drydan. Ewch drosti a dilyn ffens drydan arall (sydd ar y chwith i chi) yn dringo yr holl ffordd bron at ddringfa serth olaf y Moelwyn Mawr. Dilynwch y llwybr igam-ogam serth i'r copa, lle mae piler triongli a golygfeydd ysgubol i bob cyfeiriad.

Os ydi gwneud y ddau Foelwyn ar y tro yn ormod i chi, trowch yn ôl o fan hyn, neu ddewis un o'r llwybrau gwahanol sydd i'w gweld ar y map. Os ydych am fynd ymlaen i gopa Moelwyn Bach, cerddwch ar hyd cefnen ddwyreiniol Moelwyn Mawr, tua'r de-ddwyrain (i gyfeiriad Atomfa Trawsfynydd yn y pellter). Pan fyddwch bron â chyrraedd pen draw'r gefnen, mi welwch lwybr creigiog yn troi tua'r dde. Bydd y llwybr serth yn mynd i lawr o'r gefnen i fwlch creigiog, a bydd Llyn Stwlan a'r argae i'w gweld odanoch chi ar y chwith. O'r bwlch dechreuwch gerdded Craigysgafn, gan godi tua'r de, dros greigiau garw'r grib lydan. Ar ôl cyrraedd pwynt uchaf Craigysgafn, dilynwch y llwybr sy'n croesi copaon llai. Mae rhaid mynd am yn ôl ambell waith er mwyn cadw at y llwybr, ond mae'r llwybr yn ddigon amlwg, er ei fod o'n serth a chreigiog. Mae'r Moelwyn Bach yn y golwg i'ch arwain. Wrth ddod i lawr un o'r copaon, mi welwch fod gwythïen o gwarts gwyn yn rhedeg drwy'r graig (y 'gwregys' gwyn hwn yw'r rheswm fod pobl o ochr orllewinol a gogleddol y mynydd yn ei alw fo'n Gwregys Gwyn). Wrth basio'r wythïen wen, byddwch mewn bwlch bach glaswelltog, a chraig (is-gopa olaf y grib) o'ch blaen. Ewch heibio'r graig ar yr ochr chwith, a dilyn y llwybr i lawr llechwedd glaswelltog, nes byddwch yn sefyll uwchben craig sy'n disgyn i Fwlch Stwlan, o'ch blaen. Mae rhaid cymryd gofal rŵan, wrth ddringo ar draws ac ar i lawr fymryn bach, ar wyneb y graig. Dim ond rhyw 2-3 metr ydi'r darn hwn, ac nid yw'n beryglus (nac yn uchel), ond mae angen defnyddio'ch llaw chwith i bwyso yn erbyn y graig wrth i chi gamu ar y llechfeini sy'n gweithredu fel llwybr

Bwlch Stwlan a Moelwyn Bach

solet. Dau gam, a dyna chi. Wedi croesi'r darn hwn, byddwch ar lethr glaswelltog eto, ac o fewn dim, rydych ar lawr Bwlch Stwlan.

Erbyn hyn, rydych wedi gweld llwybr Moelwyn Bach yn codi o'r bwlch ac mae'r llwybr yn glir fel cloch. Croeswch y bwlch a dringwch y llwybr serth (tua'r de), yr holl ffordd i'r ysgwydd o dan gefnen y copa. O'r ysgwydd, mae'r llwybr yn troi i'r dde ac yn mynd â chi am y copa creigiog, lle mae carnedd o gerrig. Mae sawl llwybr yn arwain i lawr o'r Moelwyn Bach, ond mi ddewisaf yr un hawsaf i'w egluro. Dilynwch yr un llwybr yn ôl i Fwlch Stwlan. Ar y bwlch trowch i'r dde ac edrych i lawr at Lyn Stwlan. Mi welwch lwybr yn mynd â chi i lawr tua'r gogledd-ddwyrain at ben deheuol yr argae. Ar ben eithaf deheuol yr argae, ewch heibio pen yr argae goncrid, a dilyn llwybr byr tua'r gogledd-ddwyrain, at gamfa goncrid. Ar ôl croesi'r gamfa ewch i lawr hafn greigiog tua'r gogledd, islaw'r argae. O waelod yr hafn mae llwybr hawdd yn dilyn ffens a nant fechan am y dwyrain gyda pholion yn dangos y ffordd. Wrth hen adfeilion chwarelydda croeswch y gamfa i'r chwith. Byddwch ar y ffordd darmac rŵan, fydd yn mynd â chi'r holl ffordd at faes parcio Pant y Friog.

CNICHT

Roedd gan y grŵp Twmffat gân hwyliog oedd yn mynd rwbath fel hyn, *'Dydi'n enw i ddim yn odli efo Cnicht'*. Mae o'n wir nad oes gair yn odli efo 'cnicht' yn yr iaith Gymraeg. Ac mae'n debyg nad ydi'r gair 'cnicht' yn un Cymraeg o gwbl. Mae'n o debyg fod 'Cnicht' yn dod o'r Saesneg 'knight', gan fod y mynydd – o gyfeiriad y môr – yr un siâp â helmedau marchogion y Sacsoniaid a Normaniaid. Mae'n debyg mai fel 'cnicht' fyddai'r Cymry yn ynganu'r gair 'knight', ac mae'n debyg mai dyna oedd yr ynganiad Saesneg hefyd.

Hud ar Wynedd: Cnicht a Chrib Nantlle o ben y Moelwyn Mawr

Machlud ac eira dros Cnicht

Taith 1: Croesor

🔺 **Mynydd**: Cnicht, 2260tr / 689m (79)

📍 **Map**: OL 17 & OL 18: CG 645466

▶️ **Pwynt dechrau**: Pentref Croesor, maes parcio, CG 631447.

👣 **Pellter**: 6 milltir / 9.6km

🕐 **Amser**: 3-5 awr

🔋 **Ymdrech**: Caled.

Taith: O'r maes parcio, trowch i'r dde dros Afon Croesor, heibio'r ysgol sydd bellach wedi cau, a daliwch i fynd tua'r gogledd-orllewin a dod at ddwy gât. Ewch drwy'r gât o'ch blaen a dilyn y llwybr llydan trwy'r coed. Wedi gadael y coed mae'r llwybr yn rhannu'n ddau. Ewch i'r dde (i'r gogledd-ddwyrain). Byddwch yn dilyn y llwybr hwn yr holl ffordd i ben Cnicht, sydd newydd ailymddangos o'ch blaen. Wrth gyrraedd corlan ddefaid mae'r llwybr yn rhannu eto. Ewch i'r dde a dilyn y llwybr hwn sy'n codi i ddilyn y gefen sy'n mynd â chi at y copa. Mae ychydig o sgramblo i'w wneud wrth ddringo'r graig i gyrraedd y copa, ond tydi o ddim yn anodd. Does dim carnedd na philer ar y creigiau lle mae'r copa. O'r copa, dilynwch y llwybr sy'n dilyn crib y gefen i gyfeiriad y gogledd-ddwyrain. Ar ôl gadael y copa olaf, ewch i lawr y llechwedd glaswelltog tua'r gogledd-ddwyrain, gyda Llyn y Biswail islaw ar y chwith. Pan ddowch gyferbyn â Llyn yr Adar, sydd tua 300 llath i'r chwith, sylwch fod carnedd ar y bwlch ar y dde lle mae cyffordd dau lwybr. Trowch i'r llwybr ar y dde (de-ddwyrain) a chroesi Afon Cwm y Foel (mewn un cam) a'i dilyn hi, ar ei hochr ddwyreiniol (ar y chwith i'r afon) yr holl ffordd at Lyn Cwm y Foel (CG 655466). Dilynwch greigiau dwyreiniol y llyn, yna croeswch yr argae (sydd wedi ei ailadeiladu yn lled ddiweddar), wedyn troi i'r chwith a dilyn llwybr sy'n croesi llethrau Cnicht, gan ddisgyn yn raddol i Gwm Croesor. Mae pont dros yr afon wrth ymyl adfail (CG 642455). Mae llwybr llydan yn arwain i'r de-orllewin ar hyd llawr y cwm. Dilynwch hwn hyd nes cyrraedd ffordd darmac ar y chwith sy'n arwain trwy fuarth fferm. Dilynwch y ffordd darmac at Gaffi Croesor (galwch i mewn am groeso da) lle mae llwybr byr yn cysylltu'r caffi â maes parcio pentre Croesor.

Taith 2: O Gwmorthin

▶ **Pwynt dechrau**: Dolrhedyn, Tanygrisiau, maes parcio Cwmorthin / rhaeadr Pant y Friog, CG 683457.

👁 **Pellter**: 6 milltir / 9.6 km
🕐 **Amser**: 3-5 awr
🔋 **Ymdrech**: Cymedrol galed.

Taith: Dilynwch y daith tua'r Moelwyn Mawr uchod.

Wrth gyrraedd Bwlch Cwmorthin a llawr felin isaf chwarel Rhosydd, CG 665453, trowch yn ôl arnoch eich hun – tua'r dde – ac mi welwch lwybr yn gadael llawr y chwarel i gyfeiriad y gogledd. Bydd y llwybr yn mynd heibio i gefnen fechan ar y dde, a bydd y llwybr yn gwyro i'r gogledd-orllewin, yna dringo'r gefnen sy'n mynd am y gogledd eto, i gyfeiriad Llyn Cwm Corsiog. Mae ffens drydan ar y chwith. Pan welwch gât yn y ffens drydan, ewch trwyddi gan gadw i'r gogledd gan basio Llyn Cwm Corsiog sydd ar y dde. Ar ôl pasio pen gogleddol y llyn bydd y llwybr yn gwyro tua'r gogledd-orllewin ac yn disgyn i lawr llethr tuag at nant fach a chefnen greigiog. Croeswch y nant a dilyn y llwybr dros y gefnen greigiog. Ar ôl croesi'r gefnen bydd y llwybr yn mynd dros dir gwastad a chefnen laswelltog fer ar yr ochr draw. Dilynwch y gefnen gan gadw i'r gogledd-orllewin, ac mi ddowch at Afon Cwm y Foel. Camwch drosti a dringo'r llwybr at y garnedd o gerrig sy'n nodi cyffordd llwybrau. O'ch blaen mae Llyn yr Adar a golygfa anhygoel o'r Wyddfa a'i chriw. Wrth y garnedd, trowch i'r chwith tua'r de-orllewin a chodi'n raddol ar hyd cefnen hir y Cnicht, gan basio Foel Boethwel a Llyn y Biswail ar y dde i chi, cyn cyrraedd copa cyntaf Cnicht. Daliwch i ddilyn llwybr y grib greigiog ac mi ddaw'r copa cywir i'r golwg, sef y copa mwya deheuol. Yn naturiol, mae'r golygfeydd yn dwyn y gwynt o'ch brest. I'r dde mae'r Arddu a Llynnau'r Arddu, ac ymhellach mae Moel Ddu a Moel Hebog, Crib Nantlle a chalon Eryri. Ond Cwm

Pwll mawn ar Ysgafell Wen a'r Cnicht draw

Croesor sy'n cipio'r sioe, yn enwedig mur enfawr y Moelwyn Mawr yn codi'n syth o lawr y cwm – a thomen lechi chwarel Croesor yn hongian uwchben y cwm.

Trowch yn ôl a dychwelyd yr un ffordd ag y daethoch – neu ddal i fynd i'r gogledd-ddwyrain o Lyn yr Adar, a mynd i gwrdd ag Ysgafell Wen a Moel Druman, a dod i lawr trwy Gwm Corsiog.

ALLT FAWR, MOEL DRUMAN, YSGAFELL WEN

Mae'r Allt Fawr yn glamp o fynydd. Mae ei gefnen orllewinol, lydan yn gostwng yn raddol tuag at lle mae Llyn Conglog, Llyn Creigiau Llwydion, Dulyn a mân lynnau eraill yn gorwedd. Ar yr ochr ddeheuol mae'r gefnen yn disgyn bron yn unionsyth i Gwmorthin, a'r ochr ogleddol yn disgyn i Gwm Lledr, rhwng llethrau yr Arddu, Moel Fleiddiaid a Moel Lledr, a'r Iwerddon a Moel Dyrnogydd. Mae ei wyneb dwyreiniol yn serth a lled greigiog, a'i gefnen ddeheuol yn glogwyn llym lle bu chwarel yr Oakeley yn tyllu dan ddaear, tra bu chwarel Cwmorthin yn tyllu o dan ochr ogleddol y gefnen. Allt y Ceffylau yw'r enw ar glogwyn deheuol Allt Fawr, sy'n disgyn i Gwmorthin. Ym mis Awst 1942, tarodd awyren Hawker Hurricane Mk1 P3385 y graig ar ben uchaf Allt y Ceffylau. Doedd dim gobaith i'r peilot, Robert Bruce McIntyre, a bu farw yn syth wrth hitio'r graig. O fewn llai na milltir o gopa Allt Fawr tarodd Spitfire lethrau Moel Dyrnogydd gan ladd y peilot John Tiplady Brown. Tua milltir o gopa'r Allt daeth Spitfire arall i lawr ger Llyn Newydd, uwchben chwarel Maenofferen, gan ladd y peilot Douglas MacGillvary Brown o Bethlehem, Pennsylvania, ag yntau ond yn 21 oed. Ar Foel Farlwyd wedyn, llai na milltir o'r Allt Fawr, daeth awyren Wellington i lawr ar ei ffordd yn ôl o gyrch fomio yn Llydaw, gan ladd pump o'r criw. Goroesodd un o'r criw, Sgt Peter Marllew, a phan gyrhaeddodd pobl lleol ato i'w achub, yn parablu yn Gymraeg, rhoddodd ei ddwylo i fyny gan feddwl ei fod yn 'occupied France'! Ac yn 1952, dwy filltir i'r gogledd-ddwyrain o'r Allt Fawr, daeth awyren C47 Dakota i lawr rhwng Ysgafell Wen a Moel Meirch ym mlaen Cwm Edno. Roedd 23 o bobl ar yr awyren Aer Lingus, yn teithio o Lundain i Ddulyn. Lladdwyd y cwbl.

Mynydd: Allt Fawr, 2290tr / 698m (75); Moel Druman, 2218tr / 676m (90); Ysgafell Wen, 2205tr / 672m (93)

Map: OL 17 & OL 18: CG 682475, CG 672476, CG 667481

Pwynt dechrau: Wrth deithio allan o Flaenau Ffestiniog i'r gogledd ar yr A470, mae maes parcio ar y chwith, lathenni cyn cyrraedd pen uchaf Bwlch Gorddinan (Bwlch y Crimea), ac ychydig lathenni ar ôl pasio mynedfa trac beicio mynydd Antur Stiniog ar y dde. Mae arwydd yn dynodi'r ffin rhwng Gwynedd a Chonwy, CG 699485.

Pellter: 5 milltir / 8km

Amser: 2-6 awr

Ymdrech: Cymedrol galed.

Taith: *(yn anffodus nid yw'r OS wedi creu 'overlap' o'r ddau fap, ond maen nhw'n cyffwrdd yn berffaith, ac mae'r llwybr yn hawdd i gadw ato).*

Ym mhen deheuol y maes parcio mae gât a llwybr llydan yn mynd tua'r de-orllewin (uwchben Llyn Ffridd y Bwlch) tuag at siafft awyru'r Twnnel Mawr sy'n cludo'r trên o dan y mynydd. *Nid* y llwybr hwn rydych eisiau. Hanner ffordd ar hyd y maes parcio mae ffens yn dringo gwyneb serth Garnedd Wen i gyrraedd y gefnen, tua'r gorllewin. Y ffens hon fyddwch chi'n ei dilyn, yn fras, unwaith fyddwch ar y gefnen. Gallwch ddringo'r ffens a dringo'r llethr serth, ond i osgoi'r ymdrech honno cerddwch i ben uchaf y maes parcio a dilyn llwybr ar ochr chwith yr A470 tua'r gogledd-ddwyrain am ganllath. Wrth i'r ffordd lefelu mae gât a chamfa ar y chwith. Ewch dros y gamfa. Mae llwybr llydan yn mynd tua'r gogledd, ond gadewch y llwybr hwnnw yn syth, gan neidio i'r chwith dros ffos, wedyn dros ail ffos, i ddilyn llwybr glaswelltog sy'n arwain i ben cefnen ogleddol Garnedd Wen. Bydd y llwybr yn mynd â chi tua'r de, at y ffens oedd yn dringo'n serth o'r maes parcio.

Bydd y llwybr yn dilyn y ffens trwy ddarn o dir eitha gwastad, cyn dringo craig fach i gyrraedd at wastad arall, gyda'r Allt Fawr yn y golwg. Ar y gwastad hwn mae camfa dros y ffens i'r chwith wrth i'r llwybr fforchio. Gallwch ddal i ddilyn y llwybr i'r dde (gorllewin), sy'n dilyn y ffens uwchben Llyn Dyrnogydd, ond y dewis gorau ydi croesi'r gamfa i'r chwith a dilyn llwybr sy'n mynd â chi i'r un cyfeiriad gan ddilyn cefnen Garnedd Wen, ble fyddwch yn gweld Llyn Dyrnogydd oddi tanoch chi i'r gogledd. Ym mhen dim bydd y llwybr yn disgyn i lawr i Fwlch y Cŵn, lle mae polion letrig yn rhedeg trwy'r bwlch ac i lawr am y gogledd. Ewch yn eich blaen o dan y gwifrau trydan a dal i ddilyn y llwybr tua'r de-orllewin. Mae'r llwybr yn codi'n raddol i gefnen hir, laswelltog a grugog yr Iwerddon. Bydd yr Wyddfa a'i chriw, y Glyderau a Thryfan a'r Carneddau, a Moel Siabod yn eich gwylio chi bob cam. Byddwch hefyd yn gweld Moel Druman a chopaon Ysgafell Wen a'r Arddu sy'n cysgodi cwm blaen Afon Lledr oddi tanoch. Ar ôl disgyn i fwlch bach corsiog, a'i groesi, dilynwch y llwybr tuag at greigiau'r Allt Fawr sy'n codi'n gawr o'ch blaen, a chroesi Bwlch y Moch i ddechrau dringo llwybr Allt Fawr, sy'n dringo'n serth ac igam-ogam (ac annelwig braidd mewn ambell i le) tua'r de. Oddi tanoch chi bydd Llyn Iwerddon (hen gronfa ddŵr) yng nghysgod creigiau uchaf Iwerddon, a chwareli Gloddfa Ganol, Llechwedd a thref Blaenau oddi fewn i bedol y cwm o lechi. Mae copa uchaf Allt Fawr ar gefnen fach denau o frigiadau creigiog, ac mae'r golygfeydd crwn yn drawiadol tu hwnt, gyda'r Moelwyn a Llyn Conglog a'i griw ar lwyfandir uchel islaw Moel Druman, a'r Cnicht mewn proffeil gwahanol eto fyth o'r cyfeiriad hwn.

O gopa Allt Fawr mae llwybr yn dilyn y ffens drydan sy'n disgyn yn raddol dros lethr glaswelltog, gwlyb tua'r gorllewin-gogledd-orllewin. Mi fydd camfa dros y ffens drydan cyn hir, ond cadwch ar yr ochr dde i'r ffens. Bydd y ffens yn mynd rhwng Llyn Conglog a Llyn Creigiau Llwydion, cyn dechrau dringo Moel Druman. Dringwch lethr gorllewinol Moel Druman, yna trowch i'r gogledd-orllewin gan ddilyn y ffens ar y dde, a Llyn Coch ar

y chwith. Mae copa uchaf Ysgafell Wen lai na hanner milltir o gopa Moel Druman. Ewch heibio llyn bach Llyn Terfyn, sydd â'r ffens yn ei basio ar yr ochr ddwyreiniol, lle mae'r ffin rhwng Gwynedd a Chonwy. O'r llyn cadwch i ddilyn y ffens gan godi rhwng creigiau ar bob llaw, yna troi i'r gogledd-orllewin a dringo darn bach serth ac mi welwch chi gopa uchaf Ysgafell

Moel Ddu, Cnicht, Moel Hebog, Moel yr Ogof, Moel Lefn, Crib Nantlle, Yr Aran, Llyn Conglog, Llyn Creigiau Llwydion, Moel Druman, Ysgafell Wen, o gopa Allt Fawr

Wen ar ben craig ar ochr dde y ffens. Mi oedd carnedd bychan ar y graig, ond mae fandaliaid wedi ei chwalu yn ddiweddar.

I fynd yn ôl, cadwch ar ochr ogleddol (chwith) y ffens, gan fynd dros ysgwydd Moel Druman. Dilynwch ochr ogleddol Llyn Cerrig Llwydion (y llyn bach i'r gogledd o Lyn Conglog), gan wyro i lwybr sy'n mynd i'r dwyrain, heibio ochr chwith Allt Fawr. Aiff y llwybr â chi at Fwlch y Moch, lle ddechreuoch chi ddringo wyneb serth Allt Fawr gynt. O fan hyn dilynwch y llwybr yn ôl dros Iwerddon a Garnedd Wen ac yn ôl at y maes parcio.

MOEL SIABOD

Carnedd Moel Siabod ydi enw cywir y mynydd hwn, ond prin iawn y defnyddir 'carnedd'. Mae arbenigwyr wedi cael trafferth efo enw'r mynydd – nid gyda 'carnedd' ond gyda 'siabod'. Fel efo'r Cnicht, roedd hi'n edrych fel nad oedd Siabod yn dod o'r Gymraeg. Dechreuodd rhai pobl leol gynnig esboniadau anhebygol fel 'mynydd *siapus*' a 'mynydd â *siap od*', er enghraifft. Yr unig arbenigwr a gynigiodd ystyr sy'n gwneud synnwyr ydi J. Lloyd-Jones o Brifysgol Dulyn, yn ei *Enwau Lleoedd Sir Gaernarfon* (Caerdydd 1928). Hen air o'r Saesneg Canol sydd yma, mae'n debyg, sef *shabbèd, shcabbèd, shabbid, sceabbed(e)*. Mewn Saesneg Modern, *scabbed* ydi'r gair. Ei ystyr ydi *shabby, scabby,* a *scarred*, sy'n rhoi yn y Saesneg '*scabby / scarred mountain*'. O'r dwyrain a'r de, mae'r digrifiad 'mynydd creithiog' yn gweddu'n berffaith. Disgrifiad tirwedd ydi o, wrth gwrs, nid disgrifiad hyll. Fel y gŵyr pawb, mae Moel Siabod yn un o'r mynyddoedd mwyaf deniadol a thrawiadol yng Nghymru.

Mynydd: Moel Siabod, 2861tr / 872m (22)

Map: OL 17 & OL 18: CG 705546

Pwynt dechrau: I'r de-ddwyrain o bentref Capel Curig ar yr A5 ger Pont Gyfyng (CG 734572). Tua chanllath i'r de-ddwyrain o'r bont mae lle parcio am ddim ar ochr ddwyreiniol y ffordd, lle mae caffi Bryn Glo, a dwy lain parcio ar ochr orllewinol y ffordd.

Pellter: 6 milltir / 9.6 km
Amser: 3-5 awr
Ymdrech: Caled ar y cyfan.

Taith: Gadewch y maes parcio a cherdded i'r gogledd ar yr A5 nes cyrraedd Pont Gyfyng, sy'n croesi Afon Llugwy. Croeswch y bont i'r chwith, gan gerdded tua'r de. Anwybyddwch y llwybr cyhoeddus ar y dde. Trowch i'r fynedfa nesaf ar y dde, sef ffordd darmac sy'n dringo'r serth drwy'r coed i'r de-orllewin. Pan ddowch allan o'r coed, bydd y ffordd darmac yn gwneud tro 90 gradd i'r dde. Ond yn lle troi efo'r ffordd, parhewch yn syth i'r de-orllewin ar lwybr taclus (a grëwyd i gadw pobl rhag cerdded trwy fuarth fferm) sydd yn gwneud ambell i dro, cyn ailymuno â'r ffordd ar ôl pasio'r fferm. O'r llwybr, trowch i'r chwith i ddilyn y ffordd tua'r de-orllewin, ac ewch trwy gât a phasio bythynnod gwyliau ar y chwith.

Bydd y ffordd hon (hen ffordd i'r chwarel lechi) yn mynd â chi'r holl ffordd at gefnen ogledd-ddwyreiniol Moel Siabod. Byddwch yn mynd trwy gât arall ar y ffordd, ac wrth nesáu at y mynydd mae'r tir yn lefelu. Bydd trydedd gât ar draws y ffordd. Os ydych am ddringo'r gefnen ogledd-ddwyreiniol – sef crib lydan, serth a chreigiog fydd yn mynd â chi i'r copa ym mhen draw'r mynydd – gadewch y ffordd cyn mynd drwy'r drydedd gât ac anelu am gamfa amlwg dros ffens o dan gefnen y mynydd. Os ydych am ddringo cefnen greigiog de-ddwyreiniol y mynydd, sef Daear Ddu, ewch drwy'r drydedd gât a dilyn y ffordd gerrig rhwng cefnen y mynydd (ar y dde) a llyn (ar y chwith), yna dilyn y llwybr sy'n dringo i'r de-orllewin trwy'r chwarel lechi, heibio twll mawr sy'n llawn dŵr. Ar ôl gadael y chwarel cadwch at y llwybr i'r de-orllewin. O'ch blaen mae Llyn y Foel a braich cefnen Daear Ddu yn estyn amdano. Mae'r llwybr yn mynd am y de-orllewin, gan ddilyn glannau gogledd-orllewin Llyn y Foel, ac mae'r llwybr yn wlyb mewn darnau. Ar ôl pasio'r llyn a chyrraedd at waelod cefnen Daear Ddu, mi welwch fod llwybr serth yn codi rhwng y creigiau (ac mi fydd yn serth yr holl ffordd i ben y mynydd). Mae'r dringo'n

Dringo Daear Ddu, Moel Siabod, a Llyn y Foel islaw

gyffrous, yn gorfforol, ac yn codi yn gyson serth. Mae ychydig o sgramblo ysgafn hefyd ac mae golygfeydd rhwng y creigiau tuag at Lyn y Foel yn drawiadol. Bydd y llwybr i fyny'r gefnen yn mynd â chi i'r copa, lle mae piler triongli a chysgod cerrig. Mae'r golygfeydd crwn o Eryri oll yn wirioneddol ysgubol.

O'r copa, ewch ar hyd y gefnen ogledd-ddwyreiniol. Mae'r gefnen lydan yn serth ar y chwith, ac yn glogwyni llym ar y dde. Mae'r gefnen ei hun yn greigiog, ac mae'r llwybr yn canlyn y clogfeini, ac mae neidio o un i'r llall yn hwyl. Bob yn hyn a hyn cewch gipolwg o Lyn y Foel a'r chwarel rhwng hafnau yn y clogwyni. Mae'r llwybr oddi ar y gefnen yn serth ac wedi erydu'n ddrwg mewn llefydd. Ar ôl gadael y gefnen a chyrraedd y gwastad, dilynwch y llwybr a dringo'r gamfa dros y ffens, a dilyn y ffordd gerrig a ddaeth â chi i fyny, yr holl ffordd i'r maes parcio ar yr A5.

NANTLLE A BEDDGELERT

Dyma ardal hynod sy'n gorwedd o boptu Afon Colwyn yn y gorllewin ac Afon Gwynant yn y de-ddwyrain, ac yn estyn o wlad wyllt agored Drws-y-coed a llethrau gorllewinol yr Wyddfa, at bot mêl pentref Beddgelert a'i dwristiaid, a choedwigoedd a chreigiau dramatig Aberglaslyn a Nanmor, a dyffryn trawiadol Nant Gwynant sy'n eich arwain heibio Dinas Emrys, Llyn Dinas a Llyn Gwynant i grombil Eryri a'r Wyddfa. Yng ngorllewin yr ardal mae'r mynyddoedd – Mynydd Mawr a Chrib Nantlle, a Moel Hebog a'i chriw hithau tua'r de-orllewin.

Gwlad sy'n llawn hanes, llên gwerin a chwedloniaeth ydi'r ardal hon. Nantlle oedd gwlad Lleu pan oedd o'n eryr, a gwlad y Tylwyth Teg ydi Beddgelert a Rhyd Ddu hyd heddiw. Yma y bu Gwydion yn dilyn yr hwch at droed y dderwen ble'r oedd Lleu, ar ffurf eryr, yn glwyfedig ar gangau uchaf y goeden. Yma y canodd Gwydion dri o benillion iddo ddod i lawr fesul tair cangen, a'i droi yn ôl i ffurf dyn. Maen nhw'n dweud fod Gwydion, erbyn hyn, yn hedfan o gwmpas Caer Gwydion – y Llwybr Llaethog – yn chwilio am Blodeuwedd y dylluan wen. Ger Llyn Cwellyn (Cawellyn) cafodd mab fferm ei hudo i ymuno â'r tylwyth teg oedd yn dawnsio a chanu gerllaw, a bu i ffwrdd yn eu byd nhw am flynyddoedd maith heb sylweddoli, a dod adra â'i rieni wedi marw, ei blant ddim yn ei 'nabod a'i wraig wedi ailbriodi. Ar Fwlch Gylfin tu allan i bentre Rhyd Ddu, mae Llyn y Dywarchen a Chlogwyn y Garreg ar ei lan, ac yno roedd porthol i fyd y tylwyth teg (Annwfn) a'r tylwyth yn mynd a dod drwyddo. Yno y gwelodd mab fferm Drws-y-coed Uchaf dylwythen deg o'r enw Penelope (neu Bela mewn fersiwn arall) ar lan y llyn ger Llwyn y Forwyn, ac wedi iddo addo i beidio â'i chyffwrdd hi â haearn, priododd y ddau a magu plant. Ond un diwrnod mi daflodd ei gŵr ffrwyn ceffyl iddi, heb feddwl, ac mi gyffyrddodd yr haearn hi, a diflannodd mewn eiliad i'r llyn. Mae disgynyddion Penelope a'r mab fferm yn byw ym Metws Garmon o hyd yn ôl un fersiwn, ac yn ôl un arall, symudodd disgynyddion Bela a'r mab fferm i Gwm Pennant.

Mae llu o straeon tylwyth teg yn yr ardal – llawer ohonyn nhw'r un straeon mewn sawl lle yng Nghymru, yr Alban ac Iwerddon. Ond mae ardal Rhyd Ddu a Beddgelert yn frith ohonyn nhw, ac nid dim ond straeon tylwyth teg chwaith, ond llond gwlad o straeon a chof gwerin. O Ogof Owain Glyndŵr i Ogof Elen ac Ogof Llanciau Eryri, o Glogwyn y Gwin i'r ynys oedd yn symud, o Fwlch Castell y Wawch i Fwlch y Saethau, o Hafod Ruffudd i Lyn Llywelyn, o Fedd Gwian i Feudy Bedd Owen, o Lyn Tarddeni i Nant Hwynen a Dinas Affaraon, o broffwydoliaeth Myrddin Emrys i hwch Dallwaran Dallben, o Elen Luyddog i Ddafydd Nanmor a Rhys Goch Eryri, mae'r wlad hon ym mherfedd Eryri yn berwi o hanes a llên gwerin, ac mae ei chwedloniaeth yn un â'r mynyddoedd a'r hen bobl, yn blethiad hynod. Ardal sydd yr un mor hudolus â'r Mabinogi a'r Tylwyth Teg.

Mae Dyffryn Nantlle yn rhedeg rhwng Rhyd Ddu yn y gogledd-ddwyrain i Ben-y-groes yn y gogledd-orllewin. Yn rhedeg yn lletraws o Ryd Ddu i gyffiniau Pant Glas a Bryncir yn y de-orllewin mae Crib Nantlle a'i mynyddoedd a'i chribau trawiadol. I'r gogledd i'r grib mae Dyffryn Nantlle yn disgyn o Fwlch Gylfin tua'r gorllewin, heibio'r Garn ar y chwith, a chulhau wrth gyrraedd Drws-y-coed cyn agor rywfaint wrth gyrraedd Tal-y-Mignedd Isaf, cyn i'r dyffryn ledu wrth gyrraedd Llyn Nantlle a phentref Nantlle. I'r gogledd i'r dyffryn mae cymysgfa o olygfeydd fel Mynydd Mawr a Chraig y Bera a llynnoedd a thomenni wast chwareli llechi Talysarn, Nantlle, Dorothea, Mynydd Cilgwyn a'r Fron.

I'r de i Grib Nantlle mae Cwm Pennant, un o'r llefydd harddaf yng Nghymru, yn cydredeg tua'r de-orllewin efo creigiau a bylchau deheuol y grib. O'r grib mae golygfeydd ardderchog o'r Wyddfa a'i chriw, ac i'r dwyrain a'r de, Moel Lefn, Moel yr Ogof a Moel Hebog, sydd â'i hwyneb dwyreiniol llym yn gwylio Beddgelert, ble mae Afon Golwyn – ar ôl casglu dŵr afonydd Cwm Du, Meillionen, Glochig a Chwmcloch – yn ymuno ag Afon Glaslyn i lifo i'r môr ger Porthmadog. Ac i goroni'r cyfan mae'r Cnicht a'r Moelwynion, a'r Rhinogydd godidog.

Mae digon o hanes yng Nghwm Pennant hefyd, gydag olion hen dreflannau niferus a thomenni cerrig llosg ar y naill ochr i'r cwm, a gwaelodion Moel Hebog yn enwedig. I'r de o'r cwm, yn ardal Dolbenmaen, Rhoslan a Chricieth mae meini hirion yn ymddangos, ac wrth nesáu am y môr ceir cromlechi fel Ystumcegid a Rhoslan. Yn ôl yng Nghwm Pennant mae 'na ddigon o enwau lleoedd sy'n cyfeirio at hanes lleol, fel Braich y Dinas, Dôl Ifan Gethin, Sulgwm, Cwm Ciprwth, Clogwyn Dirwest, Bwlch y Ddwy Elor a Bwlch Sais. Anfarwolwyd y cwm gan Eifion Wyn yn ei gerdd iddo, sy'n dechrau gyda'r llinellau:

Yng nghesail y moelydd unig,
Cwm tecaf y cymoedd yw...

ac yn gorffen gyda'r llinellau bythgofiadwy:

Pam, Arglwydd, y gwnaethost Gwm Pennant mor dlws,
A bywyd hen fugail mor fyr?

Ia, nefoedd y bugail oedd Cwm Pennant, ond roedd 'na ddiwydiant yno hefyd, gyda chlwstwr o chwareli llechi a gweithfeydd copr. I'r gogledd o flaen y cwm, Blaen Pennant, mae cwm bach uchel yn llechu ym mreichiau deheuol Mynydd Tal-y-Mignedd. Cwm Dwyfor ydi enw'r cwm yma, a dyma lle mae Afon Dwyfor yn tarddu cyn gadael ei chwm bychan a brysio'n llawn cyffro i fynd heibio Blaen Pennant, cyn llifo'n osgeiddig drwy'r cwm llydan a heibio Dolbenmaen ac ymlaen am y môr ger Llanystumdwy. Ond nid tarddiad y Ddwyfor ydi unig nodwedd Cwm Dwyfor. Roedd gwaith copr prysur yno ar un adeg – hynny ydi, prysur yn colli pres. Mae adfeilion adeiladau, tomenni wast, gweithfeydd, inclên a thramffordd yn awgrymu bod y gwaith wedi bod yn weddol lwyddiannus, yn enwedig o feddwl tod gan y chwarel y fantais o fod yr unig waith copr yn Eryri oedd â chysylltiad rheilffordd uniongyrchol i borthladd (ym Mhorthmadog) trwy adeiladu tramffordd i gysylltu â thramffordd chwarel lechi y Prince of Wales. Ond ni lwyddwyd i gloddio digon o gopr i wneud elw. Teulu ecsentrig Castell Bryncir, yr Huddarts, oedd perchnogion y tir a'r gwaith copr (a chwarel y Prince of Wales) – teulu oedd yn feistri ar fethiant diwydiannol.

Ychydig yn is na Blaen Pennant bu chwarel lechi Dôl Ifan Gethin yn gweithio llethrau gorllewinol y cwm o'r 1870au hyd at 1900, ac ar ochr ddwyreiniol blaen y cwm roedd chwarel y Prince of Wales yn gweithio ym mlaen Cwm Trwsgl. Roedd hon wedi dechrau gweithio yn yr 1860au fel chwarel Bwlch y Ddwy Elor, ond pan adeiladwyd tramffordd rhyngddi a Gorseddau (oedd wedi cau ers 1867) ac ailagor y lein i Borthmadog yn 1873, ehangwyd y gweithio i bedwar llawr agored a thair lefel dan ddaear, gan gynhyrchu slabiau llechi a rhywfaint o lechi to, o dan yr enw Prince of Wales. Er gwaetha'r ymdrechion ni fu y Prince of Wales yn llwyddiannus (na Gorseddau chwaith, er cael ei phrynu gan y peiriannydd chwarelydda o Bafaria, Henry Tobias Tschudy von Ulster) ac mi gaeodd y chwarel yn 1886. Os ydych am ddringo Moel Lefn a Moel Ogof rhywbryd – y ddwy yn Nuttalls – ac ymlaen i Foel Hebog, byddwch yn cerdded trwy'r chwarel i ddringo i Fwlch Cwm Trwsgl, a thros Graig Cwm Trwsgl i gyrraedd y copaon. I'r gogledd o domenni'r chwarel mae Bwlch y Ddwy Elor, sy'n cysylltu Cwm Pennant â Nant Colwyn, ac ymlaen at Ryd Ddu.

Yng ngwaelod y cwm roedd chwareli Moelfre a chwarel lechi Hendre Ddu (y Prince Llywelyn, yn nes ymlaen), ac roedd gwaith copr yng Nghwm Ciprwth a Gilfach, lle mae'r hen olwyn ddŵr a wnaed yng Nghernyw yn dal yno hyd heddiw. Roedd gwaith copr Moel Hebog 1,700 troedfedd i fyny'r mynydd, o dan Fwlch Meillionen (rhwng Moel yr Ogof a Moel Hebog) â'i weithfeydd i'w gweld ar lannau blaen Afon Cwm Llefrith sy'n rhuthro o'r bwlch i Afon Ddwyfor ddwy filltir islaw. Ond roedd y gweithfeydd copr mawr ac enwocaf dros fur Moel Hebog yn ardal Beddgelert a Nantgwynant a llethrau'r Wyddfa, gweithfeydd fel Sygun, Hafod y Llan, Lliwedd a'r Britannia Mine uwchlaw Llyn Glaslyn ar yr Wyddfa, 2,000 o droedfeddi uwchlaw'r môr. Mae'n werth nodi'r gweithfeydd llai, oedd yn canlyn gwythiennau copr, plwm, sinc, haearn, ocr, manganîs, a hyd yn oed ymgais i chwarelydda swlffwr ger Llyn Dinas, ac asbestos ar waelod Moel yr Ogof! Dyma rai o enwau'r gweithfeydd llai: Hafod y Porth (copr, Nant Gwynant), Gallt y Llyn, Bryn Dinas, Braich yr Oen, a mwy o weithfeydd copr fel Lliwedd Mawr a Bach, a gweithfeydd plwm Bwlch Mwrchan a Gwastad Annas.

Yn ogystal â'r maes chwareli llechi i'r gogledd o Ddyffryn Nantlle, roedd yna weithfeydd copr yn y dyffryn hefyd – gweithfeydd llwyddiannus efo copr purdeb da, fel Drws-y-coed a Simdde Dylluan, a rhai llai, fel Benallt a Gwernor, a Ffridd Isaf ger Rhyd Ddu. Ond chwareli llechi oedd y prif ddiwydiant yn yr ardal. A'r chwarel fwyaf yn Rhyd Ddu oedd Glanrafon – honno sydd â'i thomenni i'w gweld ar ochr ddwyreiniol y ffordd rhwng Rhyd Ddu a phen gogleddol Llyn Cwellyn, ar lethrau isaf yr Wyddfa. Caewyd y chwarel tua 1915.

Wrth droed y Garn, ar lannau Llyn y Gadair ger Rhyd Ddu, mae dwy hen chwarel lechi – chwarel Llyn y Gader a'r Gader Wyllt. O lannau'r llyn mae'r llwybr i gerdded Crib Nantlle yn dechrau, a hefyd y llwybr i gerdded i ben Mynydd Mawr, sy'n sefyll ar ochr ogleddol Drws-y-coed ym mlaen Dyffryn Nantlle. Does dim rhyfedd i T. H. Parry-Williams sgwennu cymaint o gerddi i fro ei febyd. Ganwyd T. H. yn Nhŷ'r Ysgol, Rhyd Ddu, yn 1887. Fo oedd y bardd cyntaf i ennill y dwbl, cadair a choron, yn yr Eisteddfod Genedlaethol yn Wrecsam 1912 ac wedyn ei gwneud hi eto ym Mangor, 1915. Mae rhai o'i gerddi yn llithro oddi ar dafodau pobl hyd heddiw, cerddi fel 'Bro' a 'Hon' a gawson ni yng ngwersi Cymraeg ein hysgolion, ac sy'n dal i nythu yn y cof. Mae cwpled agoriadol 'Yr Esgyrn Hyn' yn ysgubol:

> *Beth ydwyt ti a minnau, frawd,*
> *Ond swp o esgyrn mewn gwisg o gnawd? (T.H.P-W.)*

Cefnder cyntaf i T. H. Parry-Williams oedd R. Williams Parry, a anwyd bum milltir i lawr y dyffryn yn Nhal-y-sarn, yn 1884. Enillodd gadair yr Eisteddfod Genedlaethol yn 1910 efo'r awdl 'Yr Haf', a fo sgwennodd y soned enwog 'Y Llwynog', sy'n gorffen efo'r anfarwol,

> *Llithrodd ei flewyn cringoch dros y grib;*
> *Digwyddodd, darfu, megis seren wib. (R.W.P.)*

R. Williams Parry (a dreuliodd ddwy flynedd yn y fyddin adeg y Rhyfel Mawr) sgwennodd 'Englynion Coffa Hedd Wyn', sydd wedi eu cyhoeddi yn y rhagair i gyfrol o waith Hedd Wyn, *Cerddi'r Bugail*, a gyhoeddwyd ar ôl marw'r bardd o Gwm Prysor yn ffosydd Ffrainc, heb wybod iddo ennill y gadair yn Eisteddfod Genedlaethol Penbedw.

Mae'r englynion yn cael eu canu i dôn hiraethus a theimladwy iawn, ac wedi cael eu recordio gan Gôr Meibion Prysor. Dwi innau hefyd yn eu canu nhw pan dwi wedi'i dal hi.

Dau fardd yn gwerthfawrogi natur a chefn gwlad, er bod cymaint o ddiwydiant o'u cwmpas wrth dyfu'n ddynion. Dyna oedd, ac ydi, cymeriad cymunedau'r diwydiant llechi – plethiad perffaith o'r gwledig a'r diwydiannol. Diwylliant mewn diwydiant, a diwydiant ynghanol paradwys.

Rŵan 'ta, mae hi'n amser mynd i ganlyn y grib, a ffarwelio â Llyn y Gadair efo soned T. H. Parry-Williams:

Llyn y Gadair

> *Ni wêl y teithiwr talog mono bron*
>   *Wrth edrych dros ei fasddwr ar y wlad.*
> *Mae mwy o harddwch ym mynyddoedd hon*
>   *Nag mewn rhyw ddarn o lyn, heb ddim ond bad*
> *Pysgotwr unig, sydd yn chwipio'r dŵr*
>   *A rhwyfo plwc yn awr ac yn y man,*
> *Fel adyn ar gyfeiliorn, neu fel gŵr*
>   *Ar ddyfroedd hunlle'n methu cyrraedd glan.*
> *Ond mae rhyw ddewin â dieflig hud*
>   *Yn gwneuthur gweld ei wyneb i mi'n nef,*
> *Er nad oes dim gogoniant yn ei bryd,*
>   *Na godidowgrwydd ar ei lannau ef –*
> *Dim byd ond mawnog a'i boncyffion brau,*
> *Dau glogwyn, a dwy chwarel wedi cau.*

T.H. Parry-Williams

CRIB NANTLLE

MYNYDD DRWS-Y-COED, TRUM Y DDYSGL, CRAIG CWM SILYN, GARNEDD GOCH

- **Mynydd**: Mynydd Drws-y-Coed, 2280 tr / 695m (76); Trum y Ddysgl, 2326tr / 709m (71); Craig Cwm Silyn, 2408tr / 734m (59); Garnedd Goch, 2297tr / 700m (74)

- **Map**: OL 17: CG 549518, CG 545516, CG 525503, CG 511495

- **Pwynt dechrau**: Rhyd Ddu, maes parcio talu CG 572525 dros ffordd i Lyn y Gadair. *NEU* lain parcio am ddim ar ochr ogleddol Llyn y Gadair, ar gornel sgwâr yn y ffordd rhwng pentref Rhyd Ddu a Llyn y Dywarchen ar y B4418, CG 567527. Mae llwybr at Lyn y Gadair.

- **Pellter**: 9 milltir / 14.5 km
- **Amser**: 5-7 awr
- **Ymdrech**: Caled, ambell ddarn bach sbŵci ar y cribau, felly cymrwch ofal. Chwysfa iach.

Craig Cwm Silyn

Taith: Os parcio ar y llain parcio ar y gornel sgwâr ar y ffordd, ewch trwy gât y llwybr sy'n anelu at y llyn, ond trowch i'r dde yn syth i fynd trwy gât arall a dilyn y llwybr llydan tua'r de-orllewin i gyfeiriad troed y Garn. Os aros yn y maes parcio talu, croeswch y ffordd fawr a dilyn y llwybr cerrig heibio glannau gogleddol Llyn y Gadair, a throi i'r dde (gogledd) i ymuno â'r llwybr o'r llain parcio ar y gornel sgwâr, a dilyn y llwybr i'r de-orllewin at y Garn. Rydym i gyd ar yr un dudalen rŵan.

Wrth droed y Garn, ewch i'r dde i ddechrau dringo i'r gorllewin ar gefnen ddwyreiniol serth y Garn. Cadwch ar y llwybr serth iawn hwn i ben y Garn, gan fod yn ofalus o'r clogwyn ar y dde. Bydd cerrig ymhobman ar y copa, a camfa yn croesi wal, ble mae carneddi claddu anferth a thrawiadol iawn. Trowch i'r de-orllewin a dringo crib fain Mynydd Drws-y-coed, lle mae ychydig sgramblo ar gael. Mae gwyneb gorllewinol y grib yn glogwyn llym ac uchel iawn, a tydi darnau o'r llwybr yn ddim mwy nag hyd troed o'r gwymp. O Fynydd Drws-y-coed, dilynwch y grib nesaf a throi i'r dde i gopa Trum y Ddysgl, sydd hefyd â chlogwyni llym ac uchel iawn. Ymlaen wedyn dros grib arall at gopa Mynydd Tal-y-Mignedd (nad yw'n un o'r Cant gan nad yw'n cyrraedd y rhestr o dair metr, sydd yn biti, gan ei fod yn fynydd hynod o hardd). Ar gopa hwn mae tŵr sgwâr 4 metr o uchder yn sefyll. Mae'n debyg mai chwarelwyr lleol a gododd y tŵr i ddathlu jiwbilî diemwnt y frenhines Fictoria. Dwi'm yn gwybod chwarelwyr o ba ochr i'r grib – o Nantlle neu o Gwm Pennant, neu o'r ddau gwmwd. Ymlaen rŵan at fynydd uchaf

Trum y Ddysgl, Mynydd Tal y Mignedd, Craig Cwm Silyn

Copa Garnedd Goch a'r hen garnedd gladdu enfawr

y grib, Craig Cwm Silyn. Rhaid dod i lawr llwybr serth iawn o Fynydd Tal-y-Mignedd (Mynydd Mignedd i rai) a chroesi Bwlch Dros-bern cyn dringo Craig Pennant i ben Craig Cwm Silyn, i'r de-ddwyrain, lle mae peth sgramblo ysgafn i'w wneud. Mi fedrwch ddewis dringo'r llwybr annelwig i'r dde a dringo gwyneb creigiog gogleddol y mynydd i gyrraedd y copa – sydd â charnedd fawr i nodi'r pwynt uchaf, bron yn syth ar ôl i chi gyrraedd i ben y graig. O gopa Craig Cwm Silyn (Mynydd Glas i rai trigolion lleol), cerddwch i'r de-orllewin ar gefnen lydan llawn cerrig dan draed, a rhyw fath o garneddi sgwâr yma ac acw, cyn dilyn wal yr holl ffordd at gopa Garnedd Goch ble mae tri wal yn cwrdd, â charnedd gladdu enfawr a philer triongli arni.

Gallwch droi yn ôl o'r fan hyn, ond os am fynd ymlaen i Fynydd Graig Goch, cadwch i'r de-orllewin, gan fynd heibio Bwlch Cwmdulyn (a Llyn Dulyn islaw) ac ymlaen at gopa Mynydd Graig Goch, lle mae cyfuniad o greigiau pigog trawiadol a waliau cerrig, a charnedd gladdu i'r de-ddwyrain o'r copa – a pholyn sgaffold a baner y Ddraig Goch – yn lleoliad gwyllt a thrawiadol.

Wrth ddychwelyd dros Garnedd Goch (sydd â'i lethrau ogleddol, yn yr hâf, yn berwi o lus yr un maint â grawnwin) a Chraig Cwm Dulyn, cerddwch ychydig tua'r gogledd i weld Llynnau Cwm Silyn yn gorwedd islaw. Trowch yn ôl i fynd i lawr at Fwlch Dros-bern a dringo'r llethr at Fynydd Tal-y-Mignedd, yna Trum y Ddysgl ble fedrwch chi droi i'r dde i ddilyn ei gefnen ddeheuol i lawr heibio ymyl ffens goedwig nes cyrraedd at lwybr Bwlch y Ddwy Elor (CG 553505), Trowch i'r chwith a dilyn y Llwybr March i'r gogledd-ddwyrain yr holl ffordd at Lyn y Gadair a Rhyd Ddu, a'ch lle parcio.

Amrywiad: Mae modd cyrraedd y grib o Lynnau Cwm Silyn hefyd. Dilyn ffordd fach o Lanllyfni i'r dwyrain am ddwy filltir, ble bydd y tarmac yn dod i ben, ond mae lle i barcio (CG 496511). Mae llwybr cyhoeddus yn mynd am filltir tua'r dwyrain, yn syth at Lynnau Cwm Silyn. Cyn cyrraedd pen deheuol y llyn cyntaf, dringo tua'r de ac osgoi creigiau llym Clogwyn y Cysgod. Dilyn ymyl y clogwyn rownd i'r dwyrain, a mynd am y garnedd ar gopa Craig Cwm Silyn.

Mynydd Tal y Mignedd

Mynydd Mawr

MYNYDD MAWR

Y Moelwynion o Moel Rhudd (rhan o Mynydd Mawr)

Mynydd Grug ydi enw Mynydd Mawr ymysg trigolion lleol ochrau gogledd-orllewin grugog y mynydd. Yn anffodus, mae ganddo lysenw sy'n fwy poblogaidd na'r un o'r ddau enw cywir. Mynydd Eliffant ydi'r llysenw hwnnw ymhlith llawer o drigolion gogledd-orllewin Arfon, oherwydd bod ei siâp yn debyg iawn i eliffant. Yn waeth fyth, mae rhai pobl wedi dechrau defnyddio'r ffurf Saesneg o'r llysenw erbyn hyn. Tydi hynny ddim yn syndod, gan mae'n debyg mai rhyw ymwelydd o Loegr yn oes Fictoria a ddechreuodd ei alw'n 'elephant mountain' a rhoi llun ohono efo'r capsiwn ar gerdyn post.

Mae'n ddigon hawdd mynd i ben Mynydd Grug o'r Fron, Rhosgadfan neu Waunfawr, a digon hawdd mynd i ben Mynydd Mawr o Rhyd Ddu hefyd.

- **Mynydd**: Mynydd Mawr, 2290tr / 698m (78)
- **Map**: OL 17, CG 540546
- **Pwynt dechrau**: Rhyd Ddu, CG 572525 (maes parcio talu) NEU barcio am ddim yn y llain parcio ar y gornel sgwâr ar y B4418, CG 567527.
- **Pellter**: 5 milltir / 8 km
- **Amser**: 2-5 awr
- **Ymdrech**: Hawdd i gymedrol.

Taith: O'r llain parcio ar y tro sgwâr ar y B4418, cerddwch i'r gogledd-ddwyrain ar y ffordd fawr tuag at bentref Rhyd Ddu. O fewn dau neu dri munud mae ffordd goedwigaeth ar y chwith (lathenni yn unig o'r arwyddion cyflymdra 30mya). Mae'r ffordd goedwigaeth yn codi'n araf bach cyn lefelu. Tri chwarter milltir o'r ffordd fawr bydd glannau deheuol Llyn Cwellyn i'w gweld islaw drwy'r coed i'r dwyrain. Gan ddal i fynd yn y coed, wrth Fwlch y Moch dilynwch y ffordd sy'n gwyro i'r gorllewin, a chyn hir bydd y ffordd yn croesi llwybr sy'n mynd am y dde (gogledd), ond cadwch i'r llwybr sy'n mynd i'r gorllewin. Dewch allan o'r goedwig a throwch i'r dde i ddilyn ymyl gorllewin y goedwig, hyd nes daw camfa i'r golwg. Croeswch y gamfa a mynd i'r dde (gorllewin) i ddilyn y llwybr sy'n dringo cefnen ddwyreiniol y mynydd i gopa Foel Rudd. O fan hyn mae llwybr braf tuag at glogwyni Craig y Bera i'r gorllewin, sydd yna'n gwyro i ddringo i'r gogledd a chopa Mynydd Mawr. Mae olion carnedd gladdu anferth ar y copa, ac mae cysgod isel wedi ei greu – ond yn da i ddim mewn gwynt rhewllyd ar ddechrau mis Mawrth. Fodd bynnag, mae'r golygfeydd yn ysgubol i bob cyfeiriad.

MOEL HEBOG

Y Diffwys

Roedd yna adeg pan oedd Owain Glyndŵr yn cuddio yng nghartref ei gyfaill, y bardd Rhys Goch Eryri, yn Hafod Garegog ger Nanmor (Nantmor). Cafwyd rhybudd gan wylwyr fod criw o Saeson ar eu ffordd i gipio Glyndŵr. Dihangodd Rhys Goch dros y bylchau a dilyn Nant Gwynant ac i Nant y Benglog, lle y bu'n byw ynghudd am fisoedd â'r bobl leol yn ei warchod. Aeth Owain Glyndŵr i gyfeiriad y môr, oedd yn cyrraedd at Aberglaslyn ger Nanmor ar y pryd (ganrifoedd cyn codi'r cob i ddal y môr i ffwrdd ger Porthmadog). Nofiodd Glyndŵr chwarter milltir ar draws y môr at Ddinas Ddu, a dianc tua'r uchelfannau tua'r gogledd, gan ddilyn Cwm Oerddwr i gyfeiriad Moel Hebog. Roedd y Saeson ar ei ôl ar geffylau, ond wedi gorfod mynd rownd y môr yn Aberglaslyn. Pan gyrhaeddodd Glyndŵr Foel Hebog a'r marchogion Seisnig ar ei warthaf, gwyddai ei fod mewn sefyllfa beryglus. Petai'n dringo'r llwybr hawdd dros Foel Hebog byddai'r Saeson yn ei weld ac yn gallu ei ddal. Ond o'i flaen roedd Simne'r Foel, sef hafn greigiog, serth, llym ac uchel oedd yn estyn i ben y Diffwys, braich ogleddol Moel Hebog. Penderfynodd ei dringo, a llwyddo, cyn rhedeg ar hyd ymyl y Diffwys ac i lawr i Fwlch Meillionen, yna dringo Foel yr Ogof lle'r oedd ogof ble bu Glyndŵr yn byw ynddi am rai misoedd, a mynach o'r priordy lleol yn ei gynnal efo bwyd. Doedd gan y Saeson ddim syniad i le'r aeth Glyndŵr, ond yn meddwl ei fod wedi llwyddo i ddianc i gyfeiriad y môr yn y gorllewin. Mae'r ogof i'w gweld islaw copa Moel yr Ogof, fel rhyw hic llorweddol yn y creigiau, fel bod rhyw gawr wedi ei wneud o efo slaes o'i gleddyf, ar y chwith wrth i chi yrru drwy Nant Colwyn o Ryd Ddu i Feddgelert. Ogof Owain Glyndŵr ydi ei henw hi hyd heddiw. A dyma i chi dro bach rhyfedd yn y stori, mae yna wythiennau o asbestos yn Ogof Owain Glyndŵr, ac islaw, wrth droed y clogwyn mae chwarel fach ble bu dynion yn tyllu asbestos o'r graig.

Os mai gwir yntau traddodiad neu chwedl ydi stori Glyndŵr yn dringo Simne'r Foel, tydi o ddim bwys. Mae'r ffaith ei fod wedi ennill ei le yn ein llên gwerin ni'r Cymry – o Eryri i'r Berwyn, o Bumlumon i Fynydd Du Gwent, ac o Harlech i Dyffryn y Ddyfi – yn dangos cymaint o ffigwr cenedlaethol ac arwr oedd Glyndŵr i Gymru. Ac yn dal i fod hyd heddiw.

Mynydd: Moel Hebog, 2569tr / 783m (42)

Map: OL 17, CG 565469

Pwynt dechrau: Parcio ar ymyl y ffordd A4065 ger hen siop Warws Beddgelert wrth adael Beddgelert am Rhyd Ddu, CG 586484.

Pellter: 5-6 milltir / 8-9.6 km

Amser: 3-6 awr

Ymdrech: Dringfa galed, a garw iawn.

Taith: Parciwch ar y ffordd wrth hen siop Warws/Gelert ar y ffordd allan o Feddgelert am Ryd Ddu (A4065) a cherdded ar y pafin ar ochr chwith y ffordd am Rhyd Ddu. Ar ôl tua 200 llath mae bwthyn bychan a ffordd fach yn troi i'r chwith. Mae'r ffordd yn gadael y tŷ a mynd i'r coed a chroesi Pont Alyn dros Afon Colwyn. Ar ôl croesi'r bont mae'r ffordd yn mynd o dan lŵp lein trên bach Rheilffordd Ucheldir Cymru, gan basio buarth fferm Cwm Cloch Isaf, cyn croesi lŵp arall o'r rheilffordd, a chroesi trydydd lŵp. Mae'r ffordd yn dal i fynd yn fras tua'r de-orllewin trwy goed uchel, a dringo'n raddol gan basio ffermdy ar y dde. Cyn hir mi ddewch at dŷ arall ar lan deheuol nant, Cwm Cloch Canol, sydd ar y chwith gyda phont droed fach yn croesi'r nant i'r drws ffrynt. Mae plac ar dalcen y tŷ yn cofio mai yno y ganwyd a magwyd Edith Evans, Telynores Eryri (1896 i 1984). Gyferbyn â blaen y tŷ mae hen feudy a llwybr llydan Lôn Gwyrfai yn mynd heibio'i dalcen ar y chwith. Ewch drwy'r gât a dilyn y llwybr tua'r gogledd am rhyw ddau neu dri canllath, a bydd y llwybr yn fforchio. Ewch i'r chwith – sef y llwybr i Foel

Moel Hebog: y cam olaf ond un

Hebog. Mewn rhyw ganllath bydd y llwybr yn croesi pont droed newydd, ac ymhen rhyw ddau ganllath arall byddwch yn troi i'r chwith a dilyn llwybr gwyllt ond clir sy'n dringo cefnen ddwyreiniol y Foel. Cadwch ar y llwybr a chyn hir ewch trwy gât fynydd. Cadwch i ddringo'n serth, gyda Cwm Bleiddiaid ar y dde, a chraig Diffwys o'ch blaen. Pan gyrhaeddwch at le mae'r mynydd yn troi'n glogwyn creigiog a serth, mae'r llwybr yn troi tua'r chwith a chrymanu i osgoi'r clogwyn. Wrth grymanu byddwch yn dilyn myrdd o lwybrau serth a garw iawn sydd wedi erydu'n ddrwg, gyda chreigiau gwyllt a cerrig bychain coch o dan eich traed. Cyn hir mi gyrhaeddwch at

Moel Hebog: y cam olaf cyn y copa

lwyfan gwastad ar ben trwyn o graig – sef copa'r clogwyni yr aethoch heibio iddyn nhw yn gynharach. Ewch yn eich blaen a dilyn llwybr creigiog, garw a serth tua'r gorllewin, cyn dod i olwg y copa. Dringwch i'r copa ac ewch at y wal gerrig a piler triongli sy'n sefyll ar olion hen garnedd gladdu. Mae olion mwy o garneddi claddu yno hefyd. Mae'r golygfeydd yn wych. I'r dwyrain mae'r Wyddfa, ac i'r de-ddwyrain, Moel Siabod, Cnicht, Moelwyn Mawr – y tri ar ffurf pyramid o'r cyfeiriad hwn – a Moelwyn Bach. Mae'r Rhinogydd yn y de, Bae Ceredigion, a bryniau Pen Llŷn a'r Eifl yn edrych yn hudolus draw yn y gorllewin.

I fynd i lawr, trowch i'r gogledd i ddisgyn tua'r gogledd-orllewin at Fwlch Meillionen rhwng Moel Hebog a Moel yr Ogof. Yn y bwlch ewch i'r dde, tua'r gogledd-gogledd-ddwyrain, yna i'r gogledd-ddwyrain wrth ddilyn llwybr cyhoeddus drwy'r goedwig (Cwm Meillionen), yna gwyro i'r dwyrain, yna tua'r de-ddwyrain, yna dod allan o'r goedwig a dilyn Ffordd Gwyrfai tua'r de at Gwm Cloch Canol a'i bont droed o flaen ei ddrws. O'r fan hyn ewch i'r chwith a dychwelyd at Bont Alyn a'r ffordd fawr.

PUMLUMON

Pumlumon ydi'r criw o fynyddoedd yng ngogledd yr Elenydd, i'r dwyrain o gronfa ddŵr Nant y Moch ac i'r gogledd o Bonterwyd. Mae yna bum copa i'w gweld o wahanol gyfeiriadau, ac mae pedwar ohonyn nhw yn rhan o'r Cant. O'r Pumlumon mae Afon Hafren, afon hiraf Prydain, yn tarddu, yn ogystal ag afonydd Gwy a Rheidol. Wrth gerdded y pedwar copa mi allwch neidio dros Afon Gwy mewn un cam. Os ydych am wneud yr un peth efo'r Hafren, cerddwch ryw filltir dda tua'r gogledd o Ben Pumlumon Arwystli. Mae'r union darddle ynghanol pwll o ddŵr mawnog, ac mae slabiau cerrig wedi eu gosod i arwain at bolyn pren sydd â sgrifen arno i nodi'r tarddle. Mae'r dŵr yn dilyn sianel naturiol, ac unwaith mae'r tir yn mynd ar i lawr mae'r dŵr yn troi yn nant fechan. Cewch gamu drosti mewn hanner cam. Afon hiraf Ynys y Cedyrn!

Mae hanes yn berwi yma. Carneddau claddu Oes Efydd ar gopaon y moelydd ymhob man, tomenni a chylchoedd claddu ar lethrau'r cymoedd uchel, meini hirion yn arwain at gladdfeydd, llwybrau a llefydd defodol, a hefyd hen fryngaerau bychain o'r Oes Haearn. I'r gorllewin o'r Pumlumon mae hen waith arian a phlwm helaeth Cwmsymlog â'r tomenni wast yn destun i'r llwyddiant a fu hyd nes ei gau yn 1901. Mae canolbarth Ceredigion yn berwi o hen weithfeydd arian a bu rhai ohonyn nhw'n gweithio i'r 20fed ganrif. Yn eu mysg bu rhai enwog fel yn ardal Nant yr Arian heb fod ymhell o Bonterwyd, i'r de o'r Pumlumon a Nant y Moch – gweithfeydd llwyddiannus fel Llywernog, Ystumtuen a Chwmbrwyno i enwi dim ond rhai. Roedd yr arian yn croesi'r cymoedd tua'r de, drosodd i Bontarfynach ac i dirlun diwydiannol Cwm Ystwyth, ac i lawr y dyffryn at weithfeydd arian enwog Pontrhydygroes. Mi fues i'n gweithio i Gyngor Ceredigion un haf, yn teithio'r sir yn trwsio'r ffyrdd ac ati, ac ro'n i'n rhyfeddu at yr holl weithfeydd mwyn oedd yn y sir – yn enwedig y gweithfeydd arian.

Mae hanes canoloesol yn dew yn ardal y Pumlumon hefyd, gyda safle buddugoliaeth fawr gyntaf Owain Glyndŵr mewn brwydr agored ar Fynydd Hyddgen ym Mehefin 1401. Tua 120-500 o ddynion oedd gan Glyndŵr ar y pryd, ac yn ôl y sôn roedd gan y Saeson tua 500-1,500 o filwyr troed ac ychydig o gafalri, gan gynnwys llu o wladychwyr Fflemingaidd o dde Penfro yn eu mysg. Lluoedd arfau ysgafn oedd gan y Cymry – saethwyr bwa saeth ar gefn merlod mynydd Cymreig, oedd yn gweddu fwy i lethrau'r ucheldir. Rhwng hynny ac adnabod y tirwedd, llwyddodd y Cymry i achosi colledion o fwy na 200 i luoedd y gelyn o fewn amser byr. Bu rhaid i'r gweddill ddianc yn o sydyn, tra bo saethau'r Cymry yn disgyn arnyn nhw fel glaw. Yn ôl yr unig gofnod o'r frwydr, gan Gruffudd Hiraethog, bron i ganrif a hanner yn ddiweddarach, gan ddyfynnu dogfen flaenorol nad yw i'w chael bellach, daliwyd llawer o'r Saeson a Fflemingiaid yn garcharorion, ond does dim sôn am be ddigwyddodd iddyn nhw. Yn yr oes honno doedd fawr ddim trugaredd tuag at garcharorion rhyfel, yn enwedig gan y Cymry tuag at y gwladychwyr Seisnig a Fflemingaidd. Mae'r diffyg ffynonellau cyfoes yn creu ansicrwydd o ran manylion y niferoedd ac ati ac mae rhai yn amau a ddigwyddodd y frwydr o gwbl.

Ond mae yma ddigon o dystiolaeth am frwydro ac ymladd i'w weld yn yr enwau lleoedd. Mae ugeiniau o enghreifftiau o'r enw 'lluest', sef gair am le mae 'llu' o filwyr, neu fyddin, yn codi gwersyll sydyn dros nos. Dyna oedd ystyr gwreiddiol lluest, ond yn ddiweddarach defnyddiwyd o am loches bugail, sef cytiau bugeiliaid, wedi'u hadeiladu efo'r cerrig oedd i'w cael ar lawr yn y fan a'r lle (a dim to). Mewn ardal fynyddig lle mae ffermio defaid, ac sydd hefyd efo hanes o weithgaredd milwrol, mae'n anodd dweud pa rai sy'n lluestau bugeiliaid a pha rai sy'n lluestau lluoedd o ryfelwyr. Pebyll fyddai lluest llu o filwyr, fodd bynnag, a chytiau cerrig fyddai cytiau bugeiliaid. Os nad oes cwt cerrig yn y lluest sydd wedi ei nodi ar y map, mae siawns dda mai yno y bu milwyr yn gwersylla dros nos.

Yn ôl y sôn, mewn lluest o'r enw Siambr Trawsfynydd – ardal gysgodol rhwng y bryniau i'r gogledd o Fynydd Hyddgen – y treuliodd Glyndŵr y noson cyn y frwydr, ac yn ôl y traddodiad bu ei filwyr yn gwersylla un ai ger Nant y Lluest Fach neu Fanc Lluest Newydd, y ddau i'r gogledd o Afon Hengwm, tua hanner ffordd rhwng Nant y Moch a Siambr Trawsfynydd, ac mewn lleoliadau anodd eu gweld, heb fod ymhell o lwybrau oedd yn croesi'r mynyddoedd o'r dwyrain. Tua milltir i'r gorllewin o Fanc Lluest Newydd, a thua chanllath i'r gorllewin o Afon

Un o garneddi Pumlumon Fawr

Hyddgen, mae Cerrig Cyfamod Glyndŵr – dwy garreg cwarts gwyn sydd wedi eu gosod 30 troedfedd oddi wrth ei gilydd, yn rhedeg yn union o'r de i'r gogledd ar lethrau isaf Banc Llechwedd Mawr. Yn ôl traddodiad yr ardal, at y cerrig yma y deuai Glyndŵr i gyfarfod i drafod termau, tyngu llw a derbyn milwyr i'w fyddin tra ei fod o'n treulio cyfnod cynnar ei wrthryfel yn y mynyddoedd hyn. I'r gogledd o'r fan hon mae Carn Hyddgen a Charn Gwilym a Chroesau Hyddgen, ac i'r gorllewin eto, mae Nant Goch a Nant Bryn Moel yn ymuno ag Afon Hyddgen. Yn y cymerau hyn, ar lan ogleddol Afon Hyddgen, rhwng Esgair Croesau Hyddgen a Bryn Moel, y dywedir i'r frwydr ddigwydd. Mae llwybr Lôn Las Cymru yn mynd heibio'r llecyn hwn heddiw. Ar lannau dwyreiniol cronfa ddŵr Nant y Moch mae safle o'r enw Bryn y Beddau, ac mae'n debyg bod y beddau o dan y dŵr. I'r de o gronfa Nant y Moch mae Disgwylfa Fawr a Disgwylfa Fach, ac mae un arall i'r gogledd-orllewin o'r llyn. Mae Disgwylfa Fawr mewn lle uchel gyda golygfeydd da i lawr tua'r cymoedd a'r bylchau, i gadw golwg ar elynion.

Dywedir mai pum llumon – lluman (baner) – ydi ystyr yr enw Pumlumon. Mae posib gweld pum copa'r Pumlumon o ambell gyfeiriad, ond dim ond pedwar a welir o'r gogledd. Mae'n debyg y gall cymylau neu rubanau o niwl fachu ar y copaon, gan wneud iddyn nhw edrych fel baneri. Ond mae Syr Ifor Williams, yn *Enwau Lleoedd*, yn cynnig mai ystyr lluman ydi corn neu simne. Yr enw Cymraeg ar Loch Lomond yn yr Alban ydi Llyn Llumonwy – a dyna fu ei enw gwreiddiol ers cyfnod teyrnasoedd Brythonig yr Hen Ogledd. Llygriad ydi'r enw Saesneg, Lomond. Mae *Llyfr Coch Hergest*, sy'n dyddio o'r canoloesoedd yn dweud mai'r rheswm am yr enw ydi bod 'tri ugain ynys a oeddynt yn y llyn, a thri ugain carreg, a nyth eryr ym mhob carreg.' Felly'r creigiau hyn a'i gwnaeth o'n llumonog, yn llawn o gyrn yn sticio allan o'r dŵr. Ond cyrn/simneiau neu faneri, mae pump ohonynt ar gadwyn fynyddig y Pumlumon. Pum copa a phum cwmwl o niwl yn chwifio fel baner ar bob un.

Pan gerddais y Pumlumon y tro cyntaf, mi ddaeth niwl tew a glaw mân i lawr ar y copaon fel oeddwn yn cyrraedd Pen Pumlumon Mawr o'r Garn. Eisteddais yn y lloches yn bwyta brechdan a smocio sigarét gan obeithio byddai'r niwl yn codi. Daeth dyn allan o'r niwl. Roedd o'n arwain criw o blant oedd ar raglen y Dug Caeredin ond doedd y plant ddim efo fo. Roedd o wedi eu gadael yn rhywle ac yn aros iddyn nhw ffeindio'u ffordd tuag ato fo. Fodd bynnag, roedd rhaid i mi adael y mynydd gan ddilyn llethr gorllewinol Pumlumon Mawr. Roedd hi'n ddiwrnod braf islaw'r niwl oedd wedi meddiannu'r copaon, ond yn anffodus roedd y llethr yn grawcwellt uchel i gyd. Gan gerdded yn araf fel dyn ar y lleuad a chanu 'Walking On The Moon' gan The Police drosodd a throsodd, mi gyrhaeddais yr Orsaf Bwmpio Dŵr a fy nghoesau fel rwber. Treuliais weddill y dydd yn crwydro meini hirion a chylchoedd claddu'r ardal a chael modd i fyw wrth ganlyn meini hirion Disgwylfa, Buwch a Llo, a'r criw o feini hirion sydd i'w gweld yng Nghwmsymlog, ac i lawr i Benrhyncoch ac adra. Ond ro'n i'n ôl chwe diwrnod wedyn, pan oedd y tywydd yn fendigedig ar ddydd cyntaf mis Tachwedd. Ar y dydd gogoneddus hwnnw es i fyny dros Bumlumon Fach a chyrraedd Pumlumon Fawr, yna dilyn y ffens a'r carneddi a'r cerrig ffin heibio Pen Pumlumon Llygad Bychan ac at Ben Pumlumon Arwystli. Ro'n i mor falch o fod wedi dychwelyd. Roedd popeth mor wahanol yn yr haul, a heb niwl roedd posib mynd i grwydro yma ac acw, a gweld yn lle'r oeddwn i – lle ar y mynydd a lle yng Nghymru!

PUMLUMON

PUMLUMON FAWR, PEN PUMLUMON ARWYSTLI, PEN PUMLUMON LLYGAD BYCHAN, Y GARN

- **Mynydd**: Y Garn, 2244tr / 684m (85); Pumlumon Fawr, 2467tr / 752m (52); Pen Pumlumon Llygad Bychan, 2385tr / 727m (62); Pen Pumlumon Arwystli, 2431tr / 741m (58)

- **Map**: OS 213 & OS 214 (ac OS 215 i ddod o'r gogledd-ddwyrain/de-ddwyrain): CG 776852, CG 790870, CG 799871, CG 815878

- **Pwynt dechrau**: Cronfa ddŵr Nant-y-moch, lle mae Nant y Moch yn llifo i'r gronfa, CG 767869, a lle mae Gorsaf Pwmpio Dŵr. Mae lle i barcio ar ochor y ffordd, neu ar ffordd fach sy'n rhedeg at y llyn, ychydig tua'r gorllewin o'r safle hwn.

- **Pellter**: 8 milltir / 12.9 km
- **Amser**: 3-6 awr
- **Ymdrech**: Unwaith rydych ar ben y Garn, mae'r daith fel cerdded mewn parc. A chadwch draw o grawcwellt uchel.

Taith: Dilynwch Nant y Moch i'r de-ddwyrain a dringo gwaelodion llethr y Garn, cyn gwyro i anelu at gefnen ogleddol laswelltog y Garn. Ar y copa mae hen garnedd gladdu Oes Efydd. Trowch i'r dwyrain a dilyn ffens ogleddol y blanhigfa. Pan mae'r blanhigfa yn gorffen trowch i'r gogledd-gogledd-ddwyrain a dilyn y ffens sy'n dilyn y grib, dros Pen y Drawsallt. Cadwch i'r chwith o'r ffens er mwyn cael yr olygfa i'r gorllewin a'r gogledd, yn ogystal â'r dwyrain, wrth i chi gerdded. Cyn hir mi ddewch at gopa uchel Pumlumon Fawr, ble mae carneddau claddu mawr, piler triongli a chysgod o gerrig.

Pen Pumlumon Arwystli yn y pellter

Pumlumon Fach

Carneddi mawr ar gopa Pen Pumlumon Arwystli

Dilynwch ffens sy'n rhedeg i'r dwyrain o Bumlumon Fawr, gan fynd ar i lawr i fwlch bach lle mae carnedd fechan, yna dringo eto efo'r ffens a chyrraedd at gopa Pen Pumlumon Llygad Bychan. Tydi o ddim wedi ei farcio ar y map, ond mi welwch garnedd a charreg ffin wedi eu marcio ar y map, a rhif uchder coch 727 metr. Hwn yw copa Pen Pumlumon Llygad Bychan. Mae'r ffens yn rhoi herc tua'r de-ddwyrain, ac yn ôl tua'r gogledd-ddwyrain, gan roi siâp triongl ar y map. Does dim rhaid i chi ddilyn y triongl, ond mynd yn syth yn eich blaen i fynd am y dwyrain tuag at Pen Pumlumon Arwystli. Ond os ydych eisiau neidio dros Afon Gwy mewn un cam, neidiwch dros y ffens (i'r dde) ar ôl y triongl, ac yn ôl i ddilyn y llwybr a'r ffens at Pen Pumlumon Arwystli. Bydd y llwybr a'r ffens yn gwyro i'r gogledd-ddwyrain ac ymhen milltir byddwch yn cyrraedd carneddi claddu Oes Efydd mawr a mwy o gerrig ffin, wrth i'r ffens droi tua'r gogledd-ddwyrain. Mae'r pwynt uchaf rhwng y garreg ffin gyntaf a'r garnedd gyntaf.

I ddod yn ôl o Pen Pumlumon Arwystli ewch tua'r gogledd-gogledd-orllewin dros Graig y March, ble mae hoel carnau ceffyl Owain Glyndŵr, Llwyd y Bacsie yn dal i fod yn y graig, gan basio Blaen Cwm Gwerin a Sian Groca, ac anelu tuag at lethrau deheuol Pen Cerrig Tewion, a gwyro i'r gorllewin gan ddilyn Nant y Graig Las i ddisgyn tuag at Llyn Llygad Rheidol. Wrth y llyn, ewch at ei lannau gogleddol, a chroesi ei argae at ffordd gerrig (ffordd y Bwrdd Dŵr) sy'n gwneud pedol rownd gwaelodion Pumlumon Fach, ac ymuno â'r ffordd darmac ar lannau dwyreiniol cronfa Nant y Moch. Mae eich lle parcio yno yn aros amdanoch.

Pan o'n i'n blentyn ro'n i'n eistedd wrth y ffenest yn gwylio'r mellt yn dawnsio ar hyd copaon y Rhinogydd dair milltir i lawr y cwm, fel rhyw ffidlwyr heglog yn gwneud y jig â'u coesau fel jac y bagla yn goleuo'r nos efo fflachiadau dreigio glas. Creigiau'r Môr oedd teulu ni'n galw'r Rhinogydd, enw trigolion Cwm Prysor am y mynyddoedd trawiadol yma sy'n llenwi ceg y cwm ar y gorwel gorllewinol, fel mur o greigiau uchel yn sefyll rhwng llwyfandir Trawsfynydd a'r tir isel a'r môr tu hwnt. Dros y Rhinogydd mae'r haul yn machlud, gan estyn ei fysedd efydd rhwng y bylchau a chreu llwybrau euraid dros y tir.

Mae'r Rhinogydd i'w gweld o bob rhan o bentref Trawsfynydd ac o'r rhan fwyaf o blwyfi gogledd-orllewin Meirionnydd. Gwelir nhw o Eryri hefyd ac o Ben Llŷn ar draws Bae Ceredigion, ac maen nhw'n olygfa odidog o draethau Eifionydd. Dewisodd y Manic Street Preachers roi'r Rhinogydd ar glawr eu halbym *This is My Truth Tell Me Yours*, a'r llun wedi ei dynnu o draeth Graig Ddu ger Morfa Bychan. Yr un olygfa sydd gan drigolion Cwm Bychan a Cwm Nantcol, ond llawer yn agosach. Ond o'r dwyrain a'r de-ddwyrain y ceir y golygfeydd mwyaf ysgubol o'r Rhinogydd – o'r Arenig Fawr, yr Aranau a Chader Idris, o fynyddoedd Cwm Prysor ac o'r A470 rhwng Trawsfynydd a Gelli Goch.

Cadwyn o fynyddoedd garw, creigiog a grugog ydi'r Rhinogydd, yn meddu ar y dirwedd a'r ddaeareg fwyaf dramatig yn y wlad. O weld patrymau'r creigiau, all rhywun ddim ond dychmygu'r grymoedd folcanig treisgar a ffurfiodd y mynyddoedd yma. Ynghanol eu prydferthwch garw mae adlais o'u genedigaeth ffrwydrol – eu bedydd o dân a brwmstan – yn eu naws go fygythiol, eu gwedd tywyll a'u natur gwyllt. Mynyddoedd na ellir eu dofi ydi'r Rhinogydd a'r mynyddoedd mwyaf enigmataidd i mi erioed ddod i'w nabod. Ymyl gorllewinol Cromen Harlech ydi'r Rhinogydd, ardal fu'n cyffroi daearegwyr a daearyddwyr, yn ogystal â diwydianwyr fu'n tyllu am fwynau fel copr, aur, arian, sinc a manganîs.

Geifr y Rhinogydd ar gopa Rhinog Fach

Cerddwyr sy'n cael eu cyffroi y dyddiau hyn, er nad oes cymaint ohonyn nhw o gymharu â chanol Eryri. Mae'r Rhinogydd wedi prysuro yn ddiweddar, ond mae'n dal yn bosib eu crwydro drwy'r dydd heb weld unrhyw greadur dynol. Y geifr gwyllt a'r cigfrain ydi'r cwmni gan amlaf. A dyna'r peth – mae popeth yn wyllt ar y Rhinogydd, y geifr gwyllt ar eu creigiau geirwon gwyllt, grugieir gwyllt yn y grug gwyllt, brithyll gwyllt yn y llynnoedd gwyllt, llwybrau gwyllt ar y llethrau llym... heb sôn am y tywydd. Mae hyd yn oed y mwsog a'r cen yn wyllt. O ran pedwar copa'r Rhinogydd sydd yn y Cant, heblaw am ddau biler triongli a wal terfyn sy'n croesi tri chopa, does dim hoel dwylo dynion yn agos i'r copaon. Does dim corlan ar y Rhinogydd, dim carnedd gladdu na meini, na chist na chwt crwn na chaer na chwarel. Dim ond wrth draed y mynyddoedd y ceir ambell i gorlan neu olchfa, neu gwt bugail. Mae o fel tae'r hen bobl wedi osgoi y copaon yn gyfan gwbl. Ai ofn neu barch neu goelion oedd yn eu cadw i ffwrdd o'r Rhinogydd? Neu ai'r ffaith bod mellt yn dawnsio ar lwyfannau'r topia?

Mae'n sicr bod rhyw barchedig ofn ymysg cerddwyr heddiw. Rhywbeth i wneud efo'r cerrig a chreigiau sy'n cuddio dan y grug-at-eich-canol wnaeth i bobl ddiarth roi'r glasenw *leg breakers* i'r Rhinogydd – er na chlywis i am neb yn torri unrhyw asgwrn wrth gerdded yno. Ond waeth bynnag am y llysenw dramatig a'r is-gerrynt o arswyd, unwaith daw rhywun i nabod yr lanws o fynyddoedd hudolus yma mi ddaw i ddallt mai calon goch sy'n curo dan frest ddu y Rhinogydd. Prydferthwch ydi'r düwch, hyfrydwch yw hagrwch yr hafnau, porffor ydi'r grug-at-eich-canol, celfyddyd naturiol bur yw patrymau'r creigiau, a glas yr awyr ydi'r llynnoedd tywyll. Do, dwi wedi disgyn mewn cariad efo'r Rhinogydd ers blynyddoedd lawer, ers y tro cyntaf i mi eu crwydro – ac efallai ers imi wylio'r mellt yn gwneud y jig o ffenest gegin fy mhlentyndod. Bellach, dwi'n cyfri'r Rhinogydd yn deulu. Efalla fod hynny'n swnio'n od i rai pobl, ond mae'r cysylltiad rhwng y mynydd a fi yn ddwfn ac yn frawdol. Gofynnwch i unrhyw fynyddgi, a mi ddudith o, neu hi, yr union run peth. Dwi'n greadur ysbrydol, yn tueddu i ddiystyru'r byd corfforol fel dim ond llestr i fwydo'r enaid. Dwi'n gwybod mai ar ben mynydd rydw i fod, nid mewn rhwydwaith o goncrid a tharmac a'i gyfyngiadau brics a mortar, ei reolau a rheolaeth.

Doedd yr hen bobl ddim angen caniatâd cynllunio cyn codi cartref. Mae olion y llwyth yn dew rhwng y Rhinogydd ac arfordir Ardudwy – ar y llain o dir uchel rhwng y traethau a chlogwyni'r mynyddoedd. Mae eu meini, cytiau a charneddi claddu yn estyn o gyrion Trawsfynydd ac aber y Ddwyryd i Bermo ac aber y Fawddach – yn canlyn ymylon gorllewinol y Rhinogydd, sydd fel mur cadarn yn gwarchod o'r dwyrain – ac yn dilyn hen lwybr cynhanesyddol sy'n cysylltu tiroedd y dwyrain efo'r môr. O Gwm Moch, Nant Pasgan a'r Gyrn yn y gogledd, at Lanfair, Cors y Gedol, Dyffryn Ardudwy, Llecheiddior a Hengwm, a thros Bwlch Rhiwgyr yn y de, mae'r tir yn berwi o garneddau (crwn, cylchog, cellog, siambrog, porthol), clystyrau tai crynion, meini hirion a cylchoedd cerrig defodol. Tir dwyfol oedd hwn. Tir claddu. A thir byw hefyd.

Ymysg yr holl henebion hyn, ychydig dros filltir o flaen Cwm Moch mae'r rhyfeddod ag ydi Bryn Cader Faner, sef carnedd gylchog sy'n dyddio o'r drydedd fileniwm Cyn Crist – yr un adeg neu'n gynharach na phyramidiau Giza yn yr Aifft. Roedd y garnedd drawiadol hon yn amlwg yn gladdfa rhywun pwysig iawn ac wedi ei chodi ar fryncyn ger y llwybr hynafol, islaw clogwyni Moel Ysgyfarnogod, er mwyn i deithwyr ei gweld. Mae'r cerrig main, trawiadol sy'n pwyntio tuag allan a thua'r awyr yn gwneud i bobl heddiw ei disgrifio fel coron o ddrain. I'r de-orllewin o Fryn Cader Faner mae safle enigmataidd Llyn Eiddew Bach, sy'n cynnwys cist gladdu a rhyw fath o gylch cerrig defodol. Lleoliad sy'n gyrru ias i lawr cefnau rhywun.

Dwy filltir i'r de-orllewin ar y llwybr mae carneddau cylchog Moel Goedog – mynydd sydd â bryngaer Oes Haearn ar ei gopa, un o dri phrif bryngaer yr ardal a godwyd gan ddisgynyddion pell pobl y meini a'r carneddau. Ar lethrau Moel Goedog, ymysg meini a chytiau crwn, mae olion dwy garnedd gylchog – sef beddau ar ffurf cylchoedd cerrig bychain â thomen o gerrig wedi eu rhoi yn dwmpath dros lawr y cylch i ddiogelu olion y corff, neu gyrff, neu olion llwch amlosgiad, a phethau eraill a gladdwyd yn y cylch. Mae'r ddwy garnedd yma yn ymyl ei gilydd ac un o'r ddwy yn arbennig iawn. Yn 1979, cafodd archeolegwyr hyd i sawl twll (*pit*) yn llawr y cylch a gwahanol gelc-offrymau wedi'u claddu ynddyn nhw cyn rhoi haen o gerrig drostynt. Ymysg y pethau a ganfyddwyd yn y tyllau oedd golosg ar ben ei hun, golosg yn gymysg â llwch amlosgiad dynol, a llwch amlosgiad dynol yn unig – pethau digon cyffredin i'w canfod mewn claddfeydd. Ond yn un twll roedd llwch amlosgiad dynol oedd wedi ei gladdu yn wreiddiol yn agos i'r arfordir, cyn cael ei symud a'i ailgladdu yma ar lethrau Moel Goedog. Roedd peth o'r llwch amlosgiad dynol hwn yn gymysg â golosg mewn potiau pridd Oes Efydd, a pheth o'r lludw amlosgiad dynol wedi ei dollti yn syth i'r tyllau, cyn taenu pridd a cherrig drostyn nhw. Dyma'r tro cyntaf i archeolegwyr ganfod yr arferiad o ailgladdu yng Nghymru (mae mwy wedi'u canfod erbyn hyn). Mae'n fy atgoffa i o siarad am hyn efo archeolegwr ar Ogledd Uist, yn Ynysoedd Heledd yn 2011, a hwnnw'n dweud bod enghraifft o gladdfa ar yr ynys ble'r oedd y llwyth wedi symud braich cyfan person, ynghyd â'r cnawd yn y dechrau, efo nhw o le i le.

I'r de-orllewin o Foel Goedog, ar hyd y Fonllech, mae rhes o o leiaf wyth o feini hirion yn estyn am filltir a hanner tuag at y 'tir claddu' lle mae carneddau cylchog Moel Goedog. Mae'r meini'n rhy agos at ei gilydd i fod yn arwyddfeini (mae un yn ddigon), ac mae'n debyg mai pwrpas defodol sydd iddyn nhw – efallai seremoni cludo corff i'w amlosgi, neu gludo llwch, i'w rhoi yn y pridd o dan garnedd. Hyn a hyn o stepiau i ddweud 'helô' wrth gofio'r penaethiaid a aeth o'u blaenau, efallai?

Mae'r llwybr yn mynd yn ei flaen, a'r henebion hefyd – y cytiau crynion, y meini, y carneddau a'r cromlechi – ac yn cysylltu â hen lwybrau Oes y Cerrig sy'n dod i lawr o'r ucheldir dwyreiniol tua'r môr. Gallwn sôn amdanynt i gyd, o Fedd Gurfal i gromlechi porthol Oes y Cerrig Dyffryn Ardudwy, Llecheiddior a Charneddau Hengwm, a'r cylchoedd cerrig defodol Oes Efydd a charnedd gylchog Hengwm yn dilyn y llwybr dros Fwlch Rhiwgyr ac i lawr at aber y Fawddach.

Tydi'r stori ddim yn gorffen ar lannau'r Fawddach, fodd bynnag. Ar ochr arall yr aber, yng Nghregennan uwchlaw Arthog, ar lain o dir uchel rhwng y mynydd a'r môr, mae tir claddu'r cymdogion – y llwyth drws nesaf. Dwi eisoes wedi sôn amdanyn nhw ym mhennod Cader Idris y llyfr hwn, yn claddu eu pobl, neu eu llwch, mewn carneddau crwn a charneddau cylchog o bobtu hen lwybr y Ffordd Ddu, ac yn gosod meini hirion a rhesi cerrig i arwain at dir dwyfol y tir claddu. Yr un bobl yn rhannu'r un diwylliant ac arferion, ar ddwy ochr yr aber.

BRYN CADER FANER

Maen nhw'n 'darganfod' pethau newydd amdanom, weithiau,
yn ôl eu rhaglenni teledu;
pethau rydan ni yn wybod erioed.
Daethom yma, meddan nhw, pan doddodd y rhew,
dim ond i gael ein dal, nes ymlaen,
wrth i'r môr godi
a'n gwahanu o'r cyfandir.
Ond rydan ni'n gwybod hyn;
rydan ni'n cofio Cantre'r Gwaelod.

Gan amlaf, yr un hen drefn yw hi;
israddio, anwybyddu, celu
a dileu hoel ein traed o dirlun hanes.
Cawsom ein dysgu, meddent,
gan newydd-ddyfodiaid mwy galluog na ni,
i greu crochenwaith a thrin efydd.

Nid rhannu syniadau a chydweithio, o na,
nid ni, oedd yn gweld gwynebau mewn creigiau
ac yn nŵr llyn,
yn adnabod y golau
a chwipiadau'r gwynt.

Ni fu ganddom wareiddiad o unrhyw fath, meddid.
Ni, y bobl gynhanesyddol.
Heb gastell, heb werth.
Ond dros bedair mil o flynyddoedd yn ôl
roeddem yn creu celfyddyd cyhoeddus fel hyn,
â'r tirlun yn rhan o'r llun –

y meini'n fframio'r mynydd
neu'n dynwared amlinell y gorwel –
neu, fel ym Mryn Cader Faner,
yn creu llwyfan i Eryri a'r môr a'r meini
serennu, a dod â dau fyd ynghyd
i gofio un o'n hanwyliaid.

Bedair mil o flynyddoedd yn ôl,
bedair mil o flynyddoedd yn ôl,
roedd ein gwareiddiad eisoes yn hen.
Ac yma, ar y llwybr rhwng Ardudwy a'r byd,
mae'n hathroniaeth cyn hyned â'r sêr.

Llyn y Bi (chwith), Llyn Hywel a'r Llethr o ben Rhinog Fach

Rhinog Fawr, Rhinog Fach a Llyn Hywel o ben Llethr

Mae olion cynhanesyddol i'w cael ar ochr ddwyreiniol y Rhinogydd hefyd, ym mhlwy Trawsfynydd – hen gwmwd Ardudwy Uwch Artro gynt. Hen bentrefi, cytiau a charneddi cylchog a chrwn, a llawer ohonynt wrth draed y Rhinogydd, ger Cefn Clawdd ac ar y Crawcwellt. Un safle sydd wedi cyffroi archeolegwyr ydi hen ganolfan creu haearn allan o fwyn mawn (haearn mawn, *bog-iron*), ar fynydd-dir y Crawcwellt, rhwng Afon Eden a'r Rhinogydd. Bu'r lle'n gweithio yn yr Oes Haearn hwyr, rhwng 300 CC a chanol y ganrif gyntaf OC. Mae'r safle yn 14 acer o faint, a bu archeolegwyr yn cloddio yno am flynyddoedd, ac yn ystod y 10 mlynedd dim ond 2% o'r safle oedd wedi cael ei gloddio. Cafwyd hyd i gytiau crwn a deg tunnell o wast slag – mwy nag a welwyd mewn unrhyw safle cynhanesyddol ym Mhrydain. Cafwyd tystiolaeth o aneddiad Oes Efydd yno hefyd a chafwyd hyd i garnedd gladdu Oes Efydd, gyda llwch sawl amlosgiad gwahanol ynddi – un ohonyn nhw mewn wrn oedd wedi'i addurno yn gain a chywrain.

Pedwar o fynyddoedd y Rhinogydd sy'n rhan o'r Cant, ond mae 'na wyth copa arall yn y gadwyn. Yn y gogledd pellaf, ar ochr orllewinol Llyn Traws, mae Craig y Gwynt, Moel y Gyrafolen a'r Diffwys (y graig, nid y mynydd ym mhen deheuol y gadwyn). Moel Penolau sydd nesa. Na, nid hanes am ryfelwyr Ordoficaidd yn tynnu'u trowsusau a rhoi'r lleuad llawn dorfol i'r Rhufeiniaid sydd tu ôl i'r enw, ond llygriad o'r enw gwreiddiol, Moel *Panylau*. 'Panylau' ydi lluosog 'pannwl', sef 'pant'. Pant yn y tir. A dyna ddisgrifiad perffaith i Foel Panylau, sy'n lwmp anferth o graig â'i phen llydan yn banylau (a chraciau) i gyd – cannoedd o bantiau o bob maint. Mae rhigolau mwyaf y mynydd i'w gweld o filltiroedd i ffwrdd.

Yn syth i'r gorllewin mae Moel Ysgyfarnogod, sy'n laswelltog i gyd. Mae olion hen garnedd gladdu ar y copa, ond does dim cadarnhad archeolegol. O ymyl gogleddol y mynydd, mi welwch Ben Llŷn a Phorthmadog a'r Traeth Mawr (aber Afon Glaslyn), Traeth Bach (aber Afon Ddwyryd), Portmeirion, y Moelwynion, ac Eryri yn ei hysblander, Arenig Fawr yn y dwyrain a Chader Idris tua'r de. Mi welwch Fryn Cader Faner islaw, hefyd, a Llyn y Dywarchen (Llyn Pedol i rai) o dan glogwyni Moel Ysgyfarnogod, lle'r oedd gwaith mango (manganîs). Roedd gwaith manganîs ar ochr ddeheuol y mynydd hefyd, ac wrth symud yn eich blaen at Graig Ddrwg mi ddowch ar draws mwy o olion y diwydiant bach ond difyr hwn.

Mae Graig Ddrwg fel planed wahanol. Llwyfannau o graig, tyrrau a hafnau a muriau y mae rhaid eu dringo i gael hyd i'r llwybrau. Mae dau lyn bach ar Graig Ddrwg, sy'n atgoffa rhywun bod y mynydd hwn yn perthyn i'r blaned hon. Llyn Du ydi'r cyntaf a'r ail lyn ydi Llyn Corn y Stwc. Neu Llyn Corn-ystwc. Mae stwc ac ystwc yn enwau ar fwced pren, ac mae craig sydd ar siâp bwced o'r fath i'w gweld ar amlinell y grib o filltiroedd i ffwrdd, a hynny wrth ymyl y llyn. Obsesiwn yr Arolwg Ordnans efo heiffennau sydd ar fai am yr amryfusedd. Llyn Corn-ystwc sydd ar y mapiau ers i'r enw gael ei gofrestru rhwng 1898 a 1908. Ond y gwir amdani ydi bod yr enw 'Korn Stwck' wedi cael ei nodi gan Edward Lhuyd cyn belled yn ôl â 1699. Felly Llyn Corn y Stwc sy'n gywir, mwya thebyg. Islaw Llyn Corn y Stwc, i'r gogledd, mae llynnoedd Llyn Eiddew Mawr a Bach a Llyn Caerwych, lle mae cymaint o henebion cynhanesyddol.

Cyn gadael Graig Ddrwg rhaid mynd draw i ben y Clip, lle welwch chi Gwm Bychan a'i lyn o'r un enw islaw, yn estyn am Lanbedr a Bae Ceredigion tu hwnt. Rhaid mynd i lawr o'r Clip at Fwlch Gwilym wedyn, a'i groesi at Graig Wion, a dilyn rhyw fath o lwybr heibio dau lyn o dan grib copa Craig Wion. Y cyntaf ydi Llyn Tŵr Glas a'r ail ydi Llyn Pryfed. Heblaw am Foel Gyrafolen, Craig Wion ydi'r unig un o gopaon y Rhinogydd sydd ym mhlwy Trawsfynydd. Mae ffin a chlawdd plwy Trawsfynydd yn gorwedd islaw copaon Craig y Gwynt, Diffwys gogleddol, Moel Penolau, Moel Ysgyfarnogod, Graig Ddrwg a'r Clip (i gyd o fewn llathenni), ac i gyd un ai ym mhlwy Talsarnau neu Llanfair. Ar ôl pasio copa Craig Wion mae'r ffin yn gwyro tua'r dwyrain i ddilyn ffens planhigfa islaw Rhinog Fawr (sydd ym mhlwy Llanbedr) cyn troi i ddilyn Afon Crawcwellt at Gelli Goch, cyn croesi'r A470. Yn 2014, wyth mis ar ôl colli ein Mam i Motor Neurone Disease, mi gerddais derfyn plwy Trawsfynydd i gyd mewn diwrnod er mwyn codi pres i Gymdeithas MND. Mi wnes y daith fynyddig o 33 milltir mewn deunaw awr, a hynny ar ddiwrnod pen-blwydd Mam, pryd y byddai wedi troi yn 70 oed.

Fodd bynnag, pan nad oes angen dilyn ffiniau, rhaid dilyn tir creigiau garw iawn o gopa Craig Wion tuag at Glogwyn Pot (o ble ddaeth yr enw, dwn i ddim) a Llyn Morwynion, sy'n rhannu ei enw â'r Llyn Morwynion enwocach yn ucheldiroedd Cwm Cynfal, rhwng Ffestiniog a'r Migneint, ble y cerddodd morwynion Blodeuwedd wysg eu cefnau i mewn i'r llyn a boddi. O fewn munudau o basio Llyn Morwynion, rydych yn cyrraedd Bwlch Tyddiad – un o'r llwybrau masnach cynhanesyddol fu'n cysylltu'r byd ag arfordir Ardudwy, Llŷn ac Iwerddon. Ar ochr ddeheuol y bwlch mae'r Rhinog Fawr yn llenwi'r llun a'i glogwyni gogleddol tywyll yn ddigon i yrru ias trwy berfedd teithwyr diniwed y bwlch.

RHINOG FAWR

'Robin Goch ar ben y rhiniog' medd yr hen hwiangerdd am y deryn bach yn sefyll ar stepan y drws yn gobeithio cael chydig o friwsion. Ond nid carreg y drws oedd y rhiniog – neu'r hiniog – yn wreiddiol, ond ffrâm y drws. I ddechrau, pan nad oedd cerrig nadd ar gael i dyddynwyr, gosodwyd carreg hir o bobtu'r drws i ddal y garreg lintel yn ei lle uwchben y drws. Yn ddiweddarach mi ddaeth i olygu'r ffrâm pren oedd yn dal y drws, ac erbyn y 12fed ganrif gwelir 'hinioc' yn golygu'r trothwy hefyd. Erbyn heddiw, ac erbyn y gân am y robin goch yn 'dwedyd yn ysmala', ystyr rhiniog ydi trothwy – stepan y drws. Dau fynydd o bobtu bwlch amlwg Drws Ardudwy ydi'r Rhinogydd – y Rhinog Fawr a Rhinog Fach (neu Yr Hinog Fawr a Fach, yr Hinogydd) – a dyna ystyr eu henwau. A'r ddau fynydd hyn a roddodd eu henwau i'r gadwyn o fynyddoedd hynod a elwir yn Rhinogydd, neu'n Rhinogau, sydd hefyd mewn defnydd ar lafar.

Bwlch yr Haul ydi enw trigolion Cwm Nantcol am fwlch Drws Ardudwy. Yn byw i'r gorllewin i'r bwlch, trwy Fwlch yr Haul maen nhw'n gweld yr haul yn codi, a phan nad ydi o'n codi o'r bwlch, trwy'r bwlch y daw gwawl y wawr i'w cyrraedd. Erbyn hyn, mae'r enw Bwlch yr Haul yn cael ei ddefnyddio ar hysbysfyrddau'r Rhinogydd, ochr yn ochr â Drws Ardudwy. Y ffermdy cyntaf ar ochr orllewinol Bwlch yr Haul/ Drws Ardudwy ydi Maes y Garnedd, i ble'r aeth Harriet, yr hynaf o bump chwaer fy nhaid, i weithio, yna priodi a byw. Tydw i'm yn ei chofio hi, ond mae sgwennu hwn wedi fy atgoffa o pan ro'n i'n blentyn bach, yn mynd fel teulu i Faes y Garnedd ar ambell ddydd Sul, at fab Harriet, cefnder fy nhad, Robat Prysor Evans a'i wraig Linor a'r teulu (nid trwy'r bwlch, chwaith!). Roedd gan Robat Prysor chwaer o'r enw Rhinogwen, sy'n chwip o enw da. Enw da ydi Prysor hefyd, wrth gwrs, ac mae pedwar cenhedlaeth o ddisgynyddion Harriet wedi cario'r enw hyd heddiw yn ardal Cwm Nantcol, Ardudwy.

Rhinog Fawr o Fwlch Gwilym, Rhinog Fach a copa'r Llethr, y Garn a Cader Idris

Mae hyn oll wedi fy atgoffa o'n tripiau dydd Sul teuluol at chwiorydd eraill fy nhaid, tad fy Nhad. Roeddan ni'n mynd yn aml at Anti Mary ac Yncyl Bob pan oeddan nhw'n byw yng Ngellilydan (rhieni John Rhyd y Gethin, Llandrillo, cefnder fy nhad – gweler pennod y Berwyn), ac at Anti Kate, Tŷ Capel, Y Parc ger Llanuwchllyn, ac at deulu ei merch, Jane, cnither fy nhad, a'i gŵr Tomi a'r teulu ar fferm Dôl Llechwyn, Y Parc. Roedd Anti Gwladys (gweler pennod yr Arenig) yn byw yn Stesion, Trawsfynydd, ac roeddan ni yno drwy'r adeg pan oedden ni'n blant, yn cael ein stwffio efo brechdanau, cacenni a bara brith – a dala poethion wedi ffrio ambell waith – a mint imperials a Fox's Glacier Mints gan Yncyl John, yn ei gadair siglo efo'i getyn. Bu farw Anti Gwladys mewn damwain tân pan oedd hi newydd gyrraedd ei chant oed. A dyna'r mynyddoedd a'u bylchau wedi f'atgoffa o wreiddiau fy nheulu unwaith eto.

Roedd dyn enwog yn byw ym Maes y Garnedd ganrifoedd cyn i Harriet symud yno o Gwm Prysor. John Jones oedd ei enw fo, Cymro Cymraeg, milwr, cyrnol ac un o arweinyddion byddin y Seneddwyr (lluoedd Cromwell) yn ystod Rhyfel Cartref Lloegr 1642-51 pan oedd y rhan fwyaf o'r Cymry yn Frenhinwyr rhonc. Yn Seneddwr a Gweriniaethwr i'r carn, roedd o'n un o'r 57 'barnwr' a arwyddodd warant dienyddio'r Brenin Siarl y Cyntaf yn 1649. Roedd John Jones yn frawd yng nghyfraith i Cromwell, wedi priodi chwaer yr unben, oedd, fel Jones ei hun, yn weddw. Pan adferwyd y Fonarchiaeth yn 1660 roedd John Jones yn un o'r ychydig rai o'r 57 llofnodwr na chafodd bardwn, ac fe'i dienyddiwd drwy grogi, diberfeddu a chwarteru.

Fy hoff ffordd i ben y Rhinog Fawr ydi heibio Llyn Du, sy'n rhannu ei enw â'r Llyn Du ar ben Graig Ddrwg. Mae'r llwybr hwn yn esgyn llethr gorllewinol y mynydd, lle mae dau wyneb ianws yn dod i'r amlwg. Ar un wedd mae golygfeydd hudolus o Fae Ceredigion, Pen Llŷn a Sarn Badrig yn estyn tuag Iwerddon a llwybr tanfor Afon Artro yn sgleinio ar wyneb y môr. Ac yn gorwedd ger Carreg y Saeth, rhwng bryniau garw, mae llyn Gloywlyn yn sgleinio fel saffir yn yr haul. Ond gyda'r wedd arall caiff rhywun ei atgoffa o drasiedïau ar y llethr gorllewinol

hwn hefyd. Ar y 6ed o Chwefror 1945, tarodd awyren Avro Lancaster NE132 y creigiau gan ladd y criw o saith. Yn fwy diweddar mi darodd hofrenydd preifat lethrau uchaf Rhinog Fawr, gan ladd 5 aelod o'r un teulu. Mae cofeb wedi ei gosod iddynt ar gopa'r Rhinog erbyn hyn.

Mynydd: Rhinog Fawr, 2362tr / 720m (65)

Map: OL 18, CG 657290

Pwynt dechrau: Ar briffordd yr A470, 0.66 milltir / 1.06 km i'r de o fynedfa Pentref Gwyliau Trawsfynydd, Bronaber. Mae troead i'r dde (gorllewin) i ffordd darmac gul (CG 713307). Dilynwch y ffordd gul am ddwy filltir nes cyrraedd y maes parcio ar gyrion y goedwig, lle mae gât ar draws y ffordd a Nant y Graigddu yn llifo oddi tani (CG 684302). Gwyliwch am ferlod gwyllt y Crawcwellt ar y ffordd.

Pellter: 5 milltir / 8 km
Amser: 3-5 awr
Ymdrech: Does dim ffordd hawdd nac esmwyth i gopaon y Rhinogydd. Maen nhw'n arw a gwyllt.

Taith: O'r maes parcio dilynwch lwybr i'r de-orllewin. Mewn chwarter milltir daw'r llwybr at y ffordd goedwigaeth ger ffermdy Graigddu (Greigddu ar lafar). Trowch i'r chwith i ddilyn y ffordd, gan groesi pont dros Nant Llyn Du, ac o fewn tua 200 llath mi welwch arwyddion pren ar y dde, un yn pwyntio at Ddrws Ardudwy, a'r llall yn dweud Bwlch Tyddiad a Pistyll Gwyn. Dilynwch lwybr Bwlch Tyddiad a Pistyll Gwyn tua'r gorllewin, rhwng y coed ar y chwith a Nant Llyn Du ar y dde. Mewn hanner milltir byddwch yn pasio Pistyll Gwyn, a chyn hir bydd y llwybr yn wastad a llydan wrth adael y goedwig, i gyrraedd ardal ble y torrwyd y coed. O'ch blaen ar y chwith mae'r Rhinog Fawr yn teyrnasu, ac yn mynnu'ch sylw, a bydd Bwlch Tyddiad hefyd yn y golwg.

Cadwch at y llwybr sy'n codi wrth arwain at Fwlch Tyddiad. Ewch trwy gât bren, ble mae bwrdd gwybodaeth yn egluro fod yr ardal yn

*Dihafal yw gwrid efydd y gorwel
yn goron dros elfydd,
a'r godidog Rinogydd
yn dân ar derfyn y dydd.*

Rhinogydd o Gwm Prysor

warchodfa natur. Bydd y llwybr yn dirywio wrth ddringo, ond yn dal i fod yn amlwg. Pan fyddwch yn cyrraedd darn bach gwastad, gwlyb mi welwch y llwybr yn codi i'r Bwlch creigiog o'ch blaen, ac mi welwch lwybr yn gadael y Bwlch tua'r chwith ac yn dilyn troed clogwyn i gyfeiriad y de. Hwn ydi'r llwybr fydd yn codi at Lyn Du, ac ymlaen at y Rhinog Fawr. Fodd bynnag, yn hytrach na dringo i'r Bwlch i ddilyn y llwybr i'r chwith, sylwch bod llwybr *short-cut* yn mynd am y chwith tua'r de-orllewin, cyn dringo'n serth am ychydig cyn ymuno â'r llwybr oedd wedi gadael y Bwlch. Ar ôl ymuno â'r llwybr hwnnw daliwch i ddringo tua'r de-orllewin i gyfeiriad bwlch Llyn Du, a chyn hir mi ddowch i ben dwyreiniol y llyn.

Ar y chwith mae craig fawr yn disgyn ar osgo i'r llyn, ac ar ochr chwith (deheuol) y llyn mi welwch hafn, neu *gully*, yn codi'n serth o lan y llyn i gyfeiriad y de at ochr orllewinol Rhinog Fawr. Felly, o ben dwyreiniol y llyn ewch i'r chwith a cherdded y llwybr ar draws y graig sy'n disgyn ar osgo i'r llyn, yna dilyn y llwybr wrth iddo droi i ochr chwith y llyn. Mewn dim bydd y llwybr yn dringo dros gerrig, i gyrraedd gwaelod yr hafn. Dilynwch y llwybr i fyny'r hafn. Wedi cyrraedd ei ben, mae llwybr gwastad yn mynd i'r de-orllewin gan ddilyn llethrau Rhinog Fawr ar y chwith. Pasiwch fryncyn creigiog ar y dde, a dal i gerdded y llwybr gwastad. Cyn hir mi fydd olion llwybrau yn dringo llethrau creigiog y Rhinog ar y chwith. Maen nhw'n serth a garw, gyda cherrig rhydd o dan draed, ond cyn hir mae'r llwybrau'n gwella. Os ydi'r llwybrau hyn yn ormod o drafferth i chi, cadwch i fynd ar y llwybr gwastad am rhyw ganllath, ac mi welwch lwybr eithaf llydan a chadarn yn dringo'r llethr i'r chwith. Dilynwch y llwybr hwn yr holl ffordd i'r copa, lle mae piler triongli a charneddi lloches. Mae'r llwybrau hyn i gyd wedi'u marcio ar y map.

Os ydi amser yn brin, ewch yn ôl yr union ffordd ag y daethoch i fyny. Ond os ydych am ddringo Rhinog Fach, rhaid mynd ar i lawr i'r dwyrain i ddechrau, yna i'r de i gyrraedd uchben Bwlch Drws Ardudwy, er mwyn cael hyd i ffordd i lawr i'r bwlch. Mi fedrwch ddilyn llwyfan i'r de-orllewin sy'n mynd â chi i ben gorllewinol Drws Ardudwy, a cherdded i'r dwyrain ar lwybr y bwlch. Ond mae'n well i chi ddilyn ochrau deheuol gwyneb dwyreiniol Rhinog Fawr a dod o hyd i lwybrau sy'n mynd o lwyfan i lwyfan, yna dros lethr o glogfeini, hyd nes y gwelwch wal yn mynd i lawr i'r bwlch. Y pellaf yr ewch tua'r dwyrain cyn troi am y bwlch, yr hawsaf fydd eich llwybr.

Rhinog Fach, Y Llethr a Cader Idris o Rhinog Fawr

RHINOG FACH

- **Mynydd**: Rhinog Fach, 2333tr / 712m (69)

- **Map**: OL 18, CG 665270

- **Pwynt dechrau**: Maes Parcio Graigddu, CG 684302 (gweler taith Rhinog Fawr uchod).

- **Pellter**: 5 milltir / 8 km
- **Amser**: 3-5 awr
- **Ymdrech**: Caled, ond yn werth pob cam.

Taith: Cerddwch o'r un lle parcio â thaith Rhinog Fawr. Pan gyrhaeddwch yr arwydd pren yn dangos y llwybrau i Fwlch Tyddiad, Pistyll Gwyn a Drws Ardudwy, dilynwch y ffordd i Ddrws Ardudwy gan gerdded tua'r de ar y ffordd goedwigaeth. O fewn 300 llath bydd y ffordd yn fforchio. Ewch i'r ffordd ar y dde, sy'n dal i fynd i gyfeiriad y de, cyn gwyro tua'r de-orllewin. Pan welwch y ffordd yn gwneud tro pedol tynn i'r chwith gan fynd dros nant Afon Gau, gadewch y ffordd a dilyn y llwybr i'r gorllewin a dilyn y nant sydd ar y chwith. Mae'r ddwy Rinog o'ch blaen. Ewch drwy gât bren a hysbysfwrdd yn dweud fod yr ardal yn warchodfa natur. Dilynwch y llwybr amlwg i'r de-orllewin wrth ddringo at Fwlch Drws Ardudwy. Ym Mwlch Drws Ardudwy mi welwch dri llwybr amlwg yn dringo llethrau gogleddol Rhinog Fach. Dewiswch y llwybr sy'n codi'n serth a llym trwy'r grug, gyferbyn â'r garnedd gerddwyr ar ben uchaf y bwlch. Mae o'n llwybr serth iawn, ac yn flêr, ond cyn hir mi ddewch at dir sy'n lefelu, a bydd y llwybr yn amlwg, gan droi i'r chwith am dipyn, cyn troi i'r dde i ddringo'r llwybr igam-ogam tua'r de-orllewin i gyrraedd llwyfandir pen Rhinog Fach. Dilynwch un o'r llwybrau sy'n croesi'r llwyfandir tua'r de, ac mi ddaw creigiau i'r golwg, gyda phwynt uchaf Rhinog Fach ar eu pen. Ychydig ymlaen tua'r de eto, mi gewch eich gwefreiddio gan yr olygfa o'ch blaen – bwlch ysgubol o ddramatig rhwng Rhinog Fach a'r Llethr, gyda Llyn Hywel yn y canol, Llyn y Bi i'r chwith, a Llyn Perfeddau i'r dde.

Gallwch droi'n ôl o'r fan hon. Ond os am fwrw ymlaen i ben y Llethr, dilynwch y wal gerrig anhygoel i lawr i'r bwlch, yna ar draws y bwlch ar ben dwyreiniol Llyn Hywel a gwyro oddi wrth y wal – tua'r dde – a dringo'r llwybr igam-ogam i ben y Llethr, sydd yn wastad a glaswelltog, ac yn ddigon llydan i chwarae gêm o bêl-droed arno (oes, mae yna ychydig o ogwydd, ond nid cymaint â chae yr Oval yng Nghaernarfon!). Dilynwch y wal ar y gwastad ac mi ddowch at y copa, ar y dde, ble mae carnedd fach o gerrig i'w nodi. I fynd yn ôl i lawr o'r Llethr, dilynwch y llwybr igam-ogam (yn ofalus) a chroesi'r bwlch at droed Rhinog Fawr, a dilyn llwybr glannau gogleddol Llyn Hywel, i gyfeiriad y gorllewin, ac yna i'r gogledd wrth ddisgyn tuag at Lyn Cwmhosan, a mynd heibio'i lannau a disgyn i'r gogledd i waelod (de-gorllewin) Bwlch Drws Ardudwy. Trowch i'r dde a dringo llwybr y Bwlch i'r dwyrain lle mae'r garnedd gerrig a'r llwybr serth y gwnaethoch ei ddringo ar y ffordd i ben Rhinog Fach. O'r bwlch dilynwch y llwybr a'r ffordd goedwigaeth at faes parcio Graigddu.

Llyn Hywel a Rhinog Fach

Y LLETHR A DIFFWYS

Wrth gerdded Crib y Rhiw a syllu ar lwyfandir eang Trawsfynydd tua'r dwyrain, mi welir chwarel lechi fechan Cefn Cam ynghanol unigedd o wair hesg hanner ffordd rhwng Crib y Rhiw a Chraig Aberserw. Tua hannar milltir i'r de o'r chwarel, wrth ben uchaf coedwig Cwm Mynach a Mynydd Glan Llyn y Forwyn, mae clwstwr o enwau yn sôn am frenhin, sef gair canoloesol am frenin; Hafod y Brenhin, Pont y Brenhin a Nant Pont y Brenhin. Pwy oedd y brenin hwn, tybed? A be ydi'r stori sy'n cael ei chadw gan yr enwau?

▲ **Mynydd**: Y Llethr, 2480tr / 756m (50); Diffwys, 2461tr / 750m (54)

📍 **Map**: OL 18, CG661257, CG 661234

▶ **Pwynt dechrau**: Ar ffordd yr A496 o Harlech i Bermo, rhwng Dyffryn Ardudwy a Thal-y-Bont, trowch i'r chwith i ddilyn Ffordd y Gors tuag at Plas Gors y Gedol. Tu ôl i blas a ffermdy Gors y Gedol mae lle parcio gyda bocs gonestrwydd i roi arian, CG 603231.

▲ **Pellter**: 11 milltir / 17.7 km
⏱ **Amser**: 4-6 awr
📋 **Ymdrech**: Cymedrol galed.

Taith: O'r maes parcio, mae gât a ffordd gerrig gyhoeddus y mae ffermwyr, cerddwyr a gweithwyr y Bwrdd Dŵr yn ei defnyddio. Ewch drwy'r gât a dilyn y ffordd sy'n codi'n raddol trwy'r caeau tua'r dwyrain, yna i'r gogledd-ddwyrain, yna i'r de-ddwyrain am ychydig, ac yn ôl i'r gogledd-ddwyrain. Bydd y ffordd yn cyrraedd y tir mynydd ar waelod mynydd Moelfre (sydd â charneddi claddu ar ei

Diffwys a Crib y Rhiw, o ben Llethr

ben ac wrth ei droed). Ewch drwy'r gât a dilyn y ffordd i'r dde, tua'r dwyrain (i gyfeiriad Pont Sgethin) am ryw chwarter milltir, lle bydd y ffordd yn fforchio. Ewch i'r chwith (gogledd-ddwyrain) i gyfeiriad cronfa ddŵr Llyn Bodlyn, gyda Moelfre ar y chwith i chi. Ar ôl hanner milltir byddwch yn pasio Moelfre ac yn gweld cefnen dde-orllewinol hir y Llethr (sef Moelyblithcwm) yn estyn amdanoch ar y chwith. Gadewch y ffordd, i'r chwith, i ddringo llwybr y gefnen tua'r gogledd-ddwyrain. Bydd wal yn dilyn y gefnen, a chadwch i'r dde i'r wal. Ar ôl milltir bydd y wal yn cyrraedd wal arall, sydd yn mynd i'r chwith (gogledd) i ddringo'r llethr byr tuag at gopa'r Llethr. Croeswch y gamfa i ddilyn ochr chwith (gorllewin) y wal hon. Mewn dim mi welwch garnedd fechan sy'n nodi'r pwynt uchaf, rai lathenni o'r wal. Cyn troi'n ôl, dilynwch y llwybr tua'r gogledd-ddwyrain i gael yr olygfa drawiadol o'r Rhinog Fach a bwlch Llyn Hywel.

Ewch yn ôl i gopa'r Llethr ('cae pêl-droed uchaf Cymru'!) ac wedyn yn ôl at le mae'r ddwy wal yn cwrdd, er mwyn cerdded Crib y Rhiw tua'r de-de-ddwyrain i gyrraedd Diffwys. Gallwch groesi'r gamfa i gerdded ar ochr chwith (dwyrain) y wal, neu groesi'r gamfa arall i gerdded ar ochr dde (gorllewin) y wal. Mae'r chwith yn fwy anturus, a'r dde yn gyflymach gyda golygfeydd braf tua'r môr. Cerddwch y grib am filltir, heibio Llyn Dulyn ar y dde (a geifr gwyllt gan amlaf), wedyn bydd y wal yn troi i'r gorllewin, yna'r de-orllewin i ddringo at bwynt uchaf Diffwys, lle mae piler triongli.

I adael Diffwys dilynwch y wal a'r grib tua'r gorllewin-de-orllewin, yna tua'r de-orllewin ar hyd y gefnen, gan basio Llyn Bodlyn islaw ar y dde. Mewn milltir a chwarter mae llwybr cynhanesyddol yn rhedeg ar draws y gefnen cyn disgyn tua'r gogledd-gogledd-ddwyrain dros lethr Llawlech, cyn troi i'r gorllewin i groesi hen bont hynafol Pont Sgethin, sy'n croesi Afon Ysgethin. (Mae modd dod i lawr o'r gefnen cyn cyrraedd y llwybr, os ydych ar hast). O Bont Sgethin dilynwch y llwybr hynafol tua'r gorllewin, gan basio meini hirion, at le mae'r llwybr yn ymuno â'r ffordd gerrig, fydd yn eich arwain yn ôl i'r maes parcio.

Craig Wion

Mae pawb yn adnabod yr Wyddfa, mynydd uchaf Cymru, ac mae'r criw o fynyddoedd agosaf at ein Prif Fynydd hefyd yn gyfarwydd i'r rhan fwyaf o gerddwyr a thrigolion lleol; Crib Goch, Garnedd Ugain a'r Lliwedd, gyda'r Wyddfa, sy'n ffurfio'r bedol drawiadol sydd i'w gweld o'r de a'r dwyrain. Mae sawl llwybr yn arwain at gopa'r Wyddfa ac ar y cyfan maen nhw'n llwybrau da a hwylus i gerddwyr - tan cyrraedd yr uchelfannau creigiog, lle mae'r llwybrau'n arw a serth. Ond mae hynny'n rhan o'r hwyl.

Mae poblogrwydd yr Wyddfa wedi tyfu y tu hwnt i bob rheswm, cymaint fel bod erydiad difrifol i'r llwybrau yn broblem enfawr wrth i filoedd heidio yno bob haf. Os ydi rhywun am gael chydig o heddwch mae rhaid cychwyn yn gynnar iawn yn y bore. Hynny, neu fodloni ar ddringo rhai o fynyddoedd eraill criw yr Wyddfa sy'n gorwedd ar y cyrion – Moel Eilio, Moel Cynghorion i'r gogledd-orllewin, neu'r Aran i'r de.

Gŵyr pawb fod trên bach yn dringo at gopa'r Wyddfa, ond tydi hynny ddim o unrhyw ddiddordeb i gerddwyr. Mae caffi ar y copa hefyd, wrth gwrs, islaw y pwynt uchaf, lle mae ymwelwyr (eu hanner mewn sgidiau ysgafn a siorts a fest) yn ciwio i brynu diodydd, snacs a swfynîrs 'I Climbed Snowdon'. Dwi rioed wedi rhoi troed drwy'r drws, ond mi driais i sbecian heibio'r ciw unwaith a'r unig beth welais i oedd llond lle o sardîns ddwydroed. Llonydd, tawelwch a heddwch mae cerddwyr mynydd ei angen, nid teimlo fel bod yn y ciw i'r Canton End yn Stadiwm Dinas Caerdydd – er, mae hwnnw'n symud lawer cyflymach na chiwiau copa'r Wyddfa. Waeth i chi gachu mwy nag uwd os ydach chi'n meddwl y cewch chi lun ohonoch ar y copa y dyddiau hyn. Mae'r bobl fel gwybed yno, yn ymgasglu ar y creigiau, a mwy a mwy yn cyrraedd pob munud, yn stiff ac allan o wynt, fel y Walking Dead. Ewch at greigan gyfagos i rannu brechdan efo gwylan, a chael eich llesmeirio gan y golygfeydd sy'n estyn tua'r gorwel crwn. Mae cael sylwi ar dy wlad a gallu enwi pob mynydd a chwm yn fendith aur. Ac mae gweld dy filltir sgwâr a mynyddoedd dy fro yn bell i ffwrdd 'yn fancw!' yn rhywbeth sbesial iawn. Llawn gwell na thynnu selffi ynghanol teuluoedd a'u plant a'u cŵn.

Peidiwch â fy nghamddeall, dwi'n croesawu'r ffaith bod pobl yn dod i gerdded a chael awyr iach ac ymarfer corff – a mynydda ydi'r ffordd orau o wneud hynny. Mynyddoedd Cymru ydyn nhw, ac mae Cymru'n rhan o'r byd, a braf ydi rhannu'r harddwch hwn sydd gennym ni yn Eryri. Ond ers rhai blynyddoedd bellach, mae mynydda wedi ffrwydro i *mainstream* maes hamdden awyr agored. Ac mae dringo'r Wyddfa wedi ffrwydro i lefelau Big Bang o gymharu â gweddill Eryri. Mae'r llanast a adewir mewn llecynnau hardd yn fochynnaidd a'r erydiad echrydus ar lwybrau yn gwaethygu ac yn galw am lot o waith ac adnoddau i amddiffyn yr Wyddfa – heb sôn am adnoddau'r Timau Achub Mynydd. Mae'n ddilema i Barc Cenedlaethol Eryri erbyn hyn. Mae angen twristiaeth mynydd, ond mae angen ei reoli. Mae rhaid wrth syniadau a gweithredoedd radical i drin a rheoli'r torfeydd, er mwyn y mynydd, y bywyd gwyllt a'r planhigion, y ffermwyr a'r diwydiant twristiaeth. Mae cael balans rhwng y rhain i gyd yn mynd i fod yn anodd.

Os ewch am Lwybr y Mwynwyr i ben yr Wyddfa byddwch yn croesi Llyn Llydaw trwy gyfrwng sarn a gafodd ei hadeiladu yn 1853 ar gyfer Gwaith Copr Britannia, oedd â'i weithfeydd uwchben Llyn Glaslyn, dros 2000 troedfedd uwchlaw'r môr. Cyn hyn roedd rhaid i'r gweithwyr gludo ceffylau a wagenni o gopr ar draws y llyn mewn rafft. Ar gyfer codi'r sarn, roedd rhaid gostwng dŵr y llyn o 12 troedfedd. Daethpwyd o hyd i ganŵ cynhanesyddol oedd wedi ei dyllu allan o foncyff coeden dderw, ac yn mesur 10 x 2 troedfedd. Llyn Ffynnon Las oedd enw gwreiddiol Llyn Glaslyn, mae'n debyg, ac yno y llusgwyd yr afanc o Lyn yr Afanc, Afon Conwy, a rhoi stop ar deyrnasiad arswydus yr anghenfil dieflig. Does dim gwaelod i Lyn Glaslyn, meddan nhw, ac all yr un creadur nofio ar ei draws o, nac unrhyw aderyn hedfan drosto. Ac mae'r afanc yno o hyd...

Yng ngwaelod clogwyn dwyreiniol yr Wyddfa, lle mae'r gefnen yn mynd am y Lliwedd, mae Bwlch y Saethau. Yn ôl y chwedl leol dyma'r lle y lladdwyd Arthur ar ôl cael ei daro gan gawod o saethau Sacsonaidd ym mrwydr Cwm Tregalan. Cariwyd ei gorff at lannau Llyn Llydaw, lle ddaeth tair morwyn mewn cwch a'i gludo dros y dŵr i Afallon. Dros Fwlch y Saethau roedd mwynwyr Beddgelert yn dod i'w gwaith ar ddechrau'r wythnos yng Ngwaith Copr Britannia uwchben Glaslyn, a hynny efo help tsiaeniau oedd yn sownd i'r creigiau.

Ystyr enw'r Wyddfa ydi *gwyddfa*, sef lle anrhydeddus, uchelfa, eisteddfa, sedd, gorsedd, tomen gladdu, mynwent, bedd, beddrod, claddfa. O ran yr Wyddfa gall yr ystyr fod yn lle anrhydeddus, uchelfa neu fedd. Yn chwedl Rhita Gawr, lladdodd Arthur y cawr trwy ei dorri yn ei hanner efo un slaes o'i gleddyf a chludwyd corff Rhita i ben yr Wyddfa a'i gladdu dan domen. Felly, i ni sy'n credu mewn cewri, ystyr *gwyddfa* yng nghyswllt yr Wyddfa ydi bedd, neu domen gladdu, Rhita Gawr. *Gŵydd* (bedd) + *-fa* = 'lle mae bedd'. Nid lle uchel, anrhydeddus, o na! Mae'r chwedl yn llawer gwell.

YR WYDDFA

Dyma'r llwybrau poblogaidd i ben yr Wyddfa. Nid oes angen cymaint o fanylion gan fod y llwybrau mor amlwg. Cofiwch eich map a chwmpawd, sgidiau cryfion a dillad cynnes.

Mynydd: Yr Wyddfa, 3560tr / 1085m (1)

Map: OL 17: CG 610544

Llwybr Bwlch y Moch / Llwybr PYG

Pwynt dechrau: Maes Parcio Pen y Pass, Bwlch Llanberis, CG 647556. Mae tâl am barcio.

Pellter: 6 milltir / 9.6 km
Amser: 4-6 awr
Ymdrech: Caled!

Dyma'r llwybr caletaf o lwybrau'r Wyddfa. Mae'n cychwyn o ben gorllewin maes parcio talu Pen y Pass. Bydd y llwybr llydan â meini gosod mewn rhannau yn dringo tua'r gorllewin. Crib Goch yw'r mynydd o'ch blaen, nid yr Wyddfa. Milltir ar ôl gadael y maes parcio byddwch yn cyrraedd Bwlch y Moch, lle mae ffens a dwy gamfa, a golygfa fendigedig o Lyn Llydaw a Lliwedd o'ch blaen. Mae'r llwybr yn fforchio ar y bwlch. Mae'r llwybr ar y dde yn mynd am Grib Goch i'r gorllewin, ond byddwch chi'n cadw i'r llwybr ar y chwith. O'r bwlch bydd Llwybr Bwlch y Moch yn mynd tua'r de-orllewin gan ddilyn gwaelodion llethr llym, deheuol Crib Goch, ac yn uchel uwchben Llyn Llydaw. Ar ôl bron i filltir a hanner o Fwlch y Moch mae Llwybr Bwlch y Moch yn uno â Llwybr y Mwynwyr uwchben Llyn Glaslyn, ble mae 'maen hir' yn nodi'r groesffordd (CG 614548). Bydd y llwybr unedig yn pasio hen siafftiau agored y Britannia Copper Mine ar y chwith, felly cymerwch ofal. Bydd y llwybr yn dringo'n igam-ogam ar y darn o'r llwybr a elwir yn Llwybr Mul, hyd nes cyrraedd Bwlch Glas – lle mae 'maen hir' arall i'ch hatgoffa am y ffordd yn ôl i lawr. Ym Mwlch Glas, trowch i'r chwith a cherdded chwarter awr tua'r de, ac at y copa.

Llwybr Watkin

Pwynt dechrau: 3 milltir i'r gogledd ddwyrain o Beddgelert, ar yr A498 (CG 628506). Mae maes parcio ar y dde.

Pellter: 7 milltir / 11.2 km
Amser: 5-7 awr
Ymdrech: Caled!

Croeswch y ffordd o'r maes parcio. Mae arwydd yn dynodi Llwybr Watkin, a dilynwch y llwybr drwy'r coed i'r gogledd, yna i'r gorllewin, yna i'r gogledd eto wrth ddringo rhiw serth sy'n dilyn Afon Cwm Llan a'i dŵr clir a rhaeadrau a phyllau hyfryd. Bydd y llwybr yn lefelu wrth argae bach gwaith hydro. Ewch heibio ychydig o adfeilion yr hen waith copr. Bydd y llwybr yn fforchio. Cadwch i'r dde efo Watkin i gyfeiriad y gogledd-orllewin, yna troi i'r gorllewin ar ôl pasio Craig Gladstone (ar y chwith, mae plac arni) a pharhau tuag at uwchben hen chwarel lechi Snowdon Slate Quarry. Yma mae'r llwybr yn troi i'r gogledd-ddwyrain, cyn troi i'r gogledd wrth ddechrau dringo go iawn. Bydd y llwybr yn dringo'n serth am hanner milltir heibio creigiau garw. Wedyn, ynghanol y creigiau, mae'r llwybr yn troi i'r dwyrain ac yna i'r gogledd-ddwyrain i gyrraedd Bwlch Ciliau (ble gellir ymuno â llwybr Lliwedd). Ond arhoswch efo Llwybr Watkin a aiff â chi i'r gogledd-orllewin ar lwybr creigiog, garw a serth o dan greigiau copa'r Wyddfa, yna i'r gorllewin i ymuno â llwybr Bwlch Main. Trowch i'r dde i ddringo'r darn olaf cyn cyrraedd copa'r Wyddfa.

Snowdon Ranger

▶ **Pwynt dechrau:** Maes parcio hostel y Snowdon Ranger (CG 564554), ar lannau Llyn Cwellyn, ar yr A4085.

△ **Pellter:** 7 milltir /11.2 km
◯ **Amser:** 4-7 awr
▣ **Ymdrech:** Caled!

Dilynwch y llwybr i'r chwith o'r hostel, a chroesi'r rheilffordd, a dringo'r llwybr igam-ogam sy'n gadael llawr y cwm. Pan fydd llwybr yn eich croesi, cadwch ar yr un llwybr tua'r dwyrain a chyrraedd tir agored y mynydd, lle bydd llwybr arall yn croesi. Cadwch at eich llwybr clir sy'n eich arwain i gyfeiriad cefnen orllewinol yr Wyddfa, sy'n codi'n gawr o'ch blaen. Byddwch yn pasio uwchlaw Llyn Ffynnon y Gwas wrth ddringo'n igam-ogam tua'r dwyrain i ben cefnen orllewinol yr Wyddfa. Unwaith rydych ar y gefnen (sydd â Chlogwyn Du'r Arddu yn disgyn ar ei hochr chwith), daliwch i ddringo'r gefnen, sy'n gwyro i'r de, tuag at Fwlch Glas, lle mae maen hir a thri llwybr yn cwrdd. O fan hyn mae'r llwybr yn dringo i'r de i gyrraedd y copa.

Llwybr Rhyd-ddu

▶ **Pwynt dechrau:** Maes parcio pentre a gorsaf rheilffordd Rhyd Ddu (CG 571526).

△ **Pellter:** 6 milltir / 9.6 km
◯ **Amser:** 5-8 awr
▣ **Ymdrech:** Caled!

O'r maes parcio ewch heibio i'r chwith o'r orsaf a chroeswch y rheilffordd a dilyn y llwybr amlwg i'r gorllewin, yna i'r de-orllewin, yna i'r gogledd-ddwyrain. Ewch yn fras i'r dwyrain ac mi welwch lwybr arall yn

Bwlch Glas a copa'r Wyddfa

croesi'ch llwybr. Trowch i'r chwith a dilyn y llwybr i'r gogledd-ddwyrain i gyfeiriad Llechog. Mewn tri chwarter milltir bydd y llwybr yn troi i'r gogledd yna'n gwyro i'r dwyrain wrth ddilyn ymyl clogwyn Llechog, cyn gwyro tua'r gogledd i ymuno â llwybr Bwlch Main, a dringo i gopa'r Wyddfa. Ar y ffordd yn ôl i lawr, efallai yr hoffech amrywio eich taith a dilyn llwybr arall. Dilynwch lwybr Bwlch Main o'r copa, tua'r de, gan

Llwybr y Mwynwyr

▶ **Pwynt dechrau**: Maes parcio talu Pen y Pass, trwy'r gât ddeheuol.

▲ **Pellter**: 6 milltir / 9.6 km
⏲ **Amser**: 4-7 awr
🔋 **Ymdrech**: Hawdd i ddechrau, yna caled.

O'r maes parcio, mae'r llwybr llydan, hawdd hwn yn mynd tua'r de, yna i'r gorllewin gan basio Llyn Teyrn a barics mwynwyr. Croeswch y sarn ar draws Llyn Llydaw a dilyn ei lannau gogleddol tua'r de-orllewin, cyn dringo i'r gogledd-orllewin tuag at Lyn Glaslyn, yna dilyn glannau dwyreiniol y llyn, cyn dringo'n serth i'r gogledd o Lyn Glaslyn, ac ymuno â Llwybr Bwlch y Moch (CG 614548), lle mae 'maen hir' yn nodi'r cyffordd. Mae hen siafftiau agored y Britannia Copper Mine yn yr ardal, felly cymerwch ofal. Bydd y llwybr yn dringo'n igam-ogam ar y darn o'r llwybr a elwir yn Llwybr Mul, hyd nes cyrraedd Bwlch Glas – lle mae 'maen hir' arall i'ch hatgoffa am y ffordd i lawr. O'r fan honno, trowch i'r chwith a cherdded chwarter awr tua'r de, ac at gopa'r Wyddfa.

Llwybr Llanberis

▲ **Pellter**: 9 milltir / 14.5
⏲ **Amser**: 5-8 awr
🔋 **Ymdrech**: Cymedrol.

Does dim angen disgrifiad o'r llwybr hwn sy'n codi o bentref Llanberis a dilyn cefnen hir ogledd-orllewin yr Wyddfa yr holl ffordd i'r copa, gan ei fod fel traffordd i gerddwyr ac yn dilyn llwybr y rheilffordd.

basio'r pwynt ble'r ymunodd Llwybr Rhyd Ddu â'r llwybr ar y ffordd i fyny. Daliwch i fynd ar hyd y grib i'r de am filltir, dros Allt Maenderyn nes cyrraedd Bwlch Cwm Llan, lle mae hen chwarel lechi, a dau lyn bach. Yn y bwlch trowch i'r dde a dilyn llwybr i'r gorllewin, ac ymhen milltir a chwarter byddwch yn cyrraedd at gyffordd llwybr Llechog. Ewch yn eich blaen ar y llwybr yn ôl i Rhyd Ddu.

CRIB GOCH

- **Mynydd**: Crib Goch, 3028tr / 923m (13)
- **Map**: OL 17: CG 624552
- **Pwynt dechrau**: Maes Parcio Pen y Pass, CG 647556. Mae tâl am barcio.
- **Pellter**: 4 milltir / 6.4 km
- **Amser**: 3-6 awr
- **Ymdrech**: Caled iawn, a pheryglus!

Taith: Ar y ffordd i ben yr Wyddfa fydd pobl yn dringo Crib Coch, fel arfer, neu i gerdded Pedol yr Wyddfa. Lwmp enfawr o graig solet ydi Crib Goch, â'i chrib gul fel cyllell â chwymp uchel ar y ddwy ochr, yn enwog yn y byd mynydda. **Mae Crib Goch yn beryglus tu hwnt ac nid yw'n addas i gerddwyr amhrofiadol. Peidiwch â mynd arni mewn niwl na gwynt.**

Dilynwch Lwybr Bwlch y Moch (Pyg Track), y llwybr cerrig llydan sy'n gadael pen gorllewinol y maes parcio. Cyn hir fe welwch Crib Goch yn codi o'ch blaen. Bydd y llwybr yn codi yn araf i Fwlch y Moch, lle mae ffens a dwy gamfa. Mae'r llwybr yn fforchio yn fan hyn. Ewch ar y llwybr i'r dde, tua'r gorllewin, sydd yn anelu am wyneb creigiog Crib Goch. Bydd rhaid defnyddio'ch dwylo ar y gwyneb creigiog hwn, ond fydd o ddim yn para'n hir. Wrth gyrraedd y grib mae darn bach o graig wastad. O'r llecyn hwn mae'r grib i'w gweld i gyd yn estyn o'ch blaen, gan eich syfrdanu gyda ei chulni, yn ogystal â'i chreigiau trawiadol, a'r golygfeydd ysgubol. Mae'r pwynt uchaf tua hanner ffordd ar hyd y grib. Waeth i chi heb â throi'n ôl, achos bydd trên o gerddwyr yn dod i'ch cwfwr. Ewch yn eich blaen

Ar Crib Goch

at y pinaclau ym mhen draw'r grib, ac un ai dringo drostynt neu ddisgyn chydig tua'r chwith (ochr Llyn Llydaw) a mynd o'u cwmpas, a mynd i lawr at Fwlch Coch – y bwlch rhwng Crib Goch a Chrib y Ddysgl (Garnedd Ugain). O Fwlch Coch gellir dilyn ffens yn ofalus tua'r chwith, i'r de-orllewin, ac ymuno â Llwybr Bwlch y Moch. Dilynwch y llwybr i'r chwith (dwyrain) yn ôl am Fwlch y Moch a Phen y Pass.

GARNEDD UGAIN (CRIB Y DDYSGL)

- **Mynydd**: Garnedd Ugain/ Crib y Ddysgl, 3494tr / 1065m (2)
- **Map**: OL 17: CG 611552
- **Pwynt dechrau**: Maes Parcio Pen y Pass, CG 647556. Mae tâl am barcio.
- **Pellter**: 6 milltir / 9.6 km
- **Amser**: 4-7 awr
- **Ymdrech**: Caled, cymrwch ofal!

Taith: Ar y ffordd i ben yr Wyddfa mae pobl yn dringo Garnedd Ugain, ail fynydd uchaf Cymru, fel arfer, gan ddringo Crib Goch ar y daith. Felly hefyd wrth gerdded Pedol yr Wyddfa. Mae'r golygfeydd wrth ddringo'r grib drawiadol ar ôl codi o Fwlch Coch yn syfrdanol dros ben, wrth edrych yn ôl ar Crib Goch, ac wrth edrych ar yr Wyddfa ei hun, gyda chlogwyn 500 metr yn disgyn yn syth o dan y copa i Lyn Glaslyn islaw, a chlogwyni Lliwedd y tu ôl i Lyn Llydaw. Rhan o fynydd Garnedd Ugain ydi Crib y Ddysgl, sef crib ddwyreiniol y mynydd. Os nad ydych am ddringo'r grib, sydd yn galw am fod yn ofalus, dilynwch y cyfeiriadau i gyrraedd yr Wyddfa (Llwybr y Mwynwyr neu Lwybr Bwlch y Moch), ac mi ddowch at Fwlch Glas (CG 638548) a maen hir y bwlch. Trowch i'r dde a dilyn llwybr i'r gogledd-ddwyrain. Mae pwynt uchaf Garnedd Ugain lai na chwarter milltir i ffwrdd, lle mae piler triongli.

Y LLIWEDD

- **Mynydd**: Y Lliwedd, 2946tr / 898m (17)
- **Map**: OL 17: CG 622533
- **Pwynt dechrau**: Maes Parcio Pen y Pass, CG 647556. Mae tâl am barcio.
- **Pellter**: 5 milltir / 8 km
- **Amser**: 3-5 awr
- **Ymdrech**: Caled!

Arenig a'r Moelwynion o ben Lliwedd

Taith: Gadewch y maes parcio drwy'r gât ddeheuol i ddilyn Llwybr y Mwynwyr, sydd yn llydan ac amlwg. Mewn milltir, ar lannau deheuol Llyn Llydaw, bydd y llwybr yn troi i'r dde (i gyfeiriad y sarn dros y llyn). Peidiwch â throi efo llwybr y sarn, ond ewch yn syth ymlaen ar lwybr arall sy'n canlyn glannau deheuol y llyn, heibio i adeilad gwyrdd. Bydd y llwybr yn canlyn glannau'r llyn i ddechrau, ac wedi croesi pont droed dros nant (Afon Glaslyn yn ailymddangos o'r llyn), bydd y llwybr yn gwyro oddi wrth y llyn ac yn dringo i'r de-orllewin i gyfeiriad cefnen y Lliwedd. Ar y gefnen mae'r llwybr caregog yn codi'n raddol i ddechrau, cyn mynd yn serth, nes cyrraedd copa Lliwedd Bach. Gwyro wedyn, i'r gorllewin yna'r gogledd-orllewin, gan ddilyn ymyl clogwyni'r grib at y ddau bigyn creigiog, sef nodwedd fwyaf amlwg Lliwedd. Y pigyn pellaf, agosaf at yr Wyddfa ydi'r pwynt uchaf. Gallwch droi yn ôl o fan hyn, neu gadw i fynd am y gogledd-orllewin hyd nes cyrraedd Bwlch y Saethau, a dilyn cefnen i'r gogledd-ddwyrain am lannau deheuol Llyn Glaslyn, o le y cewch ddilyn Llwybr y Mwynwyr i lawr am Lyn Llydaw, y sarn a'r maes parcio.

YR ARAN

- **Mynydd**: Yr Aran, 2451tr / 747m (56)
- **Map**: OL 17: CG 604515
- **Pwynt dechrau**: Nant Gwynant, 3 milltir i'r gogledd-ddwyrain o Feddgelert ar yr A498, lle mae maes parcio dechrau Llwybr Watkin (CG 628506). Mae Afon Glaslyn yn llifo o dan y ffordd, ac o dan y maes parcio, sy'n ddarn o'r hen ffordd.
- **Pellter**: 4.5 milltir / 7.2 km
- **Amser**: 3-5 awr
- **Ymdrech**: Cymedrol galed.

Taith: O'r maes parcio croeswch y ffordd fawr. Mae arwydd yn dynodi Llwybr Watkin, a dilynwch y llwybr drwy'r coed i'r gogledd, yna i'r gorllewin, yna i'r gogledd eto wrth ddringo rhiw serth sy'n dilyn Afon Cwm Llan a'i dŵr clir a'i rhaeadrau a phyllau hyfryd. Bydd y llwybr yn lefelu wrth argae bach gwaith hydro yn yr afon ar y dde. Ewch heibio ychydig o adfeilion yr hen waith copr ac ar y gwastad mi welwch lwybr yn codi'n serth i'r chwith i ymuno â hen dramffordd chwarel y Snowdon Slate Quarry. Dringwch y llwybr hwn i'r chwith, a throi i'r dde i ddilyn y dramffordd sy'n mynd heibio ambell i dro wrth fynd tua'r gogledd-orllewin. Cyn hir bydd y dramffordd yn sythu, ac yn y pwynt hwnnw, trowch i'r chwith oddi ar lwybr y rheilffordd, a dilyn llwybr sy'n dringo'n raddol tua'r gorllewin, gan anelu at Fwlch Cwm Llan, sef y bwlch rhwng cefnen ddeheuol hir yr Wyddfa a'r Aran. Yn y bwlch mae chwarel lechi fach a dau lyn bychan. Trowch i'r chwith (i gyfeiriad y de) i ddringo'r Aran. Dilynwch wal sy'n rhedeg ar y chwith i'r gefnen, a phan gewch gyfle, croeswch i ochr dde y wal cyn i'r wal droi yn sydyn i'r chwith, ac yna i'r dde yn sydyn. Mae rhaid i chi fod ar yr ochr dde i'r

Ar gopa'r Aran

wal, gan fod cwymp peryglus ar yr ochr chwith. Dringwch lethr serth a chreigiog y mynydd, gan ddilyn y wal tan fydd hi'n troi i'r de-ddwyrain. Cadwch i ddringo i'r de am ychydig, a byddwch ar y copa mewn dim.

O'r copa, dilynwch y wal sy'n mynd ar i lawr tua'r dwyrain, ar hyd cefnen ddwyreiniol yr Aran, nes bydd y wal yn troi i'r dde, i gyfeiriad y de. Trowch i'r chwith yn fan hyn a gadael y gefnen, gan fynd ar i lawr tua'r gogledd-ddwyrain, heibio tyllau gwaith copr, gan anelu at le mae'r llwybr yn disgyn o'r dramffordd i wastad y cwm, lle mae'r argae bach ar draws yr afon. Trowch i'r dde, ac aiff Llwybr Watkin â chi yn ôl i'r maes parcio. **Cymerwch ofal wrth ddod i lawr o'r gefnen, gan y byddwch yn pasio gweithfeydd copr, lle mae llawer o siafftiau a thyllau agored.**

Cerdded am Yr Aran o Gwm Llan

MOEL EILIO, MOEL CYNGHORION

Dwy filltir o gopa'r Wyddfa mae Moel Cynghorion, sydd â bylchau (neu byrth) o bobtu iddi – Bwlch Maesgwm i'r gorllewin a Bwlch Cwm Brwynog a llwybr Afon Arddu, sydd fel porth, yn y dwyrain. Dyma ddwedodd Myrddin Fardd (J. Jones) yn *Enwau Lleoedd Sir Gaernarfon: Eu Hystyr a'u Hanes*, 1910: '…I ben hon, yn ôl y traddodiad a gedwir mewn cof, yr ymgynnullodd boneddigion a beirdd Cymru, pan fu y cyflafan yn amser Iorwerth y Cyntaf (Edward 1). *Cynnorion* yn ddiau yw y gair i fod. *Cynnor* yw agorfa, mynedfa, porth, Moel Cynnorion felly yw Moel Agorfeydd, Moel Mynedfeydd, neu Moel-y-Pyrth.'

▲ **Mynydd**: Moel Eilio, 2382tr / 726m (63); Moel Cynghorion, 2211tr / 674m (91)

📍 **Map**: OL 17: CG 556577, CG 587564

▶ **Pwynt dechrau**: Llanberis. Gallwch barcio ym maes parcio'r pentref yn ymyl Llyn Padarn. Gwell fyddai dilyn stryd Ffordd Capel Coch (tua'r de-orllewin) heibio'r ysgol a'r Hostel YHA a dal i fynd ar y ffordd trwy fuarth fferm Hafod Lydan, hyd nes fydd y ffordd darmac yn dod i ben ger tŷ a choed o'i amgylch, (CG 573591).

▲ **Pellter**: 9 milltir / 14.4 km
⏱ **Amser**: 5-8 awr
🔋 **Ymdrech**: Cymedrol.

Moel Eilio

Taith: Mae gât ar draws diwedd y ffordd darmac uwchlaw Hafod Lydan. Ewch drwyddi a gwelwch le bach handi i barcio yn syth bin. Trowch i'r dde yn syth, i'r gogledd-orllewin, a mynd trwy gât arall yn syth. Dilynwch y llwybr/ffordd ffarmio am ychydig. Bydd hen wal wedi chwalu yn croesi'r ffordd, ac ychydig wedyn mi welwch lwybr ar y chwith yn croesi'r cae, i'r de-orllewin. Dilynwch y llwybr, ac o fewn dim bydd y llwybr yn mynd trwy gât yn wal y mynydd. Wedi mynd trwy'r gât rydych ar dir agored mynydd. Trowch i'r dde o'r gât a chroesi'r tir i'r gorllewin i ddringo ochr cefnen gogledd-ddwyrain Moel Eilio.

Moel Cynghorion

Unwaith rydych ar y gefnen – sef Braich y Foel – bydd yn eich arwain yr holl ffordd i'r copa, lle mae carnedd gladdu Oes Efydd, a'i cherrig wedi eu hailweithio fel lloches uchel. Mwynhewch yr olygfa dros Elidir Fawr a'r Glyderau, ac i'r dde, dyffryn Cwellyn a Rhyd Ddu, Mynydd Mawr a Moel Hebog. Ond yn syth o'ch blaen mae'r Wyddfa a Chlogwyn Du'r Arddu yn dwyn y sioe.

O'r copa, cewch gerdded hawdd a phleserus dros Foel Gron a Foel Goch (arall), tua'r de-ddwyrain, nes dod at fwlch islaw Moel Cynghorion, sef Bwlch Maesgwm. Dringwch lethr glaswelltog Bwlch Carreg y Gigfran i'r gogledd-ddwyrain, gan ddilyn wal i ddechrau, yna ffens, nes cyrraedd copa Moel Cynghorion. Mae'r pwynt uchaf lathenni o le mae'r ffens yn troi i'r dde uwchben Clogwyn Llechwedd Llo, ger camfa a phwll o ddŵr, gyda charnedd fechan iawn i nodi'r pwynt uchaf. O'r copa, ewch yn ôl i lawr i Fwlch Maesgwm. Trowch i'r dde yn y bwlch, a dilyn llwybr da i lawr y cwm (Maesgwm) tua'r gogledd-gogledd-ddwyrain, yna i'r gogledd. Cadwch ar y llwybr difyr hwn am ddwy filltir hyd nes cyrraedd yn ôl at y man parcio.

Ar bnawn Sul hwyr braf o Fai, lai na mis ers concro Bannau Brycheiniog a Bannau Sir Gâr, ro'n i'n sefyll ar gopa Chwarel y Fan, yn wên o glust i glust wrth ddyrnu'r awyr ar ôl cwblhau her Cant Cymru. O fy nghwmpas roedd criw o ferlod gwyllt yn pori'n dawel. Ac yn y cwm islaw i mi roedd cymuned fach hynod Capel-y-ffin, ac ychydig i lawr y cwm, Abaty Llanddewi Nant Hodni. Rhois floedd uchel dros y mynydd a'r cwm, a daeth iwfforia drosta'i, fel rhaeadr yr haleliwia. Bloeddiais eto, ac eto fyth. Dal i bori wnaeth y merlod.

Wrth gerdded i lawr o Chwarel y Fan i Gapel-y-ffin, lle'r oedd y fan fach ddu yn aros amdana i, roedd fy nghamau fel dyn lleuad, a 'nhraed i brin yn cyffwrdd y llawr. Ro'n i newydd gerdded dros 14 milltir (ac 16 milltir y diwrnod blaenorol), ond ro'n i'n teimlo fel tylwythyn teg yn mynd efo'r awel, fel hedyn dant y llew.

Aeth y llwybr â mi heibio ffenest gegin ffermdy y Grange, lle mae'r teulu Griffiths yn rhedeg busnes ceffylau – y Grange Trekking. Ar ôl pasio'r ffenest gefn cefais fy hun ar y buarth. Roedd dynes mewn oed yn sefyll yno, a dyma ddechrau sgwrs hynod o ddifyr a barodd dros hanner awr. Roedd hi'n gymeriad a hanner, yn ffraeth, deallus, ac yn llawn hanes, a'i llygaid treiddgar yn llawn cof a doethineb ei hwyth degawd, ac yn dal i weithio'r fferm. Ei henw oedd Erica Mary Griffiths a chafodd ei geni mewn mynachdy.

Ar y ffordd i lawr o Chwarel y Fan ro'n i wedi sylwi ar adfeilion 'priordy' ar gyrion buarth y Grange, ac wedi meddwl cnocio'r drws ffrynt i holi caniatâd i fynd i'w gweld nhw. Ond roedd Mary yn digwydd bod ar ganol yr iard yn ffarwelio â pherthnasau pan ddois i heibio talcen y tŷ. Ges i ganiatâd a chroeso, a chyfarwyddiadau sut i fynd at yr adfail. A dyma holi fy enw ac o le ro'n i'n dod ac ati. Roedd hi'n gyfarwydd â Thrawsfynydd ac wedi aros yn Llan Ffestiniog, ac roedd hi'n nabod Basil Spence, y pensaer steil Moderniaeth/Brwtaliaeth a ddyluniodd Gadeirlan Coventry ac Atomfa Trawsfynydd. Aeth y sgwrs ymlaen i hanes y cwm a chwmwd Capel-y-ffin. A dyna pryd y dywedodd, gan bwyntio at adeilad ger y buarth y mae hi'n ei osod i ymwelwyr y dyddiau hyn, ei bod hi wedi cael ei geni ynddo.

Copa Pen Allt Mawr

Wedi ymchwilio yn ddiweddar, doedd adfeilion y priordy ddim yn ganoloesol o gwbl. Nac yn briordy, chwaith! Eglwys wedi ei chodi yn Oes Fictoria, yn y steil Normanaidd gyda bwâu uchel iddi, ydi'r adfail. Syniad clerigwr lleyg yn Eglwys Lloegr, Joseph Leycester Lyne (y Tad Ignatius nes ymlaen) oedd y cwbl. Yn 1869, ar ôl methu prynu priordy Llanddewi Nant Hodni, prynodd 32 acer o dir yng Nghapel-y-ffin i adeiladu eglwys a mynachdy Anglicanaidd. Y mynachod oedd yn ei ddilyn a gododd y ddau adeilad. Ond doedd eu sgiliau adeiladu ddim y gorau o bell ffordd ac yn fuan ar ôl codi'r eglwys dechreuodd chwalu a mynd yn rhy beryglus i'w defnyddio, a bu rhaid ei gadael i ddadfeilio. Arhosodd y mynachdy mewn un darn, fodd bynnag, a daeth yn enwog drwy'r ardal yn 1880 pan ddechreuodd y Tad Ignatius weld gweledigaethau o'r Forwyn Fair yn y mynachdy. Dechreuodd y mynachod ei gweld hi wedyn, allan yn y caeau, ac yna meibion ffermydd cyfagos yn ei gweld hi yn eu caeau hwythau. Roedd y Forwyn wedi ymddangos gymaint o weithiau yn un fferm, fe newidiwyd ei henw i The Vision Farm. Yn 1908, bu farw'r Tad Ignatius,

Y safle a ddewiswyd i osod y mast oedd yr union le yr ysbrydolwyd y bardd bît, Allen Ginsberg, i sgwennu ei gerdd epig 'Wales Visitation' yn 1967, wrth aros yng Ngharney, cartref Cymreig ei ffrind a chyhoeddwr, Tom Maschler. Yng Ngharney hefyd y treuliodd Bruce Chatwin bum mis yn sgwennu ei nofel *On The Black Hill* (1982). Tydi Carney ddim ond 150 llath oddi wrth ble y bwriadwyd gosod y mast. Gobeithio y bu, neu y bydd, ymgyrch Mary a'r gymuned yn llwyddiannus.

I have lived in this valley all my life. I was born here and people come here specifically for the peace and quiet. Not being in contact is a bonus, thank goodness for an unspoilt place. This valley is one of the few places left where you can feel close to nature. Once these places are gone they can never be restored. There's something special about this place. People who are a bit lost, not quite sure where to go, they tend to find their way up this valley, to this place of tranquillity.

Erica Mary Griffiths

ac fe'i claddwyd o dan gôr allor yr eglwys adfeiliedig. Symudodd y mynachod i Ynys Bŷr, yna ymlaen i Prinknash, Swydd Gaerloyw, gan droi at y ffydd Gatholig ar y daith.

Bues i'n chwilio am Mary Griffiths ar y we ac yn 2018 roedd hi'n ffigwr amlwg yn yr ymgyrch leol yn erbyn gosod mast ffôn symudol anferth ym mlaen y cwm, ynghyd â chriw o 60 o artistiaid a llenorion amlwg megis Ian McEwan oedd yn byw, neu wedi aros, yn yr ardal. Ganwyd Mary yn y mynachdy yn yr 1930au, yn wyres i'r cerflunydd ac arlunydd enwog Eric Gill, a fu'n byw yn y mynachdy rhwng 1924 a 1928. Yn ogystal â bod yn arlunydd enwog, roedd Gill yn ddyfeisiwr teip-wynebau fel Aries, Perpetua a Gill Sans, a fo greodd deip-wyneb arwyddion rheilffordd danddaearol Llundain. Fodd bynnag, yn 1989, bron i hanner can mlynedd ar ôl ei farw yn 1940, datgelodd ei ddyddiaduron personol ochr dywyll iawn i'w gymeriad. Er ei bod yn bosib iawn na chwrddodd Mary ei thaid, wna i ddim ymhelaethu yma rhag ofn achosi loes iddi hi a'i merched.

Ffarweliais â Mary, gan biciad heibio'r adfail cyn neidio i'r fan fach ddu a dilyn y ffordd gul i lawr y cwm. Ond roedd rhaid stopio wrth hen briordy Llanddewi Nant Hodni ar y ffordd. Roedd hi'n dal yn braf a phoeth a'r adfeilion uchel a'u cerrig cywrain yn sgleinio dan yr haul. Ac roedd y bensaernïaeth yn llawer gwell nag eglwys y Tad Ignatius. Norman o'r enw Walter de Lacey adeiladodd Landdewi Nant Hodni. Roedd o wedi penderfynu rhoi'r gorau i ryfela ac am roi ei fywyd i grefydd. Yn 1108 ymunodd eraill efo fo a chodi eglwys. Yn 1118, daeth 40 o fynachod o'r sect Canons Regular o Loegr i'w helpu i godi'r priordy, sydd gystal safle ag Abaty Tyndeyrn. Dyma'r tro cynta i'r Canons Regular ddod i Gymru, a doedd hynny ddim yn beth doeth gan fod y Cymry'n ymosod ar y priordy yn ddi-baid. Dirywiodd y lle'n raddol am flynyddoedd o'r herwydd, ac erbyn amser Owain Glyndŵr ar ddechrau'r 15fed Ganrif roedd y lle ar ei benliniau. Ar ôl hanner awr o grwydro'r adfail trawiadol, es i'n ôl i'r dafarn lle'r o'n i'n aros, y Rising Sun yn Llanfihangel Crucornau, lle'r oedd pobl y dafarn wedi cadw platiad o ginio dydd Sul i mi.

Wrth gerdded y Mynydd Du'r diwrnod hwnnw, lle mae Llwybr Clawdd Offa yn rhedeg ar naill ochr y ffin rhwng Cymru a Lloegr mewn darnau, ro'n i'n sbio draw i'r dwyrain, ar Swydd Henffordd a Lloegr, ac at Ddyffryn Dôr, sydd ond saith milltir i ffwrdd o'r ffin. Enwyd y dyffryn yn *Valle d'or* gan y Normaniaid, y Dyffryn Aur (Golden Valley y Saeson heddiw). Yn Nyffryn Dôr, medd ambell hanesydd, y bu Owain Glyndŵr yn treulio'i flynyddoedd olaf ar ôl i'w ryfel dros annibyniaeth i Gymru fethu. Roedd ei ferch, Alys wedi priodi Syr John Scudamore, aelod o'r rhan o deulu'r Scudamore oedd yn cydymdeimlo â rhyfel Glyndŵr, tra bo'r hanner arall o'r teulu yn wrth-Gymreig. Er yn gymodlon i Glyndŵr yn ystod y rhyfel roedd John Scudamore yn dal i fod yng ngwasanaeth brenin Lloegr, ac yn gwnstabl Castell Cennen pan fu lluoedd Glyndŵr yn rhoi gwarchae ar y castell am flwyddyn gyfan, gan wneud difrod enbyd i'w muriau. Ar ddiwedd y rhyfel priododd Scudamore Alys, merch Glyndŵr, ac aeth i fyw am weddill ei hoes yn Monnington Court – un o ddwy sedd oedd gan Scudamore yn Nyffryn Dôr (y llall oedd Kentchurch). Bu'r briodas rhyngddo ag Alys yn un gyfrinachol, gan fod priodi Cymraes – yn enwedig merch arweinydd y rebels fu'n ymladd yn erbyn y brenin – yn drosedd enbyd. Wnaeth y brenin ddim canfod bod y briodas wedi digwydd tan 1432, a chollodd Scudamore ei deitlau a'i diroedd i gyd. Mae'r ffaith bod y briodas wedi ei chadw'n gyfrinach am gyhyd yn awgrymu bod cyfrinach fwy fyth yn y teulu, sef bod Glyndŵr ei hun yn byw efo nhw.

Mae ardaloedd y ffin yn ddiddorol. Mae yna ryw ddryswch ac ansicrwydd o ran hunaniaeth a theyrngarwch ar y naill ochr i'r ffin. Lle felly ydi dwyrain Sir Fynwy. Mae rhai ardaloedd yn fwy Seisnig na Lloegr, tra bod ardaloedd eraill ar y ffin yn arddel Cymreictod pendant. Tydi'r Gymraeg ddim yn rhan o'u hunaniaeth, na gwladgarwch gwleidyddol chwaith, ond eto, os ewch i Drefynwy mi welwch faneri Cymru yn hedfan ar y stryd ac uwchben drysau tafarnau a siopau, ac mae digon o grysau pêl-droed a rygbi Cymru i'w gweld. Mae hyn yn synnu rhywun o gofio bod Harri'r V, brenin Lloegr, wedi cael ei eni yng nghastell Trefynwy, a'r dref yn ymfalchïo yn y ffaith.

Mae elfennau a meysydd yr hunaniaeth Gymreig yn amrywio o ardal i ardal yng Nghymru. Yr unig elfen sy'n gyffredin drwy'r gwahanol ardaloedd ydi chwaraeon – y timau pêl-droed a rygbi. O ran hanes fel elfen o hunaniaeth, tueddu i droi o gwmpas hanes lleol a ffigyrau enwog eu dalgylch mae'r Cymry. Diffyg cwriciwlwm Hanes unffurf yn ysgolion y wlad sy'n nadu'r Cymry rhag cael rhannu'r un hanes a hunaniaeth genedlaethol. Mae Dinbych-y-pysgod yn enghraifft dda. Tref sydd ar ochr Saesneg llinell ieithyddol Landsker (ym Mhenfro), ac a fu, ar adegau, ar y ffin rhwng Deheubarth ac arglwyddiaethau'r Mers ym Mhenfro, gyda phoblogaeth o Saeson y tu mewn i waliau'r dref. Tref hollol Gymreig ydi Dinbych-y-pysgod heddiw, yr acen Gymreig yn llenwi'r glust, y Ddraig Goch yn chwifio trwy'r dref a thafarnau'n llawn dop pan fo gemau pêl-droed a rygbi Cymru ar y teledu. Mae hunaniaeth genedlaethol Cymry Dinbych-y-pysgod yn gadarn (er nad yw'r Gymraeg yn elfen ohoni), ond mae eu hymwybyddiaeth o hanes Cymru yn troi o amgylch Harri Tudur, Harri'r Seithfed, yn unig.

Yn ôl yn Sir Fynwy, cewch chi bobl fel yr hynaws frodyr Kingsley a Charles Ward, sylfaenwyr stiwdios recordio Rockfield ar eu fferm tu allan i'r pentref o'r un enw, sydd wedi byw eu hoes yng ngolwg y ffin efo Lloegr, yn uniaith Saesneg ac wedi cael eu haddysg mewn ysgol ramadeg, ond Cymry ydyn nhw o'u corun i fodiau eu traed. Fodd bynnag, mae llawer o drigolion y pentref (gerllaw) yn cyfri eu hunain yn Saeson, ac eraill ohonynt yn Gymry sy'n falch o'u cysylltiadau agos â Lloegr a'i hanes. Daw'r enw Rockfield o'r Ffrangeg Normanaidd *Rochefield* ac mae'n ategu'r balchder yn hanes Harri'r V ymysg rhai o drigolion ardaloedd y ffin. Mae llawer o'r rhain yn mynnu y dylai Sir Fynwy fod yn rhan o Loegr, fel y bu (yn weinyddol), rhwng 1542 ac 1974, ac maen nhw'n gallu bod yn elyniaethus at y Gymraeg. Doedd trigolion pentref Rockfield ddim yn hapus pan, yn 2010, y penderfynodd Cyngor Sir Fynwy ychwanegu hen enw Cymraeg gwreiddiol y pentref ar yr arwydd ffordd. Er mai Eglwys Sant Cen(h)edlon ydi eglwys y pentref, doedd yr enw Llanoronwy Carn Cenhedlon ddim yn gweddu, nac yn addas, ac ar ôl cwynion gan y pentrefwyr, taflwyd Llanoronwy yn ôl i niwloedd hanes. Gwyro tuag at Loegr a hunaniaeth Seisnig mae pentref Rockfield, mae'n debyg.

Ar Waun Fach yn mynd am Pen y Gadair Fawr sydd â'i gopa ynghanol y pellter

Nid *Rochefield* yw pob pentref ar y ffin, fodd bynnag. Er bod y Gymraeg wedi diflannu ar lafar yn yr ardal ers dros ganrif o leiaf, mae yno gymunedau sy'n ddigon bodlon efo arwyddion dwyieithog eu pentrefi. Wnaeth trigolion Llanvihangel Crucorney, filltir a hanner o'r ffin, ddim dechrau deiseb i gael gwared o Llanfihangel Crucornau. Arhosais am dair noson yn y pentref, ac ro'n i'n mynd draw i'r Skirrid Inn ynghanol y pentref bob nos. Mae'n debyg bod hanes yn un elfen sydd i gyfri am hunaniaeth genedlaethol Gymreig yn Llanfihangel. Tra bo rhai llefydd ar y ffin wedi tyfu ar hanes Anglo-Normanaidd mae ardaloedd fel Llanfihangel yn arddel hanes Cymreig, yn ymwybodol o ryfel Glyndŵr a'r gefnogaeth gref a gafodd gan drigolion y rhan hon o Fynwy. Mae hanes lleol yn chwarae ei ran hefyd, gan y bu Owain Glyndŵr ei hun yn y pentref, meddan nhw, yn nhafarn y Skirrid Inn, mae'n debyg. Mae'r dafarn yn falch o ddatgan ar ei llenyddiaeth a'i gwefannau y bu Owain Glyndŵr yno, yn sefyll ar ben grisiau cerrig y tu allan, yn galw ar bobl y fro i'w faner, ac i'w ddilyn i ymosod ar bentrefi a chestyll lleol y Saeson. Mae perchennog y Skirrid yn gwybod yn iawn sut i hyrwyddo hanes, hyd yn oed os mai chwedl neu stori llên gwerin ydi'r hanes hwnnw. Ond fel y soniais eisoes yn y llyfr hwn, mae'r ffaith bod gan gymaint o ardaloedd ar hyd a lled Cymru eu straeon am Owain Glyndŵr yn dangos pa mor enfawr oedd o fel ffigwr hanesyddol hyd heddiw, yn wir arwr cenedlaethol trwy Gymru ben baladr. Efallai yr unig hanes cenedlaethol sy'n gyffredin drwy'r wlad.

Mae'r Skirrid Mountain Inn, i roi iddo'i enw llawn, yn honni mai dyma'r dafarn hynaf yng Nghymru, yn sefyll yno ers 900 mlynedd. Bu hanesydd lleol yn ymchwilio i'r mater a chanfod mai dyddio o'r 17eg Ganrif y mae'r dafarn. Ond mae'r perchnogion wastad wedi honni bod tafarn arall wedi bodoli ar y safle cyn yr adeilad presennol, a hynny o'r flwyddyn 1110. Honiad arall ynghylch y Skirrid Inn ydi bod y lle yn llawn ysbrydion. Yn ôl y stori, roedd llawr cyntaf y dafarn yn cael ei ddefnyddio fel llys ar un adeg, yng nghyfnod y Normaniaid, ble y dedfrydid lladron defaid, ac ati. Dywedir y crogwyd 180 o 'ddihirod' yn y dafarn, gyda rhaff oedd ynghlwm wrth un o fframiau'r to, uwchben y landing a'r cyntedd islaw. Bu'r dafarn ar ddwy raglen deledu yn ymwneud â'r paranormal, ac yn ogystal â bod y dafarn hynaf yng Nghymru, y Skirrid Inn ydi tafarn fwya *haunted* Prydain. Does dim math o dystiolaeth o hyn, chwaith, ond mae hi'n stori dda iawn i ddenu cwsmeriaid sy'n ddigon dewr i gysgu'r nos yng nghysgod y rhaff! Oes wir, mae yna raff a chwlwm crogi yn hongian o'r to uwchben y grisiau a'r cyntedd!

PEN CERRIG CALCH, PEN ALLT MAWR, WAUN FACH, PEN Y GADAIR FAWR

Copa Pen Cerrig Calch a Pen Allt Mawr tu draw

- **Mynydd**: Pen Cerrig Calch, 2300tr / 701m (72); Pen Allt Mawr, 2359 tr / 719m (66); Waun Fach, 2661tr / 811m (32); Pen y Gadair Fawr, 2625tr / 800m (36)

- **Map**: OL 13: CG 217224, CG 207243, CG 217299, CG 229288

- **Pwynt dechrau**: Cwm Banw, wrth drofa dynn iawn dros bont, ar y ffordd fach, 3 milltir (4.8km) i'r gogledd o Grucywel, CG 234229. Mae maes parcio bach yn syth ar ôl croesi'r bont.

- **Pellter**: 16 milltir / 25.7 km
- **Amser**: 5-9 awr
- **Ymdrech**: Caled.

Taith: O'r lle parcio, croeswch y bont dros y nant ac mi welwch lwybr a chamfa efo'r arwydd 'TO THE HILLS'. Dilynwch y llwybr trwy gaeau, tua'r de-orllewin, gyda choed ar y chwith i chi. Pan fo'r goedwig yn stopio byddwch yn gadael y cae a byddwch ar dir mynyddog serth, llawn o redyn a thyfiant. Wrth adael y goedwig ewch yn syth yn eich blaen i'r de-orllewin, i fyny'r llethr, wedyn ymuno â llwybr llydan arall, ar y dde, yn dringo tua'r gogledd-orllewin. Cyn hir bydd y llwybr yn lefelu wrth ymyl coeden. Gadewch y llwybr yn fan hyn, gan droi i'r chwith a dringo i'r de-orllewin gan ddewis unrhyw lwybr sy'n mynd â chi i gyfeiriad y de-orllewin. Unwaith y byddwch ar y gwastad ar ben y mynydd, cadwch i'r de-orllewin ac mi welwch gopa Pen Cerrig Calch o'ch blaen ynghanol meysydd cerrig a mawn. Bydd dwy garnedd gladdu Oes Efydd, piler triongli, *shake holes*, a theclyn mesur glaw. Be arall 'da chi isio – fan hufen iâ?

Mae Pen Allt Mawr tua milltir a chwarter i ffwrdd. Dilynwch lwybr y gefnen tua'r gogledd-orllewin, yna'r gogledd, heibio Pen Gloch y Pibwr ar y chwith, gyda'i garneddau yntau, yna pasio carnedd gladdu arall, cyn cyrraedd Pen Allt Fawr, sydd hefyd â charnedd gladdu ar y copa.

Ewch yn eich blaen tua'r gogledd, yna gwyro i'r gogledd-ddwyrain i

gyrraedd Pen Twyn Glas. O fan hyn, ymlaen i'r gogledd am filltir cyn gwyro i'r gogledd-orllewin i fynd dros Fynydd Llysiau, cyn dilyn y llwybr tua'r gogledd, a gwyro i'r gogledd-ddwyrain dros Ben Trumau, cyn cyrraedd copa Waun Fach. O Waun Fach, ewch i'r de-ddwyrain am filltir go dda, nes cyrraedd copa Pen y Gadair Fawr a'i garnedd Oes Efydd. Yn rhyfedd iawn, pan ro'n i yno, roedd pobl yn gwersylla ger y copa, ac wedi gosod erial uchel iawn, iawn, efo rhaffau dur a phegiau dwfn i'r ddaear i'w sefydlu hi.

O'r copa, ymlaen â chi tua'r de-ddwyrain, gan ganlyn ffens goedwig ar y chwith, i Ben Twyn Mawr, yna i'r de, a gwyro i'r de-ddwyrain cyn cyrraedd carnedd gerrig sy'n dangos lle mae llwybr arall yn troi i'r dde (de-orllewin). Dilynwch y llwybr hwn i lawr tuag at goedwig arall. Bydd y llwybr yn mynd trwy'r goedwig am ychydig – i'r un cyfeiriad – cyn dod allan o'r coed a chroesi caeau. Pan gyrhaeddwch y goedwig eto, trowch i'r chwith (de-ddwyrain) a dilyn ffens ogleddol y goedwig. Cyn hir trowch i'r dde, ar lwybr fydd yn mynd am yn ôl i chi, i gyfeiriad y gorllewin-gogledd-gorllewin trwy'r coed, yna dod allan o'r coed a dilyn ffordd fach i'r de am ychydig bach, cyn cyrradd ffordd darmac, gul. Trowch i'r dde ar y ffordd darmac, yna bron yn syth, trowch i'r chwith i ddilyn ffordd darmac arall. Cadwch ar y ffordd hon, heibio blwch ffôn, a bydd y ffordd yn mynd i'r de, yna troi i'r gorllewin ac i mewn i'r coed lle dechreuwyd y daith.

MYNYDD DU, TWMPA, RHOS DIRION, CHWAREL Y FAN

▲ **Mynydd**: Mynydd Du, 2306tr / 703m (73); Twmpa, 2231tr / 680m (87); Rhos Dirion, 2339tr / 713m (68); Chwarel y Fan, 2198tr / 670m (95)

Map: OL 13: CG 256350, CG 225350, CG 212334, CG 259293

▶ **Pwynt dechrau**: Capel-y-ffin, troi i'r dde yn y pentref bychan bach, dros y bont dros Nant Bwch, a chyn y blwch ffonio ar y chwith. Mae lle i barcio ger tŷ, CG 255315.

▲ **Pellter**: 14 milltir / 22.4 km
Amser: 5-8 awr
Ymdrech: Caled.

Taith: Mae eglwys a mynwent yn y coed ar y dde (dwyrain) i'r ffordd, ac i'r dde o gât yr eglwys mae llwybr yn mynd i'r gogledd-ddwyrain, trwy'r coed, gan rowndio'r fynwent a throi i'r gogledd yna gwyro i'r dwyrain. Wrth ddechrau troi tua'r dwyrain, ar ôl croesi Afon Honddu, mae hen gapel bach a mynwent y Bedyddwyr a godwyd gan y brodyr William a David Prosser yn 1737, ar y chwith. Treuliwch rai munudau yno, mae o'n llecyn hyfryd yn y coed ac mae'r cerrig beddi yn werth eu gweld – llawer ohonynt wedi gwyro fel taen nhw'n moesymgrymu. Mae'r rhan fwyaf o'r beddfeini yn dyddio i'r 19eg Ganrif, rhai o'r ganrif gynt. Does dim Cymraeg i weld ar unrhyw un. Debyg bod y Gymraeg wedi hen fynd o leferydd trigolion yr ardal

Y Mynydd Du tu draw i ddau gwm

Copa Rhos Dirion

hon cyn hynny. Fodd bynnag, ymlaen â chi. Dilynwch y llwybr fydd yn mynd tua'r de-ddwyrain erbyn hyn, heibio o dan fferm Blaenau. Cadwch i fynd ar y llwybr i'r de-ddwyrain am hanner milltir, gyda'r llethrau gwyrddion ar y chwith i chi, a'r afon Honddu ar y dde. Mae coedlan fach ar y chwith, a rhwng ffermydd Ty'r Onnen a The Vision Farm mae polyn yn dangos y ffordd i Lwybr Clawdd Offa, i'r chwith. Trowch i'r llwybr hwn i'r chwith sy'n dringo'r llethr serth tua'r gogledd. Wedi cyrraedd tir llai serth, bydd y llwybr yn troi i'r gogledd-ddwyrain i ymuno â Llwybr Clawdd Offa ar y gefnen, lle mae pentwr o gerrig i nodi'r gyffordd. Rydych yn Lloegr rŵan, ac mi fyddwch sawl gwaith wrth i lwybr y ffin redeg trwy dir y naill wlad a'r llall. Fodd bynnag, trowch i'r chwith ar y gyffordd a dilyn y llwybr da a llydan tua'r gogledd-orllewin. Byddwch yn cerdded dros ucheldir bendigedig, rhosdir eang cefnen lydan y Mynydd Du. Does fawr ddim llawer o ddringo o'ch blaen am y dair milltir nesaf. Mae pwynt uchaf y Mynydd Du ddwy filltir o'r gyffordd a'r pentwr cerrig, ond does dim byd i nodi'r pwynt hwnnw. Ond mae o yno ar y map wedi ei nodi efo'r uchder 703 metr, mewn lliw du.

O bwynt uchaf Mynydd Du, daliwch i fynd ar y llwybr i'r gogledd-orllewin, a bydd Llwybr Clawdd Offa yn gadael y gefnen i'r dde, ger Llech y Lladron. Fodd bynnag, cadwch at lwybr y gefnen, nes cyrraedd piler triongli Penybegwn (*Hay's Bluff*) sy'n edrych lawr ar y Gelli Gandryll tua thair milltir i'r gogledd. O Benybegwn, dilynwch ymyl llethr Ffynnon y Parc tua'r de-orllewin, lle mae merlod gwyllt ymhob man, hyd nes cyrraedd Bwlch yr Efengyl – y bwlch uchaf yng Nghymru gyda ffordd yn mynd trwyddo (Bwlch y Groes yn yr Arannau ydi'r all uchaf). O Fwlch yr Efengyl dringwch lethrau Twmpa (i'r gorllewin). Ar y copa mae carnedd gerrig fechan.

O'r Twmpa, ewch i'r de-orllewin, gan basio Rhiw y Fan, ac mewn ychydig fwy na milltir (lle cefais gwmni mwy o ferlod tlws) mi fyddwch ar gopa Rhos Dirion, ble mae piler triongli ar y man uchaf. Rydych rŵan yn edrych ar y gefnen hir sy'n estyn tua'r de-ddwyrain o'ch blaen, ac mae gennych 4 milltir o gerdded tan ichi gyrraedd y copa olaf ar y daith, sef Chwarel y Fan. Byddwch yn cerdded dros Dwyn Talycefn, a heibio cronfa ddŵr Grwyne Fawr yn y cwm ar y dde i chi. Mi ddowch at bwynt ar y gefnen sydd filltir i'r de o Gapel-y-ffin. Yma mae carnedd daclus i ddangos bod yma ddau lwybr yn croesi – un i fynd at Chwarel y Fan, a'r llall yn disgyn i'r chwith (gogledd) tuag at Gapel-y-ffin. Daliwch i fynd ar y llwybr i gopa Chwarel y Fan, lle mae merlod gwyllt ac olion ychydig o dyllu – o bosib am y cerrig tywodfaen sydd yr un fath â'r cerrig a geir ym Mannau Brycheiniog a Sir Gâr. O'r copa ewch yn ôl at y garnedd lle mae'r llwybrau yn croesi, gan droi i'r dde – tua'r gogledd – tuag at Gapel-y-ffin. Mae'r llwybr yn mynd trwy fuarth y fferm y Grange. Wrth adael y buarth trowch i'r dde ar y ffordd darmac, ac mewn chwarter milltir, trowch i'r chwith, a dyna chi wrth eglwys y pentref, a'r lle parcio.

Cyrraedd i ben Twmpa

Chwarel y Fan

Y MYNYDDOEDD YN NHREFN UCHDER

1. Yr Wyddfa: 3560tr / 1085m
2. Garnedd Ugain/ Crib y Ddysgl: 3494tr / 1065m
3. Carnedd Llywelyn: 3491tr / 1064m
4. Carnedd Dafydd: 3412tr / 1044m
5. Glyder Fawr: 3278tr / 1001m
6. Glyder Fach: 3261tr / 994m
7. Pen yr Ole Wen: 3209tr / 978m
8. Foel Grach: 3202tr / 976m
9. Yr Elen: 3156tr / 962m
10. Y Garn (Glyderau): 3107tr / 947m
11. Foel Fras: 3091tr / 942m
12. Carnedd Gwenllian: 3038tr / 926m
13. Elidir Fawr: 3031tr / 924m
14. Crib Goch: 3028tr / 923m
15. Tryfan: 3010tr / 918m
16. Aran Fawddwy: 2969tr / 905m
17. Y Lliwedd: 2946tr / 898m
18. Pen y Gadair: 2930tr / 893m
19. Pen y Fan: 2907tr / 886m
20. Aran Benllyn: 2904tr / 885m
21. Corn Du: 2864tr / 873m
22. Moel Siabod: 2861tr / 872m
23. Mynydd Moel: 2831tr / 863m
24. Arenig Fawr: 2802tr / 854m
25. Llwytmor: 2785tr / 849m
26. Pen yr Helgi Du: 2733tr / 833m
27. Foel Goch (ger Elidir Fawr): 2726tr / 831m
28. Cadair Berwyn: 2723tr / 830m
29. Moel Sych: 2713tr / 827m
30. Carnedd y Filiast (Glyderau): 2697tr / 821m
31. Mynydd Perfedd: 2667tr / 813m
32. Waun Fach: 2661tr / 811m
33. Bera Bach: 2648tr / 807m
34. Y Foel Goch (ger Tryfan): 2641tr / 805m
35. Fan Brycheiniog: 2631tr / 802m
36. Pen y Gadair Fawr: 2625tr / 800m
37. Cribyn: 2608tr / 795m
38. Bera Mawr: 2605tr / 794m
39. Craig Cwm Amarch: 2595tr / 791m
40. Pen Llithrig y Wrach: 2592tr / 790m
41. Cadair Bronwen: 2575tr / 785m
42. Moel Hebog: 2569tr / 783m
43. Glasgwm: 2556tr / 779m
44. Moelwyn Mawr: 2526tr / 770m
45. Drum: 2526tr / 770m
46. Waun Rydd: 2523tr / 769m
47. Gallt yr Ogof: 2503tr / 763m
48. Fan Hir: 2497tr / 761m
49. Drosgl: 2487tr / 758m
50. Y Llethr: 2480tr / 756m

51.	Bwlch y Ddwyallt:	2474tr / 754m
52.	Pumlumon Fawr:	2467tr / 752m
53.	Moel Llyfnant:	2464tr / 751m
54.	Diffwys:	2461tr / 750m
55.	Picws Du:	2457tr / 749m
56.	Yr Aran:	2451tr / 747m
57.	Tomle:	2434tr / 742m
58.	Pen Pumlumon Arwystli:	2431tr / 741m
59.	Craig Cwm Silyn:	2408tr / 734m
60.	Fan Fawr:	2408tr / 734m
61.	Rhobell Fawr:	2408tr / 734m
62.	Pen Pumlumon Llygad Bychan:	2385tr / 727m
63.	Moel Eilio:	2382tr / 726m
64.	Fan Gyhirych:	2379tr / 725m
65.	Rhinog Fawr:	2362tr / 720m
66.	Pen Allt Mawr:	2359tr / 719m
67.	Fan y Big:	2351tr / 717m
68.	Rhos Dirion:	2339tr / 713m
69.	Rhinog Fach:	2333tr / 712m
70.	Moelwyn Bach:	2329tr / 710m
71.	Trum y Ddysgl:	2326tr / 709m
72.	Mynydd Du:	2306tr / 703m
73.	Pen Cerrig Calch:	2300tr / 701m
74.	Garnedd Goch:	2297tr / 700m
75.	Allt Fawr:	2290tr / 698m
76.	Mynydd Mawr:	2290tr / 698m
77.	Mynydd Drws-y-Coed:	2280tr / 695m
78.	Foel Wen:	2267tr / 691m
79.	Cnicht:	2260tr / 689m
80.	Arenig Fach:	2260tr / 689m
81.	Foel Hafod Fynydd:	2260tr / 689m
82.	Carnedd y Ddelw:	2257tr / 688m
83.	Gwaun y Llwyni:	2247tr / 685m
84.	Pen y Bryn Fforchog:	2247tr / 685m
85.	Y Garn (Pumlumon):	2244tr / 684m
86.	Mynydd Tarw:	2234tr / 681m
87.	Twmpa:	2231tr / 680m
88.	Godor:	2228tr / 679m
89.	Creigiau Gleision:	2224tr / 678m
90.	Moel Druman:	2218tr / 676m
91.	Moel Cynghorion:	2211tr / 674m
92.	Maesglase:	2211tr / 674m
93.	Ysgafell Wen:	2205tr / 672m
94.	Esgeiriau Gwynion:	2201tr / 671m
95.	Chwarel y Fan:	2198tr / 670m
96.	Waun Oer:	2198tr / 670m
97.	Carnedd y Filiast (Arenig):	2195tr / 669m
98.	Fan Fraith:	2192tr / 668m
99.	Tarren y Gesail:	2188tr / 667m
100.	Cyrniau Nod:	2185tr / 666m

Ar ben Penybegwn a'r Mynydd Du y tu ôl i mi

Copa Chwarel y Fan, yr olaf o'r Cant!

Ar Chwarel y Fan yn dawnsio jig

Llyn Adar, Ysgafell Wen, Llynnau Diffwys, Llyn Cwm Corsiog, Llyn Coch, Moel Druman, Llyn Conglog, Allt Fawr, Cwmorthin, Chwarel Rhosydd a Moel Siabod yn y cefndir o ben y Moelwyn

Dringo Daear Ddu at gopa Moel Siabod

Ar Pen yr Ole Wen yn myfyrio

HEFYD O'R LOLFA:

£5.95